U0434173

本书由国家体育总局资助出版

中国体育法治发展报告

(2021)

马宏俊 主编

中国政法大学体育法治研究基地

图书在版编目(CIP)数据

中国体育法治发展报告. 2021 / 马宏俊主编. —北京：北京大学出版社, 2022.12

ISBN 978-7-301-33729-5

Ⅰ. ①中⋯　Ⅱ. ①马⋯　Ⅲ. ①体育法—研究报告—中国—2021　Ⅳ. ①D922.164

中国国家版本馆 CIP 数据核字(2023)第 018828 号

书　　　名	中国体育法治发展报告（2021） ZHONGGUO TIYU FAZHI FAZHAN BAOGAO（2021）
著作责任者	马宏俊　主编
责 任 编 辑	李　娜
标 准 书 号	ISBN 978-7-301-33729-5
出 版 发 行	北京大学出版社
地　　　址	北京市海淀区成府路 205 号　100871
网　　　址	http://www.pup.cn　http://www.yandayuanzhao.com
电 子 信 箱	yandayuanzhao@163.com
新 浪 微 博	@北京大学出版社　@北大出版社燕大元照法律图书
电　　　话	邮购部 010-62752015　发行部 010-62750672 编辑部 010-62117788
印 刷 者	涿州市星河印刷有限公司
经 销 者	新华书店
	730 毫米×1020 毫米　16 开本　13 印张　217 千字 2022 年 12 月第 1 版　2022 年 12 月第 1 次印刷
定　　　价	59.00 元

未经许可，不得以任何方式复制或抄袭本书之部分或全部内容。
版权所有，侵权必究
举报电话：010-62752024　电子信箱：fd@pup.pku.edu.cn
图书如有印装质量问题，请与出版部联系，电话：010-62756370

编写说明

2021年是中国共产党成立100周年，是"十四五"规划开局之年，也是法治中国"一规划两纲要"的格局形成之年，是法治中国建设的"时间表"和"路线图"全面亮相之年。在认真学习贯彻习近平总书记关于体育工作重要论述和习近平法治思想的基础上，在踏上第二个百年奋斗目标新征程中，2021年体育法律规范体系进一步完善，《中华人民共和国体育法》的修订取得了重大、突破性的进展。体育法治建设促进政府职能不断优化升级，各级体育行政部门严格履行法治建设第一责任人职责，把各项体育行政工作纳入法治化轨道。体育司法实践回应体育法治建设的新要求，《中华人民共和国民法典》规定的"自甘风险条款"也从纸面上落实到具体判决。反兴奋剂法治建设取得突出成绩，有效保障了重大赛事的举办；体育法学理论研究继续围绕《中华人民共和国体育法》的修订形成丰富的研究成果，促进了体育法治的规范化、科学化和体系化。

与此同时，仍然存在发展和进步的空间。体育法律规范体系尚存诸多制约着体育事业发展的短板，表现在体育治理主要依赖的法律规范位阶较低，多为部门规章，甚至是政策性文件，并且多用于处理体育行政部门内部关系以及竞技体育中的问题。相关法律滞后于时代发展，或存在立法空白，无法解决体育领域的一些重点、难点问题。我国体育法治实施中还存在有法不依、执法不严的现象，体制机制还不顺畅，基层缺乏执法力量等，司法手段的必要介入还显不足。新时代体育法治监督工作虽然取得了一定成效，但仍然面临风险和挑战。我国体育法治保障体系不断完善，但体育法学学科建设与传统法学学科建设相比仍然存在较大差距，在体育领域知法、懂法的高素质法治人才数量还远远不足。这些问题都需要在理论和实践中高度重视，并提出相应的解决方案。

本书是"中国体育法治蓝皮书"系列的第三本。第一本《中国体育法治发展报告(1949—2019)》以全景展示方式,全面、系统总结从1949年到2019年,我国体育法治建设所经历的从无到有、艰难萌发及快速发展的三个历史阶段所取得的成就。从第二本《中国体育法治发展报告(2020)》开始,通过对我国体育法治发展状况进行年度监测、实证调研以及从权威机构获得相关资料,对数据资料进行分析,得出结论并给出对策建议,形成原创性、实证性、专业性的研究报告。本书聚焦我国2021年体育法治发展情况,包括1个总报告,7个分报告(主题分别为体育立法、体育依法行政、体育行业协会治理、体育纠纷解决机制建设、反兴奋剂法治建设、重大体育赛事法律事务分析、体育法学研究),以上报告构成年度体育法治发展报告的主题报告。

"凿井九阶,不次水泽","中国体育法治蓝皮书"系列已出版三本,我们仍须将"筑路式"研究做实做深,继续携手诸位法学专家,准确发掘体育法治问题中的深层原因,撰写高质量的研究报告,继续出版具有连续性、前沿性、时效性的公开出版物。

马宏俊

2022年11月

本书是国家社会科学基金重大项目"反兴奋剂法治体系及防控机制研究"(项目批准号:20&ZD337)的阶段性成果

专题报告及作者

《中国体育法治发展概况(2021)》,马宏俊、张笑世、陈华荣、宋雅馨
《体育立法发展报告(2021)》,袁钢、兰薇、孔维都
《体育行政部门法治发展报告(2021)》,宋亨国、张鹏、刘韵
《体育协会法治发展报告(2021)》,宋彬龄、李理、谢潇
《体育纠纷解决法治发展报告(2021)》,赵毅、杨磊、辛芳
《反兴奋剂法治发展报告(2021)》,姜涛、李真、徐翔
《体育赛事法律事务发展报告(2021)》,张恩利、罗小霜、熊瑛子、蒋亚斌
《体育法学研究发展报告(2021)》,周青山、钟薇、田川颐

要 目

总报告

中国体育法治发展概况（2021） ……………………………………（003）

分报告

体育立法篇

体育立法发展报告（2021） …………………………………………（025）

体育行政篇

体育行政部门法治发展报告（2021） ………………………………（052）
体育协会法治发展报告（2021） ……………………………………（074）

体育纠纷解决篇

体育纠纷解决法治发展报告（2021） ………………………………（104）
反兴奋剂法治发展报告（2021） ……………………………………（132）

体育赛事篇

体育赛事法律事务发展报告(2021) …………………………………（148）

体育法学研究篇

体育法学研究发展报告(2021) ……………………………………（168）

详 目

总报告

中国体育法治发展概况(2021) …………………………………………… (003)
  一、体育法治立法年度概况 ………………………………………… (003)
    (一)体育法律规范体系 ………………………………………… (003)
    (二)体育政策 …………………………………………………… (006)
    (三)体育法治立法展望 ………………………………………… (007)
  二、体育法治实施年度概况 ………………………………………… (008)
    (一)体育行政执法工作要点 …………………………………… (008)
    (二)体育司法工作进展要点 …………………………………… (010)
    (三)体育法治实施展望 ………………………………………… (011)
  三、体育法治监督年度概况 ………………………………………… (013)
    (一)体育法治监督工作现状 …………………………………… (013)
    (二)体育法治监督展望 ………………………………………… (017)
  四、体育法治保障年度概况 ………………………………………… (018)
    (一)体育法治保障发展现状 …………………………………… (018)
    (二)体育法治保障发展展望 …………………………………… (020)

分报告

体育立法篇

体育立法发展报告(2021) ………………………………………………… (025)
  一、体育立法发展报告概述 ………………………………………… (025)

（一）中央体育立法概况 …………………………………………（025）
（二）地方体育立法概况 …………………………………………（026）
二、中央体育立法重点领域 …………………………………………（029）
（一）反兴奋剂领域 ………………………………………………（030）
（二）竞技体育领域 ………………………………………………（032）
（三）全民健身领域重点立法 ……………………………………（035）
三、地方体育立法重点领域 …………………………………………（041）
（一）全民健身场地设施建设 ……………………………………（041）
（二）体育赛事管理 ………………………………………………（043）
（三）体育产业 ……………………………………………………（045）
（四）青少年和学校体育 …………………………………………（048）

体育行政篇

体育行政部门法治发展报告（2021） ……………………………（052）
一、体育行政部门深化改革 …………………………………………（052）
（一）深化国家体育行政部门"放管服"改革 …………………（053）
（二）推进国家体育行政部门内部职能优化 ……………………（054）
（三）细化地方体育行政部门改革实施方案 ……………………（056）
二、体育行政部门制度规范建设 ……………………………………（057）
（一）部门规章 ……………………………………………………（057）
（二）政策指引 ……………………………………………………（057）
三、体育行政部门不断加强制度建设 ………………………………（065）
（一）体育行政决策制度进一步健全 ……………………………（065）
（二）分级分类推行行政审批制度改革 …………………………（066）
（三）加快服务型政府建设 ………………………………………（068）
四、体育行政执法规范有序推进 ……………………………………（069）
（一）规范和强化地方体育行政执法工作 ………………………（069）
（二）规范体育行政执法程序 ……………………………………（070）
（三）创新体育行政执法手段 ……………………………………（070）
五、体育行政权力制约监督体系逐渐健全 …………………………（071）

（一）加强权力制约监督 …………………………………………（071）
　　（二）强化行政执法监督 …………………………………………（072）
　　（三）强化社会监督 ………………………………………………（072）
　　（四）强化政府督查 ………………………………………………（073）

体育协会法治发展报告（2021） ……………………………………（074）
　一、单项体育协会的法治发展现状与展望 …………………………（074）
　　（一）全国性单项体育协会 ………………………………………（074）
　　（二）地区性单项体育协会法治发展情况 ………………………（079）
　　（三）单项体育协会法治发展路径展望 …………………………（081）
　二、"三大球"项目协会法治发展报告 ………………………………（084）
　　（一）篮球 …………………………………………………………（084）
　　（二）足球 …………………………………………………………（087）
　　（三）排球 …………………………………………………………（091）
　　（四）"三大球"项目协会发展展望 ………………………………（093）
　三、其他特色项目协会发展 …………………………………………（095）
　　（一）代表性冰雪项目协会 ………………………………………（095）
　　（二）乒羽项目行业协会 …………………………………………（097）
　　（三）代表性非奥项目协会 ………………………………………（098）
　　（四）其他特色项目单项协会 ……………………………………（101）

体育纠纷解决篇

体育纠纷解决法治发展报告（2021） ………………………………（104）
　一、体育纠纷解决法治发展现状 ……………………………………（104）
　　（一）协会内部纠纷解决 …………………………………………（104）
　　（二）行政复议解决 ………………………………………………（105）
　　（三）调解解决 ……………………………………………………（105）
　　（四）司法解决 ……………………………………………………（106）
　　（五）仲裁解决 ……………………………………………………（107）
　二、体育协会内部解决 ………………………………………………（108）

（一）合同纠纷 ……………………………………………………（108）
　　（二）纪律纠纷 ……………………………………………………（109）
三、行政复议 …………………………………………………………（110）
四、调解解决 …………………………………………………………（111）
　　（一）国内调解 ……………………………………………………（111）
　　（二）国际调解 ……………………………………………………（112）
五、司法解决 …………………………………………………………（112）
　　（一）体育刑事诉讼 ………………………………………………（112）
　　（二）体育行政诉讼 ………………………………………………（115）
　　（三）体育民事纠纷 ………………………………………………（116）
六、仲裁解决 …………………………………………………………（122）
　　（一）CAS普通仲裁庭 ……………………………………………（122）
　　（二）CAS上诉仲裁庭 ……………………………………………（123）
　　（三）CAS东京奥运会临时仲裁庭 ………………………………（126）
　　（四）CAS反兴奋剂仲裁庭 ………………………………………（127）
七、体育纠纷解决法治发展展望 ……………………………………（128）
　　（一）协会内部解决 ………………………………………………（128）
　　（二）行政复议 ……………………………………………………（128）
　　（三）调解解决 ……………………………………………………（129）
　　（四）司法解决 ……………………………………………………（129）
　　（五）仲裁解决 ……………………………………………………（130）

反兴奋剂法治发展报告（2021） ……………………………………（132）
一、反兴奋剂法治发展概况 …………………………………………（132）
　　（一）反兴奋剂立法持续推进 ……………………………………（132）
　　（二）《"十四五"体育发展规划》对反兴奋剂工作的周密部署 …（133）
　　（三）反兴奋剂宣传教育力度加强 ………………………………（133）
　　（四）重大兴奋剂违规违法案件的查处 …………………………（134）
二、反兴奋剂规范体系的发展 ………………………………………（135）
　　（一）修订《反兴奋剂管理办法》 …………………………………（135）
　　（二）制定《国家体育总局兴奋剂违规责任追究办法》 …………（137）

（三）制定《兴奋剂违规听证实施细则》…………………………（138）
　　（四）制定《运动员行踪信息管理实施细则》……………………（140）
三、反兴奋剂法治实践的发展………………………………………（140）
　　（一）全国反兴奋剂工作的法治进展………………………………（140）
　　（二）地方反兴奋剂法治实践………………………………………（144）
　　（三）各单项运动管理单位反兴奋剂法治实践……………………（146）

体育赛事篇

体育赛事法律事务发展报告（2021）………………………………（148）
一、体育赛事法律事务发展概况……………………………………（148）
　　（一）筹办北京冬奥会、冬残奥会…………………………………（148）
　　（二）举办全国运动会………………………………………………（149）
二、2022年北京冬奥会、冬残奥会筹备中的法律问题……………（149）
　　（一）冬奥会与国际政治……………………………………………（149）
　　（二）冬奥会与知识产权保护………………………………………（150）
　　（三）冬奥会与纠纷解决……………………………………………（151）
三、其他国际体育赛事相关法律问题………………………………（151）
　　（一）运动员权利与反种族歧视……………………………………（151）
　　（二）赛事举办地点变更……………………………………………（153）
四、十四运会的法治保障……………………………………………（154）
　　（一）十四运会的政治和组织保障…………………………………（155）
　　（二）十四运会的立法保障…………………………………………（155）
　　（三）十四运会的法治队伍和人才保障……………………………（157）
　　（四）十四运会的科技和信息化保障………………………………（157）
　　（五）十四运会的法治实施保障……………………………………（158）
五、高危性体育赛事活动的安全保障………………………………（158）
　　（一）高危性体育赛事活动审批和监管现状………………………（158）
　　（二）问题解决路径…………………………………………………（160）
六、职业体育赛事……………………………………………………（161）
　　（一）职业体育联赛…………………………………………………（161）

（二）职业俱乐部 …………………………………………………（164）

体育法学研究篇

体育法学研究发展报告（2021） ……………………………………（168）
一、体育法学著作 ………………………………………………………（168）
　（一）体育法基础理论研究 ………………………………………（168）
　（二）体育纠纷解决研究 …………………………………………（169）
　（三）体育发展的法治保障研究 …………………………………（170）
二、体育法学期刊论文 …………………………………………………（171）
　（一）《体育法》修订研究 …………………………………………（172）
　（二）《民法典》在体育领域的适用研究 …………………………（174）
　（三）体育数据法律问题研究 ……………………………………（175）
　（四）体育纠纷解决研究 …………………………………………（176）
　（五）兴奋剂法律问题研究 ………………………………………（178）
　（六）知识产权法律问题研究 ……………………………………（180）
　（七）电子竞技法律问题 …………………………………………（181）
　（八）职业体育劳资关系 …………………………………………（181）
　（九）其他热点问题研究 …………………………………………（182）
　（十）总体评价 ……………………………………………………（183）
三、体育法学学术会议 …………………………………………………（184）
　（一）体育法学学术会议总览 ……………………………………（184）
　（二）主要学术会议概述 …………………………………………（186）

总报告

中国体育法治发展概况(2021)

2021年是中国共产党成立100周年,是"十四五"规划开局之年,是法治中国"一规划两纲要"的格局形成之年,是法治国家、法治政府、法治社会一体建设的顶层设计全部落地之年,也是法治中国建设的"时间表"和"路线图"全面亮相之年。体育法治建设开启了新征程,取得了新成就,体育事业发展既面临难得的历史机遇,同时也面临新挑战。2021年,体育法律规范体系得到进一步完善,增强了体育立法的及时性、系统性、针对性、有效性。《中华人民共和国体育法》(以下简称《体育法》)的修订取得突破性进展,《中华人民共和国民法典》(以下简称《民法典》)全面落地实施,体育立法体系建设成果丰硕,体育行政执法体制逐步健全,体育法治监督与体育法治保障服务工作取得了一系列显著成效。各级体育行政部门严格履行法治建设第一责任人职责,把各项体育行政工作纳入法治化轨道。2021年体育法治建设促进政府职能不断优化升级,体育治理体系得以完善。

一、体育法治立法年度概况

中国特色社会主义法治体系是推进全面依法治国的总抓手,要加快形成完备的法律规范体系、高效的法治实施体系、严密的法治监督体系、有力的法治保障体系。完备的体育法律规范体系是建设中国特色社会主义体育法治的基本前提和制度基础。2021年,我国体育法律规范的颁布、修改与清理工作同步进行,体育法律规范体系得到不断完善。

(一)体育法律规范体系

1. 体育法律文件的颁布

2021年,国家层面针对竞技体育、全民健身等领域中存在的突出问题制定了相应的法律规范。竞技体育领域以第十四届全国运动会(以下简称

"十四运会")的举办为契机,国家体育总局(以下简称"体育总局")颁布了4个部门规范性文件和9个部门工作文件,以规范赛风赛纪和市场开发行为。针对赛事安全问题,体育总局出台了《进一步加强体育赛事活动安全监管服务的意见》《进一步加强冰雪运动场所安全管理工作的通知》和《关于加强体育赛场行为规范管理的若干意见》以加大监管力度。在全民健身领域,不仅出台了《全民健身计划(2021-2025年)》,还就体育公园建设、社会足球场地建设以及全民健身智慧化颁布了一系列配套的规范性文件,指导全民健身工作有效开展。在体育知识产权方面,为加强对体育赛事的知识产权法律保护,2021年10月15日,国家知识产权局、国家市场监督管理总局制定了《北京2022年冬奥会和冬残奥会奥林匹克标志知识产权保护专项行动方案》,确保实践中正确适用《奥林匹克标志保护条例》等相关法律、行政法规,以打击体育特殊标志侵权行为。

2021年,各地方人大和政府进一步贯彻落实中央确立的体育法治建设方针政策,围绕全民健身和体育强国建设目标,提高地方体育立法的质量,提升地方依法治体水平。在全民健身方面,地方出台了如《宁波市全民健身条例》、广西壮族自治区人民政府办公厅《关于加强全民健身场地设施建设发展群众体育的实施意见》等关于场地建设和设施管理的指导性文件;在赛事活动管理与安全监管方面,上海、青海等多地体育行政部门颁布了相应的管理办法;在体教融合方面,为强化学校体育教学训练、建设高素质专业化的体育教师队伍、深化体育教育评价改革,多地出台了针对青少年体育的详细规范;在体育产业恢复与建设方面,部分地方体育行政部门发布了体育健身行业预付费合同示范文本,总结并印发了体育产业与市场管理工作要点文件;在体育行政执法方面,部分地方体育行政部门发布了关于实施告知承诺的工作方案,推进行政权力事项标准化建设的实施办法以及体育行政部门政务公开的要点等文件;在体育知识产权方面,成都第31届世界大学生夏季运动会执行委员会制定了《第31届世界大学生夏季运动会特殊标志管理办法》以加强对标志的知识产权保护,浙江省人民政府实施了《浙江省第19届亚运会知识产权保护规定》,对市场监管等行政监管部门的知识产权保护责任及涉及杭州亚运会的商标、专利、作品、商业秘密等知识产权权利客体的具体保护作出规定,对于维护我国体育赛事知识产权权利人的合法权益,保障和促进重大赛事的持续、健康发展具有重要意义,标志着我国体育知识产权法律规范体系的进一步完善。

总之,2021年各级地方体育行政部门积极研究制定提升治理能力的政策文件,着力开展地方体育立法工作,突显立法的实施性和特色性,地方体育立法水平逐步提升。

2. 体育法律文件的修改

2021年10月19日,《中华人民共和国体育法(修订草案)》(以下简称《体育法(修订草案)》)提请第十三届全国人大常委会第三十一次会议首次审议。此次修法行动,着力落实体育强国和健康中国国家战略,聚焦解决体育事业发展中的突出问题,确保体育法治与体育事业改革协同推进。《体育法(修订草案)》根据中央精神和现实需要补充了全民健身战略内容,明确了学校体育中教育部门及学校的职责,增加了"反兴奋剂""体育仲裁""监督管理"等新章节,这与近年来我国对体育事业的重视、相关制度设计和实践一脉相承,对于确保体育法治与体育事业改革协同推进具有重要意义,对于做好体育与教育、健康、养老、文化、旅游等相关领域的衔接和协调影响深远。

2021年7月体育总局公布了《反兴奋剂管理办法》,2014年11月21日颁布的第20号令《反兴奋剂管理办法》同时废止。修订后的《反兴奋剂管理办法》及同时出台的体育总局《兴奋剂违规责任追究办法》就有关结果管理与处罚的内容作了较大调整,对兴奋剂违规的处罚力度明显加大,明确了反兴奋剂工作遵循的"预防为主,惩教并举"原则,强调对兴奋剂问题的综合治理,严厉打击故意使用兴奋剂等违法犯罪行为,健全问责机制。除此之外,为了落实体育总局《反兴奋剂工作发展规划(2018-2022)》和《"反兴奋剂工程"建设方案》,实现国内反兴奋剂法律规范与《世界反兴奋剂条例》接轨,体育总局对《体育运动中兴奋剂管制通则》等进行了全面修订。为了进一步规范行踪信息管理工作,体育总局印发了《运动员行踪信息管理实施细则》《兴奋剂违规听证实施细则》,结合《运动员治疗用药豁免管理办法》,作为反兴奋剂工作具体实施的技术性、操作性规则,细化了兴奋剂的管理制度,提升了反兴奋剂工作开展的规范性。

3. 体育法律文件的清理

2021年1月15日,体育总局印发《关于废止和修改部分规章、规范性文件的决定》,对不符合党的十八大以来中央有关精神、不符合深化体育体制机制改革要求、不符合当前奥运备战工作实际、不符合新时代经济社会发展和当前体育强国建设需要的文件等开展了集中清理,决定废止2件规章和1件规范性文件,修改3件规范性文件。根据体育总局《现行有效的体育法律、法规、规章、规范性文件和制度性文件目录》(截至2021年12月31日),现行有效的体育法律、法规、规章、规范性文件和制度性文件包括法律1部,行政法规7部,中央与国务院文件26件,体育总局部门规章31件,规范性文件165件,制度性文件110件。体育总局贯彻行政法规、规章和规范性文件清理长效机制,根据全面深化改革、经济社会发展需要,以及上位法制定、修改、废止情况,对有关各级法规、文件及时作出调整并向社会公布,坚持对体育行政法规、规章、规范性文件目录和文本的动态化、信息化管理,保障体育治理有法可依、有章可循。地方各级体育行政部门配合做好立法工作,全面梳理体育领域地方性法规、政府规章明确的配套制度,加强行政规范性文件管理,完成地方体育行政部门规范性文件备案,多次开展法规、规章和规范性文件专项清理。

(二)体育政策

1.《全民健身计划(2021-2025年)》

以习近平新时代中国特色社会主义思想为指导,贯彻中国共产党的十九届二中、三中、四中、五中全会精神,坚持以人民为中心,坚持新发展理念,深入实施健康中国和全民健身国家战略,加快体育强国建设,构建更高水平的全民健身公共服务体系,2021年8月3日,国务院印发的《全民健身计划(2021-2025年)》就促进全民健身更高水平发展、更好满足人民群众的健身和健康需求提出目标和主要任务。2021年,各级地方人民政府纷纷将全民健身纳入到经济社会发展的规划中来,出台了本地区的全民健身实施计划。此外,国家发展和改革委员会、体育总局共同编制了《"十四五"时期全民健身设施补短板工程实施方案》,为全民健身的落到实处提供了更详细的法律依据,以法治力量推动全国全民健身事业高质量发展。

2.《"十四五"体育发展规划》

体育总局从2019年4月开始正式启动"十四五"体育发展规划的编制工作。两年多来,经过强化理论研究、坚持开门问策、开展专题攻关、组织专家论证、提交审核批准等各项工作,于2021年10月25日审议通过并公布了《"十四五"体育发展规划》。规划由15个部分组成,共3万余字,分三大板块。第一板块为总论,主要阐述了"十三五"时期我国体育发展取得的成就,"十四五"时期我国体育发展面临的形势,2035年体育强国建设远景目标,"十四五"时期体育发展的指导思想、基本原则以及主要目标等。第二板块为分论,分为12个领域阐述了"十四五"时期体育改革发展的主要任务,分别是全民健身、竞技体育、青少年体育、体育产业、体育文化、体育对外交往、北京冬奥会备战与冰雪运动发展、体育科教信息及体育人才、体育法治、反兴奋剂、行业作风建设、体育服务经济社会发展,同时明确了工作思路和重点任务。第三板块为保障措施,主要包括坚定正确政治方向、强化组织保障、深化体制机制改革、加大政策支持、强化监督评估等方面的内容。规划点明了2035年体育强国建设远景目标和"十四五"时期体育发展的主要目标,指明了发展方向,具有谋划更全面、目标更清晰、改革更具体、措施更有效等特点。

(三)体育法治立法展望

"十四五"时期是我国全面建成小康社会后的第一个五年规划时期,对于开启体育强国建设新征程具有标志性意义。我国体育法治水平应根据《"十四五"体育发展规划》的设计在立法、司法、执法、普法等方面全面提升。建立完备的体育法律规范体系,为新的历史条件下进一步加强和改进立法工作、完善法律体系指明了方向。只有在体育领域做到有法可依,只有不断提高立法的科学化、民主化水平,才能实现良法善治。故此,应建立以《体育法》为龙头,以体育行政法规、部门规章、地方性法规以及各级各类规范性文件等为支撑的中国特色社会主义体育法律规范体系为根本目标,以体育立法引领体育事业改革,为依法治体提供基本制度依循。

1. 现阶段体育立法的实际问题

我国体育领域改革将进入攻坚战阶段,改革发展任务繁重,而体育法律规范体系尚存诸多短板制约着体育事业的发展,主要表现在以下几个方面:其一,体育治理主要依赖的法律性文件位阶较低,多为部门规章,甚至是政策性文件,而非效力等级更高的法律、行政法规。因此,体育立法缺乏权威性、严肃性和稳定性。其二,大部分的行政法规、部门规章和规范性文件主要处理体育行政部门内部关系以及竞技体育中的问题,而地方体育立法则主要聚焦于体育经济领域,学校体育、全民健身、体育产业等领域的专门立法数量不足且严重滞后。其三,缺乏与《体育法》相配套的法律规范体系,体育领域的专项规则不齐全,特别立法工作没有及时跟进。由此导致体育法律规范与其他部门法律规范之间的衔接出现障碍;同时,地方体育立法思路与中央不协调,配套立法随意,立法主体不明确,制定期限较长,导致完成率低,即使制定出配套立法,其效力等级也偏低,没有发挥出应有的效用。其四,要解决体育领域一些重点、难点问题,要么法律滞后于时代发展,要么尚未出台相关规则,存在立法空白。比如,公民健身权利保障机制不足,运动员的特殊权利保护机制存在缺陷,忽视参与主体权利义务配置的情况时有发生,法律责任制度建设落后,救济制度缺位,宣示性规定过多而无从落实等,这一系列问题导致后续的体育执法工作开展遇到阻碍,因此,亟须完善我国体育法律规范体系。

2. 问题解决路径

完善我国现有体育法律规范体系,应根据《"十四五"体育发展规划》的要求,全面提升体育立法质量和水平。其一,加强重点领域立法,着力解决人民群众普遍关心的突出问题,解决好构建基本公共体育服务体系、加强青少年体育工作、完善职业体育管理制度、推动建设体育俱乐部和体育市场培育与监督机制等一系列重点难点问题。其二,增强体育领域法律法规的系统性,解决因体系性不强导致的法律规定在逻辑上、价值取向上相互"打架"的问题。其三,重视发挥立法对体育改革的引领推动作用,变"政策引领"为"立法引领",坚持改革于法有据,使体育领域的改革始终在法治轨道上进行。其四,在立足国情、借鉴国外经验的基础上,凝聚社会共识,让社会各方有序参与立法,使立法更好地体现广大人民的利益和社会公平正义。

二、体育法治实施年度概况

法律的生命力在于实施。高效的体育法治实施体系是建设中国特色社会主义体育法治体系的关键环节、重点和难点环节。2021年,我国体育法治实施体系建设在严格执法与公正司法两大方面取得了突出进展。

(一)体育行政执法工作要点

2021年是落实《法治政府建设实施纲要(2021—2025年)》的第一年,在党中央、国务院、体育总局的领导下,各级体育行政部门坚持以习近平新时代中国特色社会主义思想为指导,全面贯彻落实党的十九大和十九届各次中央全会精神,各地体育行政执法工作进一步规范化。

1. 推进行政决策科学化、民主化

2021年,体育总局在以人民为中心,推进决策科学化、民主化方面作出诸多努力。体育总局各部门为坚持群众观点、践行群众路线,坚持在行政决策中汇集民智、凝聚民力,自觉把加强顶层设计与坚持问计于民有机统一起来,如小球中心2021年4月发布了《小球中心藤球项目竞赛管理办法(征求意见稿)》、办公厅2021年9月发布了《体育标准化管理办法(修订草案征求意见稿)》、航管中心2021年12月发布了《航空飞行营地管理规定(征求意见稿)》等一系列征求意见稿,以使决策充分反映民意,体现决策的民主性。体育总局政策法规司积极推进决策咨询项目开展实施,并借助专家和社会力量,开门问策,集思广益,面向全社会公开征集意见建议,高质量编制"十四五"规划纲要;邀请专家学者深入开展可行性、科学性论证,确保决策符合中央精神、遵循科学理论、顺应客观规律、体现现阶段我国体育事业发展的实际。各级体育行政部门领导班子带头学习《重大行政决策程序暂行规定》和相关法律法规,不断提升依法决策、依法行政的能力。在决策和行政过程中,均严格执行有关重大决策制度规定和行政法规,依法行政和依法科学民主决策水平得到不断提升。如河北省体育局制定了《关于加强新形势下重大决策社会稳定风险评估机制建设的若干措施》,进一步细化工作任务,明确体育领域重大行政决策评估的范围、内容、方式、程序,严格执行决策责任追究,不断提升决策公信力,保障和推动本部门重大行政决策依法作出。苏州市体育局严格执行重大行政决策公众参与、专家论证、风险评估、合法性审查和集体研究决定的程序,落实重大行政决策后评估制度。

2. 编制体育行政执法事项指导目录

2021年,为规范和加强地方体育行政执法工作,提升执法水平,加强组织领导,适应体育事业发展特别是体育法治建设的需要,解决地方体育行政执法的困境,2021年2月4日,体育总局印发《关于进一步规范和加强地方体育行政执法工作的若干意见》,在全面梳理体育领域权责清单和政务服务事项清单的基础上,进一步优化办理流程,明确工作规范,同步开展"一网通办"、告知承诺等一系列工作,规范工作流程等事项办理要素。为坚持将体育总局的要求落实到位,各级体育行政部门大力开展体育领域地方性法规、政府规章的配套建设与梳理工作以及权责清单编制工作,推动"互联网+政务服务",推行权力清单、责任清单和负面清单制度。例如,浙江省体育局制定了《浙江省体育局2021年度规范性文件和体育标准制定重点项目实施方案》,完成省体育局行政规范性文件备案4件,开展涉及失信约束措施、行政处罚等内容的法规、规章和行政规范性文件专项清理6次。河北省体育局通过引领多方协同，吸收社会各界意见建议和组织省委编办、省委党校、法律专家进行评审，最终出台权责清单，以划清政府与市场、政府与社会的边界，让"法无授权不可为，法定职责必须为"有了更坚实的制度依托，让部门权力运行更加高效透明。不断全面推行行政执法"三项制度"和行政裁量权基准制度，规范行政执法程序，提高行政执法透明度，及时公布执法信息，从执法层面为实现社会公平正义提供根本保障。

3. 推动委托执法、加强执法力量建设

2021年，体育总局与公安部、工信部、海关等多元执法力量深度配合，执法权限的划分日趋合理。如面对当前国内外复杂严峻的反兴奋剂工作形势，体育总局主动加强与公安部联系，双方签订合作协议，在信息共享、案件查办、综合治理等方面开展更加全面、深入的合作，进一步加大打击力度，严惩兴奋剂违法犯罪。

各级体育行政部门根据地方立法等情况，进行补充、细化和完善，研究筛选数量较大且专业性不强、适合委托综合执法机构实施的事项，制定委托执法清单，并结合实际情况实行动态调整，将体育行政执法的相关职责纳入相对集中行政处罚权综合执法范围内，明确依法委托综合执法机构执行的程序、法律责任与监督机制。

进一步规范和监督体育行政部门的行政执法活动，全面落实行政执法人员持证上岗和资格管理制度，做好行政执法人员的证件换发规范工作。按照"谁执法谁普法"的相关制度规定，在各级体育行政部门执法过程中，加强对体育法律法规的解读及体育行政部门法定职责的宣传，形成全社会支持体育行政部门依法履职的氛围。同时，体育行政部门积极利用行政执法信息平台，加强对行政执法人员和行政执法案件的管理，完成行政执法检查模块设置、检查单设置等工作，确保案件信息及时更新，便于统计分析。

(二) 体育司法工作进展要点

高效的法治实施体系是指法治实施体系能有效确保纸面上的规范落实到实践，立法目的如期实现，该体系涉及执法、司法、守法各个层面，关联依法治国、依法执政、依法行政的共同推进。由于守法涉及主体众多，体现在法治工作的方方面面，此处不作集中阐述。

1. 体育民事司法实践

法律的实施包括执法与司法两个层面。在中国裁判文书网检索，结果显示，我国2021年体育诉讼深受《民法典》生效、大型体育赛事筹备，以及疫情之下职业俱乐部生存危机等因素影响。例如《民法典》第1176条确立的文体活动"自甘风险"规则在法院判决中被频繁适用，尤以适用"自甘风险"规则第一案"宋邦祯诉周君生命权、健康权、身体权纠纷"[（2020）京0105民初67259号]为代表，此案受到社会各界广泛关注。体育赛事知识产权司法保护领域取得重要成绩，杭州亚运会作为我国举办的重大国际体育赛事，杭州亚运会首例特殊标志隐性营销案[（2021）浙0109民初12877号]对于维护我国知识产权保护良好的国际形象意义重大。法院就球员劳动争议作出的判决，如辽宁足球俱乐部讨薪案系列案件的判决[（2021）辽0102民初19850号]为维护球员合法权益提供了有力保障，有利于体育组织完善内部治理。

2. 体育刑事司法实践

2021年我国体育刑事司法实践在反兴奋剂、体育赌博犯罪治理等领域取得了新的进展。随着兴奋剂违法犯罪案件数量逐渐增多，反兴奋剂中心与司法部门的合作势在必行，加强信息共享、线索交换、互补短板。2021年上海市第三中级人民法院开庭审理了秦某某、赵某非法经营兴奋剂案并当庭作出一审判决[（2020）沪03刑初182号]。此案为我国通过刑事手段制裁涉兴奋剂违法犯罪的首案，在司法实务领域给同类案件提供了具有指导作用和参考价值的证据标准和证明标准。在上海市普陀区人民检察院办理的一起针对电竞比赛结果开设赌场的案件中，司法机关严厉打击体育赌博行为，维护了我国合法体育博彩事业的秩序。

3. 多元纠纷解决实践

2021年，健身机构关门跑路、会员退费难等问题日益成为社会关注的焦点。经过充分调研论证，青岛市体育局会同青岛市李沧区政法委、青岛市李沧区人民法院成立体育消费纠纷巡回法庭，为整治群众反映强烈的体育民生问题发挥重要作用。设立体育消费纠纷巡回法庭的尝试，以法律、法规和规章政策为依据，以当事人自愿为基础，促使当事人达成调解协议，为体育领域纠纷搭建诉调对接的平台。

(三) 体育法治实施展望

高效的体育法治实施体系是指：体育法律规范体系得到全面实施，尤其是《体育法》,作为我国体育领域的"基本法",《体育法》的落实是中国特色社会主义体育法律规范的要旨;执法严格,各级体育行政部门在法律法规的执行中坚持标准不放松;司法公正,公平与正义原则贯彻体育司法活动始终。如何建立高效的法治实施体系是法治的核心问题。如果法律得不到实施,那么,其就形同虚设。

1. 体育法治实施存在的问题

目前,我国体育法治实施中还存在不少问题。其一,有法不依、执法不严时有发生,体制机制不顺畅,地方各级体育行政审批事项与行政部门权责清单有待进一步清理与统一,对体育赛事活动的监管力度不足,对境外非政府组织在境内开展体育活动的审查还需更加规范化,对体育赛场秩序的规制也急需强化。其二,工作机制不完善,尤其是基层缺乏执法力量等问题突出。就各地体育执法的实践现状而言,我国大部分省市县没有专门的体育行政执法机构及专门编制,执法经费、执法设备等亦存在不足,特别是在大部分市县体育行政部门与文化部门合并后,大多以文化执法队伍为主,由此带来体育行政执法人员专门化、法治化的欠缺,且进一步导致体育行政执法频次较低,执法程序有瑕疵、方式不正确,公正与效率兼顾、服务与合作并存的执法理念并未真正建立。其三,司法手段的必要介入还不充分,国家法治与行业自治的良性互动仍不够充分,尤其是在竞技体育与职业体育领域内,对于具备行业特色的运动员参赛资格问题、职业球员欠薪问题等,有待独立的准司法程序——体育仲裁纠纷解决机制的引入,以及司法的适度介入,体育法律规范的准确实施与解释适用需要进一步在司法实践中得到确认。

2. 问题解决路径

严格执法是关键。其一,依法全面履行政府职能,推进机构、职能、权限、程序、责任法定化,加大推行各级体育行政部门权力清单制度的力度,做到行政行为于法有据,法无授权不可为,法定职责必须为。各地体育行政部门进行审批事项材料清理,做好行政审批权力事项梳理及确认,避免行政手段干预体育市场资源配置,激发体育市场活力。其二,整合执法资源,充实基层执法力量,顺畅委托执法机制;同时强化执法人员的法律意识和责任观念,研究加强体育执法的多种渠道,健全执法机构,形成执法网络,严格规范体育公正文明执法与检查监督机制,明确体育行政部门的执法项目、执法权限、执法程序,做到严格按照体育行政执法权责清单高效执法。其三,司法解决体育领域中的难题是践行体育法治化的必要手段。我国体育法治的实施有赖于丰富体育法律实践,建立健全体育仲裁纠纷解决机制,尤其是处理好体育仲裁与司法程序的受案范围与程序衔接问题;通过加强《体育法》及其下位法的条款可操作性,提升司法适用的有效性。

三、体育法治监督年度概况

严密的法治监督体系是中国特色社会主义法治体系的重要组成部分,是对权力运行加强制约和监督的必然要求。一般认为,法治监督体系主要包括人大监督、行政监督、司法监督和行业监督这四个方面。在全面从严治党的时代背景下,政治监督作为党内监督重要工作,也被列入了法治监督体系的内容。考虑到本报告专设关于体育协会法治发展和体育纠纷解决法治发展的分报告,与体育监督内容多有交叉,本部分不再赘述。因此,本部分将主要介绍体育方面的政治监督、人大监督和行政监督的年度概况。

(一)体育法治监督工作现状

1. 政治监督

政治监督是在政治管理过程中,为保证社会公共权力机关在所担负的职权的正当范围内和轨道上运行,而对其进行监视、检查、控制和纠偏的各种活动。纪检监察机关是政治机关,纪检监察工作是政治工作,开展政治监督是纪检监察机关的重要任务。

加强政治监督,是推动中国特色社会主义监督制度优势更好转化为体育治理效能的重要举措。体育行政部门的政治监督,在监督对象上聚焦"一把手",在监督内容上突出政治监督,在监督责任上坚持谁授权谁负责、谁任命谁监督,在监督方法上贯通党委全面监督和纪委专责监督,强化同级监督,形成监督合力。坚持底线思维,有效防范化解各类风险隐患,统筹抓好疫情防控、反兴奋剂等工作,确保赛事顺利安全如期举办。

巡视工作是加强全面从严治党、维护党纪的重要手段,是加强党内监督和政治监督的重要形式。2021年,体育总局党组开展了十九大后的第三轮巡视。该轮巡视,组建6个巡视组,自2021年4月16日至6月18日,对服务中心等12家单位开展常规巡视。党组明确要求,要切实运用好巡视成果,围绕体育事业改革发展新形势、新任务、新要求,把巡视监督、整改和体育事业改革发展有机贯通,着眼进一步加强领导班子建设和干部队伍建设,加强基层党组织建设和单位业务建设,推动解决巡视发现的体制机制问题;要紧紧抓住领导干部这个关键少数,进一步突出对"一把手"的监督,"一把手"认真履行好整改第一责任人责任,班子成员按照责任分工和"一岗双责"要求落实巡视整改责任,层层分解任务,切实推动巡视反馈的问题整改落实。

举办北京2022年冬奥会、冬残奥会是习近平总书记亲自决策、亲自推动的国家大事。为贯彻落实习近平总书记关于"廉洁办奥"的重要指示,"让冬奥会像冰雪一样纯洁干净",中央纪委国家监委驻体育总局纪检监察组和北京、河北两地纪检监察机关履职尽责,为筹办工作提供坚强监督保障。

围绕备战2022年北京冬奥会的主题,中央纪委国家监委驻体育总局纪检监察组聚焦"备战"和"办赛"这两个监督重点,及时跟进监督检查,推动解决问题,为实现"办赛精彩、参赛出彩"和"廉洁办奥"的目标提供坚强保障。针对赛风赛纪等重点工作,驻体育总局纪检监察组牵头成立专项监督机制,防范化解风险隐患。围绕冬季运动管理中心涉及的工作职责和任务分工,梳理出疫情防控、服务保障、竞赛流程、设备设施等监督项目,进行清单式管理。在驻体育总局纪检监察组指导下,冬季运动管理中心积极按照"廉洁办奥"的要求进行廉政风险排查,加强重点领域和关键环节风险防范。针对备战经费多、各种经费使用合同协议多等情况,冬季运动管理中心着力加强各类备战经费合同管理,根据日常合同洽商、履行工作中存在的问题,及时修改合同管理办法,强化对合同洽商、履行的全过程的监管,切实保障资金使用安全,提升了监督成效。

北京市纪委监委启动巡回监督模式,从冬奥监察专员办、冬奥组委监察审计部、场馆业主单位纪委等抽调人员组成数支巡回监督组,采取"不发通知、不打招呼、不听汇报、不用陪同接待、直奔基层、直插现场"的方式不定期前往各场馆开展督导,重点了解场馆高低风险区流线设置、防疫物资储备、外围保障联动等环节的人员履职情况。同时,北京市纪委监委还选派场馆运行监督组入驻场馆内部,紧盯资金使用、物资采购等关键环节,排查廉政风险。

2. 人大监督

人民代表大会是我国的国家权力机关,根据我国《宪法》规定,全国人大和地方各级人大有监督法律实施的职权。人大监督在体育法治方面的主要形式包括:听取、审议政府关于体育、全民健身、青少年和学校体育工作的专项报告,组织人大代表专题调研,对《体育法》和各地《全民健身条例》等法律法规的实施情况开展检查,督办调研体育项目纳入政府民生实事项目等的方式,人大代表向有关部门提出建议、质询意见等。

2021年体育总局共答复人大代表在第十三届全国人大四次会议上提出的19项建议,涉及青少年体育、老年人体育、体育资金投入、体教融合、体医融合、全民健身场地设施、社会体育指导员等方面。全国人大代表关于体育工作的建议,进一步提高了体育工作在立法和决策中的能见度,也督促体育行政部门落实《体育法》的规定,保障公民体育权益。

2021年,全国人大社会建设委员会为进一步推动《体育法》的修订工作,在广西、江苏、山东等地开展《体育法》修订调研活动。上述调研活动,一方面促使地方贯彻落实《体育法》,另一方面也为做好《体育法》修订工作提供了借鉴和参考。

在省级层面,北京市、上海市、江苏省等省市级的人大围绕"一法一条例"(《体育法》和本省市《全民健身条例》)开展专题调研活动,了解"一法一条例"的贯彻实施情况和地方的体育发展现状。

在市级层面,甘肃兰州、河北廊坊、浙江温州等地的人大也就《体育法》和《全民健身条例》的实施情况开展检查和调研活动,重点了解全民健身组织、全民健身设施建设、全民健身赛事和活动、全民健身资金投入等方面的情况。

3. 行政监督

行政监督既包括行政主体基于行政职权依法对行政相对人是否遵守行政法规范和执行行政决定等情况进行的执法监督,也包括行政组织系统内部的监督检查,即对行政机关和工作人员的监督。

2021年,体育总局进一步加强对体育行政执法的监督检查工作。同年2月,经商中央编办、司法部同意,体育总局印发《关于进一步规范和加强地方体育行政执法工作的若干意见》,积极推动地方体育行政执法理顺工作机制、规范执法行为、明确执法责任、提升执法水平,不断提高体育治理体系和治理能力现代化水平。该意见主张多措并举,强化行政执法监督指导,要求各级体育行政部门进一步规范和明确行政处罚和检查的程序流程,并向社会公开,便于社会监督;定期开展行政处罚案卷评查和行政执法培训,通过具体案卷,从文书内容、执法流程、规范要求等各个方面加强沟通和监督,有效开展行政执法指导和监督工作,确保行政执法工作规范运行。

2021年,体育总局进一步完善体育市场监管体制。细化监管举措,不断完善公共体育设施、体育赛事活动、运动技能培训、体育中介服务等重点领域的监管制度体系，进一步加大事中事后监管力度。坚决贯彻"管行业必须管安全，管业务必须管安全，管生产经营必须管安全"的要求，强化行业管理责任，切实提高体育行业安全管理工作水平。

2021年，各级体育行政部门进一步加强体育赛事监管。5月22日，甘肃省白银市黄河石林百公里越野赛因局部天气突变发生公共安全事件，造成重大人员伤亡。6月2日，体育总局办公厅发布《关于暂停相关体育活动的通知》，要求从通知发布之日起，暂停山地越野、戈壁穿越、翼装飞行、超长距离跑等管理责任不清、规则不完善、安全防护标准不明确的新兴高危体育赛事活动。强调各地要严格落实非必要不办赛要求，坚持底线思维，增强风险意识，强化属地管理责任，采取切实有效的措施防范和化解风险。要围绕组织运营、服务保障、安全管理、应急救援、疫情防控、地质条件、气象因素等内容，对所有赛事活动开展全面风险排查，存在安全隐患的一律暂停，严防体育领域安全事件发生，为迎接建党100周年营造良好的环境和氛围。6月25日，体育总局等十一部门联合印发《关于进一步加强体育赛事活动安全监管服务的意见》，进一步明确各部门职责，强化监管举措，统筹发展和安全，牢牢守住体育赛事活动安全风险的底线，切实维护人民群众的身体健康和生命安全，加快推进体育强国建设。

2021年10月8日，体育总局发布了《"十四五"体育发展规划》。在《"十四五"体育发展规划》中提出要实施"体育赛事活动规范化建设工程"，构建体育赛事活动标准体系，制定运动项目办赛指南和参赛指引；制定年度体育赛事活动目录、服务指导目录和高危险性体育赛事活动目录；建立健全各类体育赛事活动等级评定或评估制度。该规划还提出实施"体育赛事活动安全监管工程"。建立体育赛事活动安全督查制度，完善体育赛事活动安全应急管理体系，搭建多部门联动的体育赛事活动安全预警、熔断决策、应急救援等工作机制。加强对山地越野、游泳、攀岩、潜水、滑雪等重点项目赛事活动和场馆设施的安全监管。

2021年，体育总局进一步加强内部监管，主动接受社会监督。比如，在运动员技术等级登记录入工作方面，体育总局办公厅发布了《关于加强运动员技术等级信息录入监督管理的通知》。通知要求，一是加强信息录入监管，各级等级授予单位结合本单位实际情况，建立运动员技术等级管理系统监督管理机制,由本单位运动员技术等级业务分管领导负责,所有信息录入都有联合监督机制,防止一人包揽,无人监管。二是主动接受社会监督,主动向社会公开运动员技术等级授予、公示文件,接受社会监督,接受群众举报,严防"暗箱"操作。

2021年,体育总局加强信息主动公开,严格履行政府信息公开法定义务,主动公开政府信息21628条。其中,体育总局机关和直属单位子站信息3357条,占公开信息总数的15.52%;省区市体育局信息3346条,占公开信息总数的15.47%;政务类信息2815条,占公开信息总数的13.02%;全民健身类信息2275条,占公开信息总数的10.52%;竞技体育类信息3719条,占公开信息总数的17.2%;体育产业类信息1274条,占公开信息总数的5.89%;体育文化类信息87条,占公开信息总数的0.4%;青少年体育类信息896条,占公开信息总数的4.14%;体育交流类信息40条,占公开信息总数的0.18%;服务和互动信息199条,占公开信息总数的0.92%;专题专栏信息3620条,占公开信息总数的16.74%。

2021年,体育总局通过政府网站互动平台、信函等渠道收到政府信息公开申请18件次。对所收到的18件次政府信息公开申请,严格按照要求在规定时限内进行了办理和答复,对申请人事前有沟通、事后有反馈,答复更具针对性、精准性,未出现行政复议或行政诉讼。

(二)体育法治监督展望

根据中共中央、国务院印发的《法治政府建设实施纲要(2021—2025年)》中所提出的要求,法治监督的总体思路应"坚持有权必有责、有责要担当、失责必追究,着力实现行政决策、执行、组织、监督既相互制约又相互协调,确保对行政权力制约和监督全覆盖、无缝隙"。严密的体育法治监督体系应有健全的行政监督机制,让权力在法治的框架内运行,同时政务公开工作有序落实,有效地规范行政权力,政务公开能力和水平不断提高,充分发挥其在监督方面的作用。政治监督、人大监督、行政监督以及行业监督协调运行、形成合力。

1. 体育法治监督存在的问题

新时代体育法治监督工作虽然取得了一定成效,但仍然面临风险和挑战。其一,在政治监督方面,党风廉政建设、巡视机制建设等常态化、长效化监督机制尚不健全,"一把手"监督仍是薄弱环节,完善党内监督体系、落实监督责任的任务依然十分紧迫;其二,在人大监督方面,各级人大对体育行政部门落实体育法治工作的监督检查仍有待进一步加强,需要针对体育工作提出更多建议,提高体育领域立法和决策的能见度;其三,在行政监督方面,体育行政部门与相关部门的联系合作仍有待加强,政府信息公开力度也需进一步加强;其四,在行业监督方面,体育领域弄虚作假、球场暴力、网络约架、运动员选拔不公等行业乱象仍屡禁不止,亟待严肃整治。

2. 问题解决路径

政治监督、人大监督、行政监督以及行业监督的协调运行需要完善内部监督机制,各方面力量密切配合。其一,在体育行政部门内部建立上下联动的巡视巡察一体化机制,明确摆正政治巡视的定位,针对重点工作开展专项检查,建立党员干部廉政档案。其二,人大监督作为国家权力机关的监督,是党和国家监督体系中的重要组成部分,是代表国家和人民进行的监督,是国家最高层次的监督,是具有法律效力的监督,就对体育工作的监督而言,各级人大应发挥好职责,听取和审议专项工作报告,监督计划和预算的执行情况,对法律法规实施情况及时展开检查,对规范性文件进行备案审查,利用询问质询与专题询问机制落实人大的质询权。其三,完善体育行政部门内部的行政监督机制,扩大监督范围,完善监察和审计监督制度,建立渠道畅通的公民监督制度,加大政府信息公开力度。其四,针对体育行业中的重点问题和突出矛盾,设置多层级监督管理机制,有效防范化解体育领域风险,解决各种矛盾争端,推动体育事业高质量发展。

四、体育法治保障年度概况

法治保障体系是中国特色社会主义法治沿着正确道路前进的重要保障,是确保法治高效运行的重要支撑。如果没有一系列保障,法治就难以实现。法治保障体系既是法治体系的重要组成部分,又是支撑法治大厦的地基,关乎法治各环节的有序运行,为法治总目标的实现提供不竭的力量。

(一)体育法治保障发展现状

1. 政治和组织保障

实现建成体育强国战略目标,关键在党。坚持党要管党、全面从严治党,把党的领导体现到体育工作的各方面、各环节中,为建设体育强国提供坚强政治保证。2021年,推动党员干部学深悟透习近平新时代中国特色社会主义思想,切实用习近平总书记关于体育的重要论述破解体育改革发展难题,坚决做到"两个维护"。持续巩固深化"不忘初心、牢记使命"主题教育成果,推动理想信念教育常态化制度化。严肃党内政治生活,严格党员教育管理监督,认真落实"三会一课"、民主生活会、组织生活会、领导干部双重组织生活等制度规定。

2021年,各级体育行政部门的党组织认真学习贯彻习近平法治思想和习近平总书记关于全面依法治国、法治政府建设的重要讲话和指示批示精神,严格落实《党政主要负责人履行推进法治建设第一责任人职责规定》,认真履行推进法治政府建设第一责任人职责。对全局法治政府建设统一部署、整体推进,有力推动各项工作落地落实。如苏州市体育局党政主要负责人召开部署法治建设年度重点工作专题会议,明确各项工作的牵头处室、责任单位,贯彻实施《江苏省党政主要负责人履行推进法治建设第一责任人职责情况列入年终述职内容工作方案》,树立了鲜明的用人导向,将本单位党政主要负责人履行推进法治建设第一责任人职责的情况纳入综合考核指标体系,加大考核力度,将其作为考察使用干部、推进干部能上能下的重要依据。

2. 人才条件保障

加强高素质体育法治专门队伍和法律服务队伍建设是全面推进依法治体的人才保障。为提升体育行政部门内部行政执法人员的法治素养,各级体育行政部门先后组织了依法行政专题培训会、知识培训班等学习活动,紧密联系体育行政执法、行政处罚事项实际工作,讲授新修订的《行政处罚法》等,提高行政工作人员依法履职尽责的能力和水平,强化执法人员的法治观念。就体育行政部门外部法治人才资源的配置和利用而言,2021年,国家与地方各级体育行政部门持续深化法律顾问制度建设,充分发挥法律顾问在重大行政决策制定、规范性文件制定、合同协议审查、单位涉法问题处理等方面的积极作用。建立以体育行政部门法制机构、外聘法律顾问团队为主体,事业单位法律顾问为补充的法律顾问体系,充分发挥法律顾问在科学决策、制度建设、矛盾纠纷化解、推进依法行政等工作中的积极作用。如苏州市体育局制定出台《苏州市体育局法律顾问制度》,并与江苏某律师事务所签订法律事务合作协议,聘请事务所2名资深律师担任局法律顾问,建立完整的合同审查机制,重大经济合同由各级领导和法律顾问分别签署意见后方可实施。又如芜湖市体育局认真落实安徽省体育局《关于推行法律顾问制度的实施意见》的精神,全面普及各直属单位法律顾问制度建设,外聘法学专家或专职律师担任法律顾问,负责本单位内部重大事项、规范性文件、重大合同等的合法性审查工作。

3. 物质条件保障

2021年度,体育总局在统筹疫情防控常态化工作的基础上,对科技、财政资金、土地等物质条件的保障作出了顶层设计。首先,推动体育科技保障工作稳步前进,通过发布《"十四五"体育发展规划》等重要文件在提升体育科技研发水平、加强国家队科技助力工作、实施体育科普工程、实施体育高端智库建设工程等方面作出重要部署,重视法治思维,以法治手段促进体育科技保障发展的同时坚持科技助力体育法治保障工作。其次,保障体育高质量发展所需的财政、土地等资源,《"十四五"体育发展规划》中明确规定"完善公共财政体育投入机制,形成财政综合支持体系,加大对关键领域、薄弱环节、重点区域的支持力度,加强对财政资金使用效益的评估"以及"在国家土地政策允许范围内,依法依规保障体育用地"。

(二)体育法治保障发展展望

有力的体育法治保障体系,是推进体育法治建设的必然要求。体育法治保障体系应能够系统梳理、逐一解决制约体育法治保障体系的深层次矛盾和问题。在政治和组织保障方面,坚定不移确保党的领导始终贯穿体育事业、产业发展的全过程,强化协同配合,形成上下联动、多方参与、共同推进、执行有力的工作格局和体制机制保障,确保党中央的决策部署落地生根。在人才保障方面,我国高等院校所培养的体育法学硕士、法律硕士和法学博士能够为我国体育法治建设作出突出贡献,能够与社会法律服务力量结合、相互补充,成为我国依法治体工作的强大"智囊团"。同时,体育行政部门工作人员具备法治意识和法治精神,依法行政,信仰法治。在物质保障方面,形成强有力的政策支持体系,为体育法治工作的开展保驾护航。

1. 体育法治保障存在的问题

我国体育法治保障体系不断完善,但仍然存在一些问题。其一,我国体育法学科创立时间较短,社会关注度不高,与传统法学学科相比存在较大差距,社会公众对于体育法学了解不足,法学专业人士对于体育法学的重视程度也不足。此外,体育法学作为体育与法学的交叉性学科,在各方面都呈现出与其他法律部门迥异的特点,但在行政执法或者司法实践中体育法学的特殊性未获得足够关注度。总体来说,我国体育法治人才还较为匮乏。其二,我国体育法治的物质保障基础还有待进一步夯实,尤其是部分地方体育行政部门在采购外部法律服务、获得专业法治建设辅导方面的经费支持力度仍需加强。

2. 问题解决路径

其一,以创新人才培养机制为核心建设法治工作队伍。在重点人群法治理念培养方面,长期以来我国各级地方体育行政部门对法治意识教育工作的重视程度不高,导致该项工作机制性、稳定性不足,体育行政部门的工作人员法治观念不强。需要采取更多有针对性的教育宣传活动,强化体育行政部门的工作人员的依法建设体育强国观念。在法治人才培养方面,体育法学的应用性很强,但理论与实践是不可分离的,需要理论引导实践。我国体育法学的发展时间较短,仅仅经历了40多年的发展,对于体育法学的基础理论的认识尚不足够,高等院校开设的体育法专业课程都存在理论不够深入的问题,仍需要进一步夯实基础,用理论引导体育法学实践,深化体育法学教育,按照体育法学教育规律,注重法治教育的方向性和专业性,切实保证体育法学的健康发展和持续繁荣。重点建设一批具有较大影响力的高端体育法治智库,辅助体育法律政策和体育法律制度的建设,确保我国的体育事业在法治的道路上行稳致远。其二,加大对体育法治建设的物质保障,进一步推进支持体育法治发展的财政、金融、税收、土地、能源等方面的各类政策的落地,实现政策叠加效应。

分报告

体育立法篇

体育立法发展报告(2021)

一、体育立法发展报告概述

党的十八大以来,中国特色社会主义进入新时代,体育法治建设工作以习近平新时代中国特色社会主义思想为指导,贯彻习近平总书记关于体育强国建设的重要论述和习近平法治思想,开启了新征程,取得了新成就。

(一)中央体育立法概况

2021年10月19日,《体育法(修订草案)》提请第十三届全国人大常委会第三十一次会议审议,并于10月23日在中国人大网公布,公开征求社会公众意见。此次《体育法》修订是该法自1995年颁布施行后,时隔二十多年进行的第一次全面系统的修订。此次修订呈现出如下特点:首先,从整体法律条文的数量来看,由之前的54条增至109条,反映出我国的政治、经济、社会、文化都发生了巨大变化,体育事业伴随社会主义市场经济的发展取得巨大成就的同时也出现了新情况、新问题与新挑战,需要通过修订《体育法》予以解决。其次,从立法体例看,由之前的八章增至十一章,新增"反兴奋剂""体育仲裁""监督管理"专章。此外,为突出全民健身在体育事业发展中的基础性作用,草案将"社会体育"一章的章名修改为"全民健身"。同时,"体育社会团体"一章的章名修改为"体育组织",也充分显示了我国对于社会力量参与体育事业的重视。最后,从立法内容看,修订草案在保留现行法基本框架的前提下,根据中央精神和现实需要充实了总则规定,明确公民依法平等地享有参与体育活动的权利、强化全民健身国家战略、落实体教融合新要求、促进竞技体育发展、坚决反对使用兴奋剂、发挥体育组织作用、体育事业监督与促进并重,为体育强国和健康中国建设营造良好法治环境。

2021年3月1日《中华人民共和国刑法修正案(十一)》[以下简称《刑法修正案(十一)》]正式实行。《刑法修正案(十一)》增设了"妨害兴奋剂管理罪",标志着我国兴奋剂犯罪首次入刑,是积极预防性刑法观在反兴奋剂领域的重要体现。"妨害兴奋剂管理罪"的增设强化了兴奋剂源头犯罪打击,加强了对体育辅助人员的威慑,提高了滥用兴奋剂行为的违法成本,对于提高兴奋剂治理能力和完善兴奋剂治理体系具有十分重大的现实意义。兴奋剂入刑不仅贯彻落实了习近平总书记对反兴奋剂工作作出的重要指示批示,还实现了对妨害兴奋剂管理相关犯罪由迂回惩治到直接规制的转变,是我国反兴奋剂斗争法治化进程中具有标志性的事件。此外,"妨害兴奋剂管理罪"的增设,更是对体育赛事活动的公平竞争、公众和运动员的身心健康等法益的保护,为深入开展反兴奋剂斗争、净化体育环境、推进体育强国建设提供了更为有效的司法保障。

2021年度中央体育立法除却位阶较高的法律外,还包括2021年7月14日经体育总局第12次局长办公会审议通过的部门规章《反兴奋剂管理办法》和其他部门规范性文件。新修订的《反兴奋剂管理办法》是对《反兴奋剂条例》的进一步细化和贯彻执行,完善了兴奋剂违规情形,将兴奋剂违规行为与全国综合性运动会参赛资格、体育道德风尚奖挂钩,进一步建立健全了反兴奋剂工作管理制度体系,明确了分层级的反兴奋剂责任体系,持续营造反兴奋剂高压态势。新制定的部门规范性文件主要集中在:体育发展规划领域,如《"十四五"体育发展规划》等;体育赛事活动安全保障领域,如体育总局、工业和信息化部、公安部等《关于进一步加强体育赛事活动安全监管服务的意见》等;全民健身领域,如体育总局《关于认真贯彻落实〈全民健身计划(2021-2025年)〉的通知》等;反兴奋剂领域,如体育总局反兴奋剂中心《兴奋剂违规听证实施细则》等;体育教育培训领域,如体育总局、科学技术部《国家体育科普基地管理办法》等。

综上所述,2021年度中央体育立法呈现出层级化、体系化以及全面化的特点,进一步完善了我国体育法律规范体系。

(二)地方体育立法概况

地方体育立法是体育法治的重要环节,是体育法律规范体系的重要组成部分,高质量的地方体育立法是我国体育法治化的重要保障。2021年度地方体育立法围绕体育强国和全民健身战略目标，在推进全民健身、保障赛事安全、促进体育产业、深化体教融合、配合学校"双减"等方面着力开展地方体育立法工作，在为地方体育特色发展提供制度供给与保障、为中央体育立法提供实践参考以及培养大众体育法治意识等方面成效显著。通过对2021年度颁布的与体育相关的地方性法规、地方政府规章以及地方规范性文件进行整体梳理（不含我国香港特别行政区、澳门特别行政区和台湾地区），地方体育立法呈现出立法数量稳步增加、立法主题更趋多元、区域立法差异显著、立法突显地方特色、立法更具实施性等特点。

1. 立法数量稳步增加

2021年度发布的标题中含有"体育"和"全民健身"字段的新增和修订的地方性立法（地方性法规、地方政府规章和地方规范性文件）共计153件。就立法文件的效力级别来看，上述153件文件中，省级地方性法规1件，为《陕西省全民健身条例（2021修订）》；设区的市地方性法规3件，为《大连市体育经营活动管理条例（2021修正）》《西安市体育经营活动管理条例（2021修正）》和《宁波市全民健身条例》；地方规范性文件149件。同时，2021年度发布的标题中含有"全民健身""体育设施""竞技体育""体育赛事""体育产业""学校体育""体育教育""运动员"字段之一的新增和修订的地方性立法共计414件。其中，省级地方性法规32件，设区的市地方性法规47件，经济特区法规和自治条例9件，地方政府规章7件，地方规范性文件319件。相较于2020年度的94件地方体育规范性法律文件，立法数量呈稳步增加态势。

2. 立法主题更趋多元

就2021年度发布的标题中含有"体育"和"全民健身"字段的新增和修订的153件地方体育立法的主题来看，除一部分综合性体育立法外，其余地方体育专门性立法涵盖了全民健身、体育产业与消费、体育健身设施、体育赛事安全、青少年与学校体育、重点群体体育保障等众多方面，关照了地方体育发展的重点领域，回应了地方体育发展的现实关切。具体而言，体育综合类立法主要从体育强市/省的宏观角度出发，对体育事业涉及的各个门类都作出了详尽的规划；全民健身类立法主要通过专门立法或修订的方式对全民健身战略加以贯彻深化，进而实现对本地的全民健身建设和群众体育的保障和指导；体育产业与体育消费类立法主要以促进体育消费的方式来提高体育事业发展水平，以体育事业的市场化带动全民健身的普及化，进而反哺体育事业,完成推动体育产业高质量发展的任务;体育健身设施类立法主要为更好地满足人民群众的体育健身需求,以补齐体育设施建设短板、加快体育场地设施建设、优化体育场地设施服务为目标,普及地方体育服务;体育赛事安全类立法主要关注体育赛事安全,做好预警预案和风险评估,确保在疫情防控常态化的形势下顺利开展赛事;青少年与学校体育类立法主要围绕体教融合,制定相关配套落实方案,推动"双减"政策稳步运行;重点群体体育保障类立法则针对老年人、乡村居民、残疾人、儿童等重点人群开展体育立法,将全民健身覆盖到社会所有群体,确保体育设施的大众普及。

3. 区域立法差异显著

就前述 153 件地方性立法所涉及的区域来看,新增立法分属 27 个省、自治区、直辖市。其中有 5 个省、自治区、直辖市的新增地方立法数量达到两位数(广东省 18 件、上海市 17 件、江苏省 13 件、天津市 12 件、广西壮族自治区 10 件),占比为 18.5%。从区域分布来看,东部地区立法共计 91 件,占比为 59%;西部地区立法共计 30 件,占比为 20%;中部地区立法共计 14 件,占比为 9%;东北三省地区立法共计 7 件,占比为 5%。综合来看,经济发达的东部地区立法资源相对丰富,立法数量最多,法律规范体系较为完善,有较好的立法条件更好地满足东部地区人民群众更高层次的体育需求。西部地区 2021 年立法数量对比 2020 年的立法数量有了明显增长,可以看出当地政府提高了对体育相关方面建设的重视程度。中部地区 2021 年立法数量较 2020 年的立法数量则有一定程度减少。东中西部经济发展水平的差异,使得地方体育立法呈现出明显差异,且并未得到明显的缓和。在实施全民健身国家战略、建设体育强国的进程中,亟须继续推动各地的地方体育立法工作,实现均衡协调发展。

4. 立法突显地方特色

地方体育立法根源于地方体育发展的多元性与差异性,是地方在国家体育立法的大框架下不断调适和融合,使国家立法更适用于本地区体育发展的过程,这一过程也使得地方体育立法的地区特色更为鲜明。首先,依靠本地优势发展体育项目。各地区的自然资源不同、经济社会发展水平不一、民俗风情各异,由此,在体育项目的发展上,多地根据本地实际需要和发展状况进行立法以扬长避短,体现出了区域特色,主要体现为从自身的自然资源和文化传统出发,培育地方特色优势项目。如吉林省人民政府办公厅《关于做好常态化疫情防控工作支持文旅企业发展若干措施的通知》从本地自然特征出发,开发冰雪特色文旅;广西壮族自治区人民政府办公厅《关于加强全民健身场地设施建设发展群众体育的实施意见》则依赖民族区域特色,开展民族特色体育项目建设。其次,制度创新设计符合地区特点。当前体育改革发展已进入全面深化阶段,立法所面临的要求已不仅仅是总结实践经验、巩固改革成果,更要发挥立法引领推动改革发展的作用,通过立法做好必要的顶层设计和总体规划,为改革发展提供根本性、全局性、长期性的制度保障,引领本行政区域改革进程、推动发展。多地体育立法展开了先行的制度创新设计以引领体育改革和发展。如浙江省人民政府办公厅《关于高水平建设现代化体育强省的实施意见》提出了高水平建设现代化体育强省的一系列目标和措施。

5. 立法更具实施性

地方体育立法活动的价值即在于解决中央立法难以涉及的地方体育的实际问题,使法律更多地回应地方现实需要。因此,各地体育立法针对本区域体育发展实践面临的问题,以解决特定问题为出发点,进行了相应的制度设计,积极探索出台了更多实施性立法。主要体现为:一方面,鼓励措施具体化。如合肥市体育局、合肥市财政局联合印发的《2021年合肥市推动经济高质量发展若干政策实施细则》(体育部分)详细规定了对职业体育的补贴计划;上海市体育局、上海市财政局联合印发的《上海市促进体育发展财政专项资金管理办法》积极鼓励和支持各类社会资本积极投身体育产业大发展,促进体育消费。另一方面,立法导向明确化。地方体育立法针对具体问题进行单项事务立法,或针对本行政区域内个别区域的特别需要事项立法,呈现出具体化、明确化的特征。如山西省体育局《关于做好2021年公共体育场馆向社会免费低收费开放工作的通知》就体育场馆对公众免费开放事项作出了具体规定;上海市体育局《关于开展"智慧助老"行动加强老年人体育服务的指导意见》就加强和改进体育领域"智慧助老"服务进行了详细具体的安排,以增强老年人运动健身的获得感、幸福感和安全感。

二、中央体育立法重点领域

2021年度中央体育立法的重点是在学习贯彻党的十九大和十九届历次全会精神,贯彻落实习近平法治思想、习近平总书记关于体育的重要论述精神,在体育总局党组领导下,继续完善和细化反兴奋剂、竞技体育与全民健身等领域的立法工作。

(一)反兴奋剂领域

1. 修改《反兴奋剂管理办法》

2021年7月14日,体育总局第12次局长办公会审议通过了《反兴奋剂管理办法》。作为部门规章的《反兴奋剂管理办法》是我国反兴奋剂的规范制度体系的重要组成部分。修订后的《反兴奋剂管理办法》共52条,分为总则、反兴奋剂工作职责、反兴奋剂宣传教育、兴奋剂检查与调查、兴奋剂检测、结果管理、惩处与奖励以及药品、营养品、食品管理和附则九个章节。

修订后的《反兴奋剂管理办法》在总则部分明确提出了国家宏观层面的建设目标,即反兴奋剂工作坚持"零容忍",坚持严令禁止、严格检查、严肃处理的方针,推动构建"拿干净金牌"的反兴奋剂长效治理体系,为未来我国反兴奋剂法治化工作提供了方向指引。在反兴奋剂工作职责章节,还首创性地提出了"谁组队、谁管理、谁负责"的原则,要求"负责备战任务的国家运动项目管理单位、全国性体育社会团体等单位承担国家队反兴奋剂工作职责,省级及以下体育行政部门承担省级及以下运动队反兴奋剂工作职责",将反兴奋剂工作按层级分配,落到实处。在追责的过程中,修订后的《反兴奋剂管理办法》强调要在进行溯源和调查认定的基础上追究相应主管人员的责任,体现了反兴奋剂工作的程序正当性和严谨性,提升了工作的专业水平。在兴奋剂违规的惩处及责任追究层面,修订后的《反兴奋剂管理办法》对青少年、同一团体及重大赛事期间的兴奋剂违规作了详细规定,还明确了对兴奋剂检查的资质要求和机构限制。同时,也突出了国家反兴奋剂机构的重要性,强调"兴奋剂的违规处理决定,由国家反兴奋剂机构审查通过后执行"。此外,还指出国家反兴奋剂机构应"定期汇总兴奋剂违规情况和禁止合作名单,及时对外发布"。

修订后的《反兴奋剂管理办法》的出台进一步完善、充实了我国反兴奋剂法律规范体系,具有深远意义。首先,将反兴奋剂工作方针法定化。新修订的《反兴奋剂管理办法》对于反兴奋剂工作,提出了"零容忍"的建设目标,坚持严令禁止、严格检查、严肃处理的方针,推动构建"拿干净金牌"的反兴奋剂长效治理体系。这对于国家规范体育事业具有极大的指导作用,它明确了国家对于体育事业的反兴奋剂工作遵循"预防为主,惩戒并举"的原则。修订后的《反兴奋剂管理办法》将反兴奋剂工作与国家体育事业相关联起来,既使反兴奋剂工作进一步加强,又使反兴奋剂工作与国家形象紧密贴合。

其次,加强了对体育参与者权益的保护。在修订后的《反兴奋剂管理办法》中,将运动员兴奋剂违规使用与其所在单位的全国综合性运动会参赛资格挂钩:"发生一例运动员兴奋剂违规且被禁赛的,该单位该项目(不分男女,下同)停赛不少于一年;同一单位同一项目运动员在全国综合性运动会周期内发生2例兴奋剂违规且被禁赛的,取消该单位该项目本届全国综合性运动会参赛资格。"由此可见,修订后的《反兴奋剂管理办法》对运动员及其单位使用兴奋剂的违规行为的惩戒力度进一步加强。在严格的惩戒机制下,运动员才会有足够的动力去了解、认识这些法律法规,同时也会学习如何运用这些法律法规来保护自己。

最后,进一步强化兴奋剂违法违规行为的打击力度。兴奋剂违规行为将与体育道德风尚奖评选、运动员和辅助人员评优、评职称挂钩,有兴奋剂违规行为且被禁赛的运动员和辅助人员,在禁赛期届满后的4年内,也无缘各类评奖评优、科研项目申报以及职称评选。相比原《反兴奋剂管理办法》,修订后的《反兴奋剂管理办法》在责任追究上的力度有所增加,只要有兴奋剂违规行为出现,那么上级体育行政部门和运动员管理单位就要对造成兴奋剂违规的根源进行追查。依据规定来追究运动员管理单位领导人员和相应的主管人员的责任,如果涉及犯罪,将会移交监察机关或司法机关来追究其刑事责任。这一改变,十分直观地反映出了国家对于兴奋剂违规行为"连根拔起"的决心。

2. 制定《国家体育总局兴奋剂违规责任追究办法》

为贯彻落实习近平总书记关于反兴奋剂工作的重要指示批示精神,深入推进反兴奋剂斗争,体育总局制定了《国家体育总局兴奋剂违规责任追究办法》(以下简称《办法》)。

《办法》共五章21条,分为总则、责任范围、责任追究方式和适用、责任追究程序和附则。兴奋剂违规责任追究工作以习近平总书记关于反兴奋剂工作的重要指示批示精神为根本遵循,以"零出现"为目标,坚持党的全面领导,强化党政同责,严肃追究在兴奋剂违规中失职失责单位和相关领导干部的主体责任、监管责任、领导责任,坚决做到"零容忍"。同时,对兴奋剂违规责任的认定和追究,应以兴奋剂违规调查和失职失责调查为基础,坚持依法依规、实事求是、客观公正、错责相当、惩教结合的原则,做到事实清楚、定性准确、处理恰当、程序合法、手续完备。此外,责任追究应根据单位隶属关系和干部管理权限等作出。不属于体育总局管理的,由相关省(区、市)人民政府,省(区、市)纪委监委和省(区、市)体育行政部门等作出处理。

《办法》进一步建立健全了反兴奋剂工作管理制度体系,明确了分层级的反兴奋剂责任体系,加大了兴奋剂违规责任追究力度。坚持"零容忍"的原则,以"零出现"为目标,强化党政同责,构建反兴奋剂管理责任体系,严肃追究在兴奋剂违规中失职失责单位和相关领导干部的主体责任、监管责任、领导责任。

(二)竞技体育领域

近年来,各类体育赛事活动蓬勃发展,对推动竞技体育和体育产业的发展发挥了重要作用。大型体育赛事活动涉及面广、参与人数多、外部影响因素复杂、社会关注度高,若对安全问题疏于监管,极易引发安全事故。所以,统筹发展和安全,进一步加强体育赛事活动安全监管服务,是保护人民群众生命安全和身体健康的必然之路。为此,2021年度中央在竞技体育领域立法以强化体育赛事安全监管服务为重点,制定《关于进一步加强体育赛事活动安全监管服务的意见》《关于加强体育赛场行为规范管理的若干意见》和《关于进一步加强冰雪运动场所安全管理工作的通知》等规范性文件。

1. 制定《关于进一步加强体育赛事活动安全监管服务的意见》

党中央、国务院高度重视体育事业发展和安全工作,2021年6月25日,体育总局等十一部门联合制定了《关于进一步加强体育赛事活动安全监管服务的意见》(以下简称《监管意见》)。《监管意见》规定从明确监管原则、夯实监管责任、完善监管标准、加大监管力度、强化安全保障、严肃追责问责六个方面对体育赛事活动进行全方位、多层次的监管服务。

首先,《监管意见》统筹发展和安全。习近平总书记指出,要深刻认识和准确把握外部环境的深刻变化和我国改革发展稳定面临的新情况、新问题、新挑战,坚持底线思维,增强忧患意识,提高防控能力,着力防范化解重大风险。要统筹发展和安全,注重堵漏洞、强弱项,完善风险防控机制,主动加强协调配合。体育作为重要的社会事业,在实现"两个一百年"奋斗目标的战略全局中发挥着独特的作用。体育赛事活动由于群众参与广泛,人员密度高,存在各类事故隐患和安全风险。随着国内疫情防控形势持续稳定,各类体育赛事活动呈现出频次密集、规模扩大、关注度高、辐射面广等特点,随之而来的各种安全风险也更加凸显。必须以习近平总书记关于安全生产工作的系列指示批示精神为根本遵循,牢固树立以人民为中心的发展思想,坚持人民至上、生命至上,切实维护人民群众的身体健康和生命安全,维护社会环境的安全稳定。

其次,《监管意见》明确监管原则和标准,夯实监管责任。《监管意见》明确了政府监管与行业自律相结合、实行分级分类管理、加强事中事后监管、监管与服务相结合的监管原则,要求按照"谁审批(备案)、谁负责""谁主办、谁负责""谁主管、谁负责"的要求,全面加强体育赛事活动安全监管。同时,《监管意见》强调要完善监管标准,要求体育总局各运动项目管理中心、全国性单项体育协会要加快构建体育赛事活动标准体系,制定办赛指南、参赛指引,明确各类体育赛事活动举办的基本条件、标准、规则和程序,明确组织者的条件和要求,规范参加者的资格条件。《监管意见》进一步强化了行业管理责任,督促体育总局各运动项目管理中心、有关全国性体育社会组织切实负起行业管理责任,健全行业标准,完善体育赛事体系,提高安全管理工作水平,并进一步要求明确主办、承办和协办单位的安全工作职责。

再次,《监管意见》强化安全保障,加强部门协同。《监管意见》提出,各级体育行政部门应当联合通信管理、公安、自然资源、交通运输、文化和旅游、卫生健康、应急管理、市场监管、气象、银保监等部门,建立健全体育赛事活动应急工作机制。同时,强化安全教育培训,组织包括灾害预警、应急指挥、人员疏散和搜救等在内的应急演练,提高安全技能,增强应急处置能力;要求体育赛事活动组织者在人员、场地、器材、设施以及通信、安全、交通、卫生、食品、应急救援、消防等方面落实安全措施。此外,《监管意见》要求加强对体育赛事活动的风险研判和隐患排查,切实提高服务保障水平,同时对体育赛事活动组织者提出了更为严格细致的要求,做到责任到人、措施到位。

最后,建立处罚机制,严肃追责问责。《监管意见》规定,对违反相关规定,造成人身伤害、财产损失等安全事故的体育赛事活动组织者,依法给予行政处罚、行业处分乃至追究刑事责任。对监管不力,造成人身伤害、财产损失等安全事故的责任单位和责任人员,依法给予相应处分。

2. 制定《关于加强体育赛场行为规范管理的若干意见》

2021年5月17日,体育总局和公安部制定了《关于加强体育赛场行为规范管理的若干意见》(以下简称《规范意见》)。《规范意见》是为了促进体育市场规范、繁荣发展,在推动体育产业发展、满足人民群众日益增长的健身需求的同时,保障和维护人民群众的体育利益,践行"以人民为中心"的发展理念,坚持系统观念,统筹发展和安全,全面认识和有力应对体育赛事安全方面的重大风险挑战,增强忧患意识,做到居安思危,维护体育赛场安全秩序,防范体育赛事活动中的"黑天鹅"和"灰犀牛"事件。

《规范意见》第一部分确立了"谁主管、谁监管""谁办赛、谁负责"的体育赛场行为管理基本原则。坚持立足于解决深层次的矛盾和问题,解决人民群众最关心的问题。第二部分明确了体育赛事活动组织者(包括主办方、承办方和协办方)、体育赛事活动参与人员(包括参加体育赛事活动的运动员、教练员、裁判员、运动队辅助人员、体育赛事活动组织者的工作人员)、观众等各方的义务,严禁体育赛事活动参与人员有严重违反体育运动精神的非正常技术动作或赛场暴力行为等,严禁观众打架斗殴、寻衅滋事或以任何形式干扰比赛秩序。这部分体现了《规范意见》围绕"如何构建科学文明安全有序的办赛参赛氛围和观赛秩序",从法律层面进行系统化、根本性治理。第三部分对地方各级人民政府体育行政部门、公安机关、体育协会、体育赛事活动组织者对体育赛事活动的管理权限进行了划分,规定了体育协会的行业处罚、体育行政部门的行政处罚和公安机关的治安处罚等措施。通过明确各有关监管主体的职责,建立健全体育赛场行为规范、防控协同、监督管理机制,形成体育赛场行为风险管理的长效机制,促进体育赛事规范、安全、可持续发展。

3. 制定《关于进一步加强冰雪运动场所安全管理工作的通知》

为解决冰雪运动场所安全管理工作中存在的安全发展理念不落实、安全基础薄弱、规章制度不健全、应急处置不到位等突出问题,2021年1月29日,体育总局办公厅印发了《关于进一步加强冰雪运动场所安全管理工作的通知》(以下简称《安全管理通知》),从而进一步提高了冰雪运动场所安全工作的水平。

《安全管理通知》通过落实属地管理责任,压实经营者主体责任,强化安全检查、狠抓督促整改,加强宣传培训、强化安全意识四个维度来进一步贯彻全国安全生产电视电话会议精神。在落实属地管理责任层面,联合同级公安、工商、卫生、疾控等相关部门进一步加强对冰雪运动场所的安全督查,确保安全管理工作不落空、无盲区。在疫情防控方面,要求各地体育行政部门结合冰雪运动特点和本地区疫情防控要求,主动联络当地卫生、疾控部门开展工作,制定更有针对性的疫情防控工作要求,共建联控防控体系。在压实经营者主体责任层面,要求进一步明确和层层压实每一个冰雪运动场所、每一个工作岗位的安全责任,坚决杜绝侥幸心理和麻痹大意思想。冰雪运动场所经营单位必须承担起防疫、保障员工身体健康、保护游客生命安全的主体责任,充分认识到疫情防控出现问题的严重性,尽可能把各类情况考虑在前头,把必要工作做在前面。在强化安全检查、狠抓督促整改层面,要求各地对前期自查以及抽查中发现问题的冰雪运动场所采取安全检查"回头看",确保相关问题整改到位。在加强宣传培训、强化安全意识层面,要强化运营单位的安全责任意识和人民群众的冰雪运动安全意识,提高冰雪运动场所的安全保障和应急处置能力。

(三)全民健身领域重点立法

全民健身领域以《全民健身计划(2021-2025年)》为核心,着力开展全民健身工作。全民健身是民生工作,关系群众的幸福感、满足感与获得感。2021年8月9日,体育总局印发了《关于认真贯彻落实〈全民健身计划(2021-2025年)〉的通知》,要求积极做好《全民健身计划》学习宣传工作、做好各级《全民健身实施计划》研制工作、做好《全民健身计划》落实工作。为此,2021年10月23日,国家发展改革委、体育总局、自然资源部等部门共同制定了《关于推进体育公园建设的指导意见》。体育总局办公厅发布了《关于印发〈2021年群众体育工作要点〉的通知》和《关于开展居家健身和网络全民健身赛事活动的通知》。体育总局办公厅、发展改革委办公厅印发了《关于贯彻落实〈体育总局、发展改革委关于加强社会足球场地对外开放和运营管理的指导意见〉的通知》。国家发展改革委办公厅、体育总局办公厅印发了《关于组织开展体育健身企业信息公示工作的通知》。总之,2021年度在强化健身设施供给力、丰富全民健身赛事活动与实现全民健身智慧化层面进行重点立法。

1. 强化健身设施供给力

强化健身设施供给力是《全民健身计划(2021-2025年)》的主要任务之一。《全民健身计划(2021-2025年)》指出要盘活城市空闲土地,用好公益性建设用地,支持以租赁方式供地,倡导土地复合利用,充分挖掘存量建设用地潜力,规划建设贴近社区、方便可达的场地设施。新建或改扩建2000个以上体育公园、全民健身中心、公共体育场馆等健身场地设施，补齐5000个以上乡镇（街道）全民健身场地器材，配建一批群众滑冰场，数字化升级改造1000个以上公共体育场馆。为推进"2511"健身设施建设，国家发展改革委、体育总局制定了《"十四五"时期全民健身设施补短板工程实施方案》；国家发展改革委、体育总局、自然资源部等部门共同制定了《关于推进体育公园建设的指导意见》以及体育总局办公厅、发展改革委办公厅制定了《关于加强社会足球场地对外开放和运营管理的指导意见》。

《"十四五"时期全民健身设施补短板工程实施方案》针对"十四五"时期全民健身设施应"补什么样的短板""如何补短板"作出全面规定，整体目标是到2025年，全国人均体育场地面积达到2.6平方米以上，每万人拥有足球场地数量达到0.9块，全国社会足球场地设施建设专项行动重点推进城市等有条件的地区每万人达到1块以上，形成供给丰富、布局合理、功能完善的健身设施网络。通过建设体育公园、全民健身中心（小型体育综合体）、公共体育场中标准田径跑道和标准足球场地、社会足球场、健身步道、户外运动公共服务设施来完成上述任务目标。此外，为保障建设任务的完成，《"十四五"时期全民健身设施补短板工程实施方案》作出如下规划：

首先，各地发展改革和体育行政部门要及时向地方党委、政府汇报推进全民健身设施补短板工程的思路、规划和措施，推动将有关内容及时纳入当地经济社会发展中长期规划，促进体育发展规划、全民健身计划与当地经济社会发展规划、国土空间规划等衔接，依法保障健身设施用地。其次，在当地党委、政府领导下，各部门要加强分工协作。发展改革部门要根据项目建设内容，加强对项目投资规模的审核把关，确保真实性和准确性。体育行政部门要加强项目储备和组织实施，对本地区中央预算内投资支持的项目全程监督管理，随时掌握项目建设情况，及时督促项目开工，做到开工到现场、建设到现场、竣工到现场。最后，发展改革部门和体育行政部门要建立工作机制，共同做好项目的组织、协调、监督等工作，加强全过程监督检查，确保项目及时开工，及时更新、调整、补充重大项目库。严格执行项目法人责任制、招标投标制、工程监理制等法律法规，保证建设质量，项目建成后要及时组织验收。国家发展改革委和体育总局将择机组织检查和评估，对真抓实干、成效显著的地方进行奖励，对中央资金监管不力的地方予以惩戒。

强化健身设施供给力不仅只是简单提供包括体育公园、社会足球场地等设施,更需要给予设施安全保障。首先,体育公园建设。体育公园是体育健身的重要元素,与自然生态融为一体,是具备改善生态、美化环境、体育健身、运动休闲、娱乐休憩、防灾避险等多种功能的绿色公共空间,是绿地系统的有机组成部分。推进体育公园建设,对于满足人民群众日益增长的体育健身需求,改善人民生活品质,推进体育强国建设具有重要意义。国家发展改革委、体育总局、自然资源部等部门制定的《关于推进体育公园建设的指导意见》的目标是到2025年,全国新建或改扩建1000个左右体育公园,逐步形成覆盖面广、类型多样、特色鲜明、普惠性强的体育公园体系。体育公园成为全民健身的全新载体、绿地系统的有机部分、改善人民生活品质的有效途径、提升城市品位的重要标志。《关于推进体育公园建设的指导意见》的具体内容如下:

第一,提出科学布局服务不同年龄段人群的健身场地及配套设施,推进健身设施有机嵌入绿色生态环境,充分利用自然环境打造运动场景,把建设体育公园同促进生态文明建设结合起来,确保人们既能尽享体育运动的无穷魅力,又能尽览自然的生态之美,促进全民健身回归自然。第二,要求体育公园建设要与常住人口总量、结构和发展趋势相衔接,聚焦新型城镇化的重点区域,优先在距离居住人群较近、覆盖人口较多、健身设施供需矛盾突出的地区布局建设,推动体育公园拆墙透绿、免费开放,使老百姓享有更多惬意休闲空间。第三,支持各地创新体育公园建设方式,适当提高公园内铺装面积比例用于配建健身设施,合理利用低效用地建设体育公园,支持利用山地森林、河流峡谷、草地荒漠等地貌建设特色体育公园。同时,《关于推进体育公园建设的指导意见》鼓励通过公建民营等方式支持企业和社会组织参与体育公园建设运营,支持企业对体育公园中的部分场地设施进行微利经营,优化体育公园运营模式。第四,《关于推进体育公园建设的指导意见》明确了土地、资金等支持政策,对优化审批建设程序、加强部门协同、加强督促落实提出具体要求。同时,根据人口、县级行政区域数量、城镇化率、地理条件等因素,确定了"十四五"时期各省(区、市)体育公园建设指导目标,并要求各地因地制宜编制体育公园建设方案,确保各项任务落到实处,见到实效。

其次,社会足球场地建设。社会足球场建设是强化健身设施供给力的另一项重要建设任务。体育总局办公厅、发展改革委办公厅印发了《关于贯彻落实〈体育总局、发展改革委关于加强社会足球场地对外开放和运营管理的指导意见〉的通知》(以下简称《指导意见》),这是为贯彻落实党中央、国务院关于足球改革发展的决策部署,推进体育强国建设,构建更高水平的全民健身公共服务体系而出台的指导性文件。《指导意见》不仅要求各地要抓紧研究制订本地区加强社会足球场地开放运营管理的实施方案,密切结合各地实际,明确本地区的落实实施政策,使其在本地区得到具体贯彻落实;而且要求各地加强《指导意见》落实情况的督促检查和考核奖惩,定期、不定期开展督促检查,对落实工作做得好的地区或单位要表扬鼓励,然后报送典型经验案例,对落实工作做得不到位的地区或单位,要有针对性地提供指导、帮助,提出整改措施,推动政策落实。

最后,给予设施安全保障。确保群众体育领域安全事关人民群众生命和财产安全,事关党和国家工作全局,是各级政府和相关部门的重要政治责任。特别是以甘肃白银马拉松事件为代表的一系列体育领域的安全事故为体育赛事的安全保障敲响了警钟。《全民健身计划(2021-2025年)》坚持人民至上、生命至上的安全发展理念,围绕全民健身场地设施、赛事活动、户外运动、信息保护、疫情防控等方面,将加强安全保障工作作为保障措施单独列出,体现了安全在全民健身工作中的重要位置。各级政府和相关部门要深入贯彻习近平总书记关于坚决抓好安全生产和防范化解重大安全风险系列重要指示精神,坚持底线思维,强化责任担当,坚决落实党中央、国务院决策部署,统筹发展与安全,以最高标准、最严要求和最周密的措施,全力抓好群众体育领域安全工作,坚决杜绝各类安全事故,确保人民群众体育健身安全有序。

2. 丰富全民健身赛事活动

《全民健身计划(2021-2025年)》指出要广泛开展全民健身赛事活动,开展全国运动会群众赛事活动,举办全民健身大会、全国社区运动会。持续开展全国新年登高、纪念毛泽东同志"发展体育运动,增强人民体质"题词、全民健身日、"行走大运河"全民健身健步走、中国农民丰收节、群众冬季运动推广普及等主题活动。巩固拓展"带动三亿人参与冰雪运动"成果,大力发展"三大球"运动,推动县域足球推广普及。制定运动项目办赛指南和参赛指引,举办运动项目业余联赛,普及运动项目文化,发展运动项目人口。支持举办各类残疾人体育赛事,开展残健融合体育健身活动。支持各地利用自身资源优势培育全民健身赛事活动品牌,鼓励京津冀、长三角、粤港澳大湾区、成渝地区双城经济圈等区域联合打造全民健身赛事活动品牌,促进区域间全民健身协同发展。在国家和地方的协同推进下,全运会、冰雪运动以及"三大球"等体育活动在社会公众中的普及率显著提升,全民健身计划得到了有效开展和实施。

首先,开展全国运动会群众赛事活动。如今的全运会不只是专业运动员的竞技舞台,更是体育爱好者展示自我的大舞台。陕西全运会在群众比赛设项上更加多元化,不仅有乒乓球、羽毛球、网球、足球、篮球、龙舟等竞技性较强的体育项目,还有围棋、象棋、国际象棋、桥牌等智力运动项目;此外,该届全运会群众比赛还设置了展演类项目,参与人数众多的广场舞、广播体操、健身气功、太极拳等4个项目,通过线下录制视频、线上进行比拼的方式,带动了更多人参与到全运会的比赛中。全运会群众比赛的设立,无疑为全民健身的发展提供了更强的推动力。全民健身也为健康中国夯实了群众基础。走进新时代,全民健身将会肩负起更多的历史使命,在实现中华民族伟大复兴中国梦的征程中取得新的更大成就。

其次,拓展冰雪运动。以《全民健身计划(2021-2025年)》为引领、以北京冬奥会为契机,近年来我国大力发展冰雪运动,引导群众参与形式多样的冰雪全民健身活动,带动三亿人参与冰雪运动,兑现申冬奥时中国政府对世界的庄严承诺。体育总局2021年7月启动"冰雪惠民计划",首批联合京津冀33家冰雪场馆向全国冰雪运动场馆发起倡议,定期向群众免费开放,共享冰雪运动发展成果。2021年12月16日,天津蓟州国家冰上项目训练基地速度滑冰馆首次投入运行,第一场冰面向群众,天津市民享受到在国家级训练场上冰的感觉。在南部、西部、东部地区,各地因地制宜建设室内外冰雪场地、仿冰仿雪场地,冰雪运动成为新的增长极。体育总局统计数据显示,截至2021年初,全国已有654块标准冰场,覆盖30个省区市,较2015年增幅达317%;已有803个室内外各类滑雪场,覆盖29个省区市,较2015年增幅达41%。

"带动三亿人参与冰雪运动"的成果表征为全国大众冰雪季。全国大众冰雪季每年设定一个主题,推动群众性冰雪运动发展不断深化。2021年在武汉、神农架、恩施设置启动仪式会场,大众冰雪季启动仪式首次走入中部省份,彰显了冰雪运动"南展西扩东进"的战略成果。与此同时,第八届全国大众冰雪季期间,全国各地也组织开展了内容丰富、各具特色的群众性冰雪运动活动:在北京,第八届全国大众冰雪季暨第八届北京市民快乐冰雪季在北京石京龙滑雪场启动,600余人参加启动仪式,通过"小手拉大手"带动众多家庭参与当日各类冰雪赛事活动；在宁夏，第八届全国大众冰雪季宁夏冰雪运动线上+线下系列活动在西夏风情园滑雪场拉开序幕，采取线上与线下结合的形式，开展多样化、群众喜闻乐见、有地域特色的冰雪运动赛事活动，普及冰雪运动和冬奥会知识；在甘肃，第八届全国大众冰雪季暨临夏州第二届冰雪体育旅游节在和政县法台山景区拉开帷幕，并举办了全省大众高山滑雪邀请赛，18支队伍参与其中，掀起甘肃冰雪运动高潮。此外，各地组织开展了内容丰富、各具特色的群众冰雪活动，黑龙江、吉林、辽宁、山西、吉林、重庆、四川、陕西等地的大众冰雪季启动仪式也陆续举行，逐步掀起全国冰雪运动热潮。

最后，发展"三大球"运动。大力发展"三大球"运动，推动县域足球开展是《全民健身计划（2021-2025年）》在全民健身赛事活动层面开展的新举措。针对"三大球"项目的发展模式与新时期、新形势的发展要求不相适应，后备人才规模与体育强国建设的需求不相适应，对规律认知把握与新发展理念不相适应的问题，体育总局青少年体育司会同全国体育运动学校联合会制定了推动体校"三大球"项目发展工作方案。

第一，要构建完善的中国特色城市"三大球"发展体系。抓好重点城市，依托建立中国特色的城市"三大球"发展体系。一方面，逐步建立真正意义上的同城小学、初中、高中、大学联赛制度，特别是建立城市等级、赛制稳定、多元参与和相互衔接的城市竞赛体系。另一方面，强化城市的后备人才培养体系，建立分级管理的青训中心或网点（省级、市级、县区级三级青训中心+县区内多青训网点模式），以及发现、选拔、培训提高相结合的动态服务机制，完善教练员、球探、竞赛官员和管理人员的专业培训。

第二，要推动职业、社会和青少年"三大球"项目协调发展。推动形成职业、社会和青少年"三大球"项目协调发展的格局，同步推进，互相衔接。推动"三大球"职业联赛发展，完善职业俱乐部的发展机制，探索属地化、中性化和股份化路径，解决好俱乐部梯队和协会青训梯队的关系，真正培养一批优秀人才，发挥龙头带动作用。动员更多群众参与"三大球"活动，培育和推广项目文化，为城市发展贴上项目标签，形成更多有特色的篮球、足球、排球城市。同时，大力推动"三大球"在青少年群体中的普及发展，努力扩大参与的人口基础。

第三，要树立"三大球"项目发展新理念。以促进青少年身心健康为使命,以扩大项目人口基础和提高人才质量为核心,服务于青少年的成长、社会发展和人民群众的身心健康。发展模式的整体设计要符合项目发展规律和人的成长规律,符合社会发展需要,向更为全面、更加深入、更讲质量、更重人才培养、更关注社会资源及协调配合教育部门的方向发展,形成政府主导、社会各界广泛参与的发展格局。

3. 实现全民健身智慧化

全民健身智慧化服务同样是《全民健身计划(2021－2025年)》的新举措,《全民健身计划(2021－2025年)》指出推动线上和智能体育赛事活动开展,支持开展智能健身、云赛事、虚拟运动等新兴运动。开发国家社区体育活动管理服务系统,建设国家全民健身信息服务平台和公共体育设施电子地图,推动省、市两级建立全民健身信息服务平台,提供健身设施查询预定、体育培训报名、健身指导等服务,逐步形成信息发布及时、服务获取便捷、信息反馈高效的全民健身智慧化服务机制。2021年2月1日,体育总局办公厅印发《关于开展居家健身和网络全民健身赛事活动的通知》,该通知指出自新冠疫情发生以来,各级体育行政部门、体育总局各部门各单位、全国性运动项目协会按照体育总局部署,推出简便易行、科学有效的居家健身方法,普及科学健身知识,举办各级各类全民健身网络赛事活动,为广大群众足不出户开展体育锻炼和参加赛事活动创造了条件,也取得了非凡的成果。在总结推广前期开展居家科学健身和全民健身网络赛事活动的好经验、好做法的基础上,继续引导广大群众多居家、少聚集、不扎堆,尽量减少人员流动。充分利用互联网和新媒体平台,多渠道、多手段加强居家科学健身方式方法的宣传,举办形式多样便于群众参与的全民健身网络赛事、达标测试活动。

三、地方体育立法重点领域

(一)全民健身场地设施建设

为推进全民健身场地设施建设,推动群众体育蓬勃发展,构建更高水平的全民健身公共服务体系,不断满足人民群众日益增长的健身需求,体育场地的进一步建设和精细化管理提上日程,相关的政策也以加快场地设施建设、补齐设施建设短板为导向。梳理2021年度地方体育规范性文件可以看出,标题中含"全民健身场地设施"或"全民健身体育设施"字段的地方规范性文件共计12件,其中广西壮族自治区5件,新疆维吾尔自治区2件,吉林、上海、福建、江西、云南、甘肃、青海、宁夏各1件,总体来看,场地设施建设类占比较高。主要内容包括：

1. 出台政策指引

各地以习近平新时代中国特色社会主义思想为指导,深入贯彻党的十九大和十九届二中、三中、四中、五中全会精神,加快落实健身场地设施建设顶层设计和相关政策。广西、吉林、江西、宁夏、青海、新疆、云南、上海等地以国务院办公厅《关于加强全民健身场地设施建设发展群众体育的意见》的精神为指导出台相关实施意见,补齐群众身边的健身场地设施短板,大力开展群众体育活动,统筹推进新冠疫情防控和全民健身,争取解决当地全民健身场地设施规划建设的瓶颈问题,从而改善健身环境,形成群众普遍参与体育健身的良好氛围。如广西壮族自治区人民政府办公厅《关于加强全民健身场地设施建设发展群众体育的实施意见》,从摸清底数找短板、制定并公布目录或指引、制定五年行动计划和严格规划审批四个方面加强全民健身场地设施建设。

2. 加强场地设施建设

一是加强全民健身场地设施建设。各地充分发挥自身的公共服务职能,增加健身设施有效供给,补齐群众身边的健身设施短板。如广西壮族自治区人民政府办公厅《关于加强全民健身场地设施建设发展群众体育的实施意见》提出,要新建改建一批适宜民族体育项目开展的场地,并结合多功能场地、场馆、文化旅游基地建设,兼容设置民族特色项目设施；云南省人民政府办公厅《关于印发云南省加强全民健身场地设施建设发展群众体育若干措施的通知》也从加强全民健身场地设施发展的角度立法保障全民健身的开展。

二是以适应重点目标人群需求为目的指导场地设施建设,在全社会广泛开展群众体育,促进人民身体健康。(1)各地根据人口老龄化发展趋势、老年人口分布和老年人的特点,统筹考虑适合老年人文化体育设施建设。如《江苏省老年人权益保障条例(2021修正)》要求地方各级人民政府组织编制国土空间规划时,应统筹考虑适合老年人的公共基础设施、生活服务设施、医疗卫生设施和文化体育设施建设。(2)根据未成年人的健康成长需求,各地将适合未成年人的文化体育设施纳入建设规划。如《湖南省实施〈中华人民共和国未成年人保护法〉办法(2021修正)》要求新建或者扩建城镇、居民小区,应当将适合未成年人的文化体育设施纳入建设规划,并采取措施落实。

（3）各地以促进乡村繁荣为目标，积极完善农村体育公共服务体系，加强农村体育场地设施建设和供给。如《吉林省乡村振兴促进条例》提出健全乡村公共文化体育设施网络和服务运行机制，鼓励开展农民群众性文化体育、节日民俗活动。

3. 完善场地设施管理

关注群众日常的现实，完善场地设施管理，确保全民健身场地设施覆盖人民生活各方面。一是开展与人民群众联系最紧密的社区、步道、绿地、公园等区域的相关立法，宁夏、浙江、江苏都以打造"10分钟健身圈"为目标来深入实施全民健身场地设施建设，推进全民健身集约化、一体化发展。二是将体育设施纳入城市协同管理，如《西安市城市绿化条例（2021修正）》《眉山市城市园林绿化管理办法》均将体育设施建设规划纳入城市绿化管理，从而广泛利用公共空间，营造处处可健身的城市体育健身文化；《宁波市住宅小区物业管理条例（2021修订）》《淄博市物业管理条例》规定了社区内的体育设施的保护政策。三是细化体育设施管理措施，如《徐州市文明行为促进条例》鼓励在公共体育场所设立志愿服务标准化站点，以满足人们对公共设施的基础管理需要；山西省体育局《关于做好2021年公共体育场馆向社会免费低收费开放工作的通知》明确体育场馆对公众免费低收费开放事项的实施细则，把为群众提供基本公共体育服务的重要任务落到实处。完善场地设施的具体措施包括：一方面，完善大型体育场馆免费或低收费开放补助政策，支持体育场馆向社会免费或低收费开放；另一方面，挖掘学校体育场地设施开放潜力，在满足教育教学要求和安全的前提下，引导更多学校体育场馆向社会开放等。

（二）体育赛事管理

近年来，各类体育赛事活动蓬勃发展，尤其是大型体育赛事活动涉及面广、参与人数多、外部影响因素复杂、社会关注度高，如对安全问题疏于监管，极易引发安全事故。梳理2021年地方性法规及规范性文件，与体育赛事活动安全内容相关的法规共10余件，其中省级地方性法规1件，为《陕西省全民健身条例（2021修订）》，设区的市地方性法规2件，其余为规范性文件，内容主要涉及以下几个方面：

1. 安全保障

在体育事业迅猛发展的当下，越来越多的地方开始关注体育赛事安全,做好预警预案和风险评估,确保在疫情防控常态化的形势下顺利开展赛事活动。如上海市体育局《关于进一步加强体育赛事安全管理工作的补充通知》、上海市体育局《关于进一步加强体育赛事活动安全管理工作的通知》、《青海省体育赛事活动管理办法》、徐州市体育局《关于进一步加强徐州市体育赛事活动安全管理的通知》等,均强调了赛事安全的重要性和紧迫性,并对赛事安全责任落实、赛事风险隐患排查等进行了规范。

除此之外,各地在立法上对体育观赛的管理与保障也作出了规定,主要体现在各地的文明行为促进条例中,如《咸阳市文明行为促进条例》《重庆市文明行为促进条例》《白银市文明行为促进办法》均规定"遵守观赏礼仪,尊重运动员、教练员、裁判员、演职人员和其他观众,文明喝彩助威"。

2. 疫情防控

各地持续抓好体育赛事疫情防控,重视疫情防控常态化下的赛事安全。一是坚持疫情防控为先。各地严格执行党中央、国务院关于疫情防控的各项决策部署和属地防控要求,出台关于常态化疫情防控期间体育赛事举办的意见等规范性文件,坚决防止各类体育赛事活动成为疫情传播扩散的渠道。二是强化办赛主体责任。各地严格夯实体育赛事活动主办方、承办方及场地设施经营单位的疫情防控工作主体责任,要求科学制定防控工作方案和应急预案,做到"一赛一方案",确保办赛安全。三是建立健全赛事活动疫情防控指挥体系和工作机制,如上海市体育局《关于进一步加强体育赛事活动安全管理工作的通知》规定赛事活动要做到"五有一网格",即有疫情防控指南、有防控管理制度和责任人、有适量防护物资储备、有医疗卫生力量指导支持、有隔离场所和转运安排准备等措施,实施网格化管理。

3. 完善机制

一是完善预警防范机制,提前做好风险评估,制定相关预案。针对体育赛事群众聚集的特点,为有效预防和控制体育赛事活动现场及属地的突发事件,确保参赛人员生命安全、身体健康和财产安全,各地注重加强对赛事活动开展安全风险评估,建立健全监测预警和应急管控机制,着力提高体育赛事活动安全监管水平。如《南京市社会治理促进条例》规定在体育赛事、文娱演出等群众聚集性活动以及人员密集的旅游景区应当开展安全风险评估,建立大客流监测预警和应急管控处置方案,实行联防联控;徐州市体育总会《关于进一步加强徐州市体育类社会组织举办赛事活动安全管理的通知》规定要做好体育赛事活动报备,并提前做好预案及安全方案。

二是多方参与赛事筹办与管理,形成全方位协同机制。体育赛事活动涉及方方面面,不仅要对参赛者、裁判员、志愿者、观众、体育赛事活动组织工作人员等实施有效管理,还需配备具有相应资格或资质的专业技术人员,配置符合相关标准和要求的场地、器材和设施,落实医疗、卫生、食品、交通、安全保卫、生态保护相关措施等,需多方参与、全方位协同。如《陕西省全民健身条例(2021修订)》鼓励保险机构参与全民健身相关的保险业务以及体育设施和体育赛事的风险评估,创新保险产品和服务方式。天津市体育局《关于下发〈"体彩杯"天津市"我要上全运"首届社区运动会暨第八届市民运动会赛事活动评估办法〉的通知》中规定市体育局委托第三方赛事评估机构对运动会项目管理、影响力、资金投入、资金使用、资源配置等方面进行绩效评估和监管,确保赛事活动安全开展。

(三)体育产业

2021年全国各地通过立法在体育消费、体育经营、体育资金管理运用等方面保障体育产业高质量发展。2021年,标题中含有"体育产业""体育消费""体育经营"或"体育资金"等字段的新增和修订的地方性立法共计16件。其中,从效力级别来看,设区的市地方性法规2件,为《大连市体育经营活动管理条例(2021修正)》和《西安市体育经营活动管理条例(2021修正)》,地方规范性文件14件。从立法数量上看,上海3件,陕西3件,福建2件,北京、江苏、山东、山西、河南、辽宁、吉林、新疆各1件。体育产业地方性立法总体呈现出的趋势是东部地区立法数量更多,在一定意义上显示经济更为发达的东部地区体育产业的发展速度更快,立法保障程度更强;而从立法文件具体的内容来看,推动体育产业高质量发展成为了2021年体育产业领域立法的重心和趋势。

1. 体育消费

体育产业和体育消费相互促进,而各地关于体育产业的立法也体现出促进体育消费、推动体育产业高质量发展的趋势。随着国务院办公厅《关于促进全民健身和体育消费推动体育产业高质量发展的意见》的出台,2021年全国各省市出台的关于促进全民健身和体育消费推动体育产业高质量发展的规范性文件共有5件,包括北京市人民政府办公厅《关于促进全民健身和体育消费推动体育产业高质量发展的实施意见》、新疆生产建设兵团办公厅《关于促进全民健身和体育消费推动体育产业高质量发展的实施意见》、山西省人民政府办公厅《关于促进全民健身和体育消费推动体育产业高质量发展的实施意见》、西安市人民政府《关于建设世界赛事名城加快发展体育产业促进体育消费的实施意见》和河南省人民政府办公厅《关于促进全民健身和体育消费推动体育产业高质量发展的实施意见》。这些规范性文件以提高体育事业发展水平、促进经济社会发展为目的,制定了与本区域具体实际相结合的促进体育消费、推动体育产业高质量发展的任务目标。

(1)完善体育产业相关政策。以上北京、新疆等地发布的《关于促进全民健身和体育消费推动体育产业高质量发展的实施意见》、西安市人民政府发布的《关于建设世界赛事名城加快发展体育产业促进体育消费的实施意见》等都从政策角度对体育产业的发展作出了保障。其中,体育产业经济方面的政策保障较为丰富,包括加大财政金融对体育产业的支持力度,落实产业税费优惠政策,完善产业信贷政策等。同时,新出台的政策还针对体育产业在人才、卫生、运营等方面提供了保障。各项政策的出台与完善为体育产业在当地的发展保驾护航,也为促进体育消费提供了支撑,对体育产业带动体育消费有着积极的促进作用。

(2)推进"体育+"产业融合发展。体育与产业的融合发展是激发地方体育产业动能的重要手段,地方性立法也体现出了"体育+"的发展趋向。北京、新疆、河南、山西等地有关促进全民健身和体育消费推动体育产业高质量发展的实施意见都将"体育+"产业融合发展作为促进地方体育消费的重要手段,各地根据地区特色,提出了体育与旅游、医疗、教育、健康产业融合发展等措施,丰富体育消费供给,带动体育消费,促进体育消费新增长。如西安市人民政府《关于建设世界赛事名城加快发展体育产业促进体育消费的实施意见》提出推进"体育+"产业融合发展,深度推进"体育+教育""体育+文旅""体育+康养""体育+医疗"等业态融合发展。

(3)优化体育产业布局。体育产业布局和发展结构是体育产业发展的组织基础,也是刺激体育消费的重要推动力,各地立法也对优化体育产业布局,推动体育产业高质量发展提出了要求。各地将促进区域特色体育发展作为体育产业的重要增长极,同时结合各地区发展路径和发展特色,提出个性化的体育产业布局优化方案。例如,新疆生产建设兵团办公厅《关于促进全民健身和体育消费推动体育产业高质量发展的实施意见》将体育产业布局与

"一带一路"建设相结合,促进体育产业协调发展、特色发展,从而助力"一带一路"建设;河南省人民政府办公厅《关于促进全民健身和体育消费推动体育产业高质量发展的实施意见》将体育产业布局与第二、三产业相结合,将体育竞技表演业、冰雪产业、体育服务业、体育用品制造业等相关重点产业纳入体育产业布局,从而促进体育产业协调发展。

此外,除了专门关于体育产业和体育消费的立法,各地也以其他相关立法为促进体育消费、推动体育产业高质量发展保驾护航,如《陕西省全民健身条例(2021修订)》《大连市体育经营活动管理条例(2021修正)》等,这些地方性法规通过对相关措施和相关活动的规定,以及推动体育产业与其他领域的结合,为促进体育消费、推动体育产业高质量发展作出了指导。

2. 体育财政管理

体育资金是体育产业发展的重要支持和重要推动力,提高体育资金的使用效益对于推动体育产业高质量发展有着重要意义。2021年各省市地方立法中关于体育资金管理方面的有《福建省体育产业发展专项资金管理办法》《福建省群众体育专项资金管理办法》《福建省竞技体育专项资金管理办法》《江苏省体育事业发展专项资金(体育产业发展)项目实施细则》《福州市体育产业发展专项资金使用管理暂行办法实施细则》等多个规范性文件。

(1)规范体育资金使用条件。规范体育资金的使用范围、使用条件、使用方式,加强对体育资金的管理、监督与检查,提高体育资金的使用效益是地方体育立法关注的重点。如《江苏省体育事业发展专项资金(体育产业发展)项目实施细则》《福州市体育产业发展专项资金使用管理暂行办法实施细则》《上海市促进体育发展财政专项资金管理办法》都对体育事业发展专项资金的申报和立项要求,审核、监督和评定要求,扶持范围和额度要求作出具体规定,为合理使用和管理体育专项资金,提高体育资金的使用效益,推动体育产业高质量发展提供了立法保障。

(2)明确职业俱乐部资金使用要求。职业俱乐部是推动地方体育事业发展的重要力量,发展地方高水平职业俱乐部是促进地方体育事业发展升级的重要推动力。地方立法关注职业俱乐部的规范发展,尤其是对其资金使用作出了更加具体明确的规定。例如,《福州市体育产业发展专项资金使用管理暂行办法实施细则》《上海市促进体育发展财政专项资金管理办法》《2021年合肥市推动经济高质量发展若干政策实施细则(体育部分)》均以培育高水平职业联赛市场、加快建设高水平职业俱乐部的进程为导向,规定了对职业体育俱乐部及赛事举办单位的补贴计划,在资金使用范围、申报要求、审核评定、奖励方式、奖励金额等方面进一步明确了高水平俱乐部建设资金的使用要求。

3. 体育产业创新发展

体育产业创新发展是提升地方体育资源配置能力,提升地方体育软实力和吸引力的重要推动力,在加快地方体育产业建设、推动地方经济发展中发挥了重要作用。2021年各地陆续发布了关于体育产业经营创新发展的规范性文件,主要内容包括:

(1)大力发展智能体育。随着科技发展,信息技术和高端智能制造在体育领域发挥着越来越重要的作用,智能体育成为体育产业创新发展的关键突破口和重要着力点,各地也将智能体育纳入了立法范围,在体育设施智能化、信息化、智享化、数字化建设等方面作出规定,如湖南省人民政府办公厅印发《关于加快培育新型消费的实施意见》,提出推动体育设施智能化、信息化建设,打造集合体育赛事活动、健身指导、技能培训、服务咨询等融合互通的体育产业新业态。

(2)聚焦体育产业发展重点领域。各地立足本地区体育产业的发展需要,明确体育产业发展的重心和着力点。例如,上海市推出了一系列保障体育产业发展重点领域的立法,以立法形式为地区体育产业重点领域的发展作出整体规划,旨在打造集休闲娱乐、体育健身、时尚消费于一体的都市综合体育中心,从而促进体育产业的发展。如上海市发展和改革委员会等部门联合印发《临港新片区高质量社会服务体系建设规划》,将体育产业与国际化都市和海港城市的定位相结合,打造水上运动品牌;上海市杨浦区人民政府《关于加快本区体育产业创新发展的实施意见》强调以重点领域的跨越式发展助推区域体育产业的全面发展。

(四)青少年和学校体育

青少年和学校体育是整个体育工作的基础和先导,是体育强国建设的基础工程。2021年,各地政府结合本地区具体实际,积极深化体教融合、促进青少年健康发展,制定了一系列配套落实措施与方案。梳理2021年度相关的地方立法文件可以看出,标题中含"体教融合"字段的地方规范性文件共计14件,其中浙江3件,宁夏2件,内蒙古、吉林、江苏、安徽、广西、山东、四川、海南、重庆各1件。全文中含"双减"字段的地方规范性文件共计84件,标题中含"双减"字段的地方工作文件共计33件。主要内容涉及:

1. 深化体教融合

(1)制定体教融合实施意见和方案。体教融合是党中央、国务院的重大决策部署,是体育事业发展的重点改革事项。2020年8月31日,体育总局、教育部联合印发《关于深化体教融合 促进青少年健康发展的意见》,提出深化具有中国特色体教融合发展,推动青少年文化学习和体育锻炼协调发展。分析体教融合相关地方规范性文件发现,2021年,各地不断深化体教融合,吉林、宁夏、浙江、海南、四川、广西、安徽、江苏等地均相应印发了关于深化体教融合促进青少年健康发展的相关实施意见,对加强学校体育工作、完善青少年体育赛事体系、加强体育传统特色学校和高校高水平运动队建设、深化体校改革、规范社会体育组织、大力培养体育教师和教练员队伍、强化政策保障、加强组织实施等方面进行了详细部署。同时,部分地区根据本区域特点,对深化体教融合发展的指导思想、基本原则和工作目标也作了具体规定。

(2)优化体教融合工作体制和机制。体教融合的目的,是将体育与教育充分相融并形成合力更好地发挥育人功效。在学校体育工作、青少年体育俱乐部、体育传统特色学校、体育后备人才培养、学生体育赛事、体育特色项目等方面,各地通过立法对体教融合的工作模式和方法进行了有效探索。如江苏省体育局、江苏省教育厅联合印发《关于深化体教融合促进青少年健康发展的实施意见》,提出要基本形成教学体系规范、训练构架完整、竞赛体系完备、人才渠道畅通、保障机制健全的体教融合工作机制和模式。安徽省体育局、安徽省教育厅《关于印发〈关于深化体教融合促进青少年健康发展的实施意见〉的通知》,提出要构建"1+X"(1所优质高中、2~3所初中、4~6所小学)的体育传统特色学校"一条龙"人才培养体系。

(3)拓展体教融合工作范围和资源。一是拓展体教融合空间,学校、体校和社会力量协力培养体育优秀人才。如《四川省深化体教融合促进青少年健康发展的实施意见》提出构建多部门协同、全社会参与、多渠道投入的青少年人才培养体系;《吉林省深化体教融合促进青少年健康发展的实施意见》提出鼓励学校与体校、社会组织、培训机构合作开展学校体育活动。二是破除体教融合壁垒,完善青少年体育竞赛活动体系。如《重庆市深化体教融合促进青少年健康发展实施意见》鼓励社会力量举办和参与青少年体育竞赛活动,构建家庭、社区、学校互通互联的青少年体育竞赛活动体系。三是开发体教融合资源,规范引导体育社会组织助力青少年体育发展。如浙江省体育局、浙江省教育厅印发的《关于深化体教融合促进青少年健康发展的实施意见》指出,鼓励各地出台政策,规范引导体育社会组织参与、服务学校体育工作,支持体育社会组织参与开展学校体育训练、承办各类体育赛事、开展各项培训服务。

(4)构建高质量学校体育体系。2020年10月15日,中共中央办公厅、国务院办公厅印发《关于全面加强和改进新时代学校体育工作的意见》《关于全面加强和改进新时代学校美育工作的意见》,提出要贯彻落实习近平总书记关于教育、体育的重要论述和全国教育大会精神,把学校体育工作摆在更加突出的位置,构建德智体美劳全面培养的教育体系。2021年,西藏、黑龙江、海南、江苏、山东等地均印发了相关通知,在不断深化教学改革、全面改善办学条件、积极完善评价机制、切实加强组织保障等方面作出具体安排和部署,促进构建高质量学校体育体系。如中共黑龙江省委办公厅、黑龙江省人民政府办公厅印发的《关于全面加强和改进新时代学校体育工作的实施意见》提出,到2035年基本形成多样化、现代化、高质量的彰显黑龙江特色的学校体育体系。中共江苏省委办公厅、江苏省政府办公厅印发的《关于全面加强和改进新时代学校体育工作的实施意见》提出,严格落实体育与健康课程标准、全面改善学校体育办学条件、大力推进学校体育评价改革等重点任务,以推动青少年文化学习和体育锻炼协调发展,全面提升学生运动能力和体质健康水平,让学生在体育锻炼中享受乐趣、增强体质、健全人格、锤炼意志,努力培养德智体美劳全面发展的社会主义建设者和接班人。

2. 克服疫情影响,开展青少年赛事活动

2021年,河北省举办冰雪赛事5100余场,校园冰雪季带动全省超过1300万名青少年参与冰雪运动。举办河北省第二届线上亲子运动会,参赛人数近30万,触达人数超过1000万;组织"奔跑吧·少年"儿童青少年系列主题活动,项目覆盖冰雪、"三大球"、田径、儿童体操等项目,参与人数超过100万;大力推动河北省市青少年体育训练中心建设,河北全省注册青少年运动员达4.7万人。

2021年12月,体育总局青少年体育司主办、全国体育运动学校联合会承办了2021年全国青少年体育俱乐部线上联赛。全国475家青少年体育俱乐部近 19000 名青少年选手线上报名参赛,项目为游泳、武术和蹦床。游泳线上比赛设自由泳、仰泳、蛙泳、蝶泳和个人混合泳,共有 20 个省(市、区)214 家俱乐部近 15000 名全国各地的青少年参与角逐。武术线上比赛设拳术、器械、才艺展示 3 个大项 34 个小项,有 2200 余名选手报名参赛。蹦床比赛设儿童小蹦床个人和儿童小蹦床团体两个项目,共有来自 14 个省(市、区)的 87 支队伍 1800 余人报名。

3. 落实"双减"政策

(1)树立健康第一的教育理念,促进学生全面健康成长。2021 年 7 月 24 日,中共中央办公厅、国务院办公厅印发《关于进一步减轻义务教育阶段学生作业负担和校外培训负担的意见》后,各地积极落实"双减"政策,出台相关规范性文件,坚持以学生为本、回应社会关切,坚持以政府为主导、校内外多方联动,强化学校教育主阵地作用,深化校外培训机构治理,促进学生全面健康成长。尤其是在促进学生身心健康、体魄强健,开齐开足上好体育课,确保学生的体育锻炼时间等方面,各地坚决秉持健康第一的教育理念,围绕进一步强化学校体育工作,更好发挥学校体育的育人功能出台了相关规范性文件。

(2)保证课后服务时间,丰富课后文体活动。例如,淄博市教育局《关于进一步加强全市中小学生体质健康管理的十条规定》要求保障充足的体育锻炼时间,确保中小学生每天在校内校外各参加 1 小时以上体育锻炼,落实"中小学每天上午统一安排 30 分钟的大课间"规定,合理安排体育家庭作业。为增强青少年学生的体质和综合素质,合肥市包河区结合校园大课间活动和"三点半"课堂,积极推动体教融合,开展全民健身指导服务进校园活动,体教合一的创新模式在包河区各校遍地开花。该区的锦城小学在课后服务课程上展开了以"体育锻炼为主,兼顾兴趣培养"的尝试,学生可以自由选择排球、跑步、羽毛球、跳绳等日常健身项目,也可以参与射箭、踢毽子、跳皮筋、投沙包等传统体育游戏项目,射箭、排球、跳绳等社团课活动给热爱体育的孩子们提供了专业学习的平台。依托课后服务的开展,学校特色项目射箭在学生中大范围推广,该校也被体育总局射运中心评为"全国射箭重点学校"。2021年,江西省上饶市体育局积极开展中华传统体育进校园活动,不仅布局了体操、皮划艇、武术、游泳、射击、射箭等 10 多个特色体育项目,还成立了 30 多家市级青少年体育运动俱乐部,为特色体育进校园创造良好的氛围。

体育行政篇

体育行政部门法治发展报告(2021)

2021年是"十四五"时期的开局之年,为统筹推进"十四五"时期体育各项事业发展,加快把体育建设成为中华民族伟大复兴的标志性事业,按照党的十九届五中全会部署以及《中华人民共和国国民经济和社会发展第十四个五年规划和2035年远景目标纲要》《体育强国建设纲要》的整体要求,体育行政部门坚持以习近平新时代中国特色社会主义思想为指导,坚持全面深化改革的基本原则,把握问题导向,深化重点领域和关键环节改革创新,优化政府职能,推进简政放权、放管结合、优化服务改革,落实立足新发展阶段、贯彻新发展理念、构建新发展格局、推动高质量发展的要求,推进体育行政管理体制改革,不断提高体育治理体系和体育治理能力现代化水平。

一、体育行政部门深化改革

体育总局在2021年10月8日印发的《"十四五"体育发展规划》中指出:"深化体育管理体制改革,确保规划提出的目标、任务、政策、举措落到实处。进一步厘清体育行政机关、项目中心、项目协会在体育事业发展中的职责。加快政府职能转变,强化统筹管理和行业监管,重点做好运动项目发展规划和宏观指导。加快全国性单项体育协会实体化改革进程,强化党的领导,加强协会党建工作,推动会员组织建设和规范化管理,促进行业自律。积极发挥市场机制作用,鼓励社会力量参与,形成政府办与社会办有机结合的体育发展新模式。"为落实这一要求,2021年,体育行政部门着力在以下几个方面推进政府职能优化。

(一)深化国家体育行政部门"放管服"改革

其一,规范和优化行政审批制度。调整体育总局行政许可事项目录,取消国际性和全国性航空体育竞赛活动审批事项,增加"社会体育指导员(游泳、攀岩、潜水、滑雪)和游泳救生员职业资格认定"。落实党中央、国务院相关行政审批制度改革举措,印发体育总局《关于在自由贸易试验区推行经营高危险性体育项目许可告知承诺制工作的通知》及相关文件,方便企业和群众办事创业。进一步优化网上办事服务,调整疫情期间体育行政审批事项办理程序,减少相关环节,全部改由网上办理,认真做好政府网站"政务服务平台"栏目的正常运营和维护,构建"流程指南—在线办理—办件咨询"的服务板块,保证公共体育服务事项(行政审批、依申请公开、行政复议、政务咨询等)的全公开,所有公共体育服务事项的办理依据、受理单位、基本流程、申请材料、示范文本及常见错误示例、办理时限、咨询方式等内容目录化、标准化完整公布,进一步提高办事效率,降低申请人办事的时间成本和经济负担。

其二,继续清理证明事项。各地在对体育领域法律、法规、规章和规范性文件进行全面梳理的基础上,对包括证明名称、证明用途、设定依据、实施基本情况、行使层级等在内的证明事项信息进行了汇总和清理。如内蒙古包头市体育局公布了《包头市体育局证明事项告知承诺制工作实施方案》《包头市体育局实行告知承诺制的证明事项目录》,并进一步清理涉企收费项目。云南省昆明市教育体育局印发了《关于开展证明事项清理的工作方案》,明确工作目标、工作原则和工作任务,还印发了《关于开展证明材料清理工作的通知》,督促指导县区教育体育行政部门开展本级政务服务事项证明材料清理工作。

其三,提升体育赛事活动监管和服务水平。2021年5月,体育总局与公安部联合制定发布《关于进一步规范体育赛场行为的若干意见》,以规范赛场行为,加强监督管理,夯实监管责任。2021年7月,经国务院同意,体育总局与公安部等十个部委部门联合出台《关于进一步加强体育赛事活动安全监管服务的意见》,印发《体育赛事活动专项整顿治理方案》,深入推进政府监管与行业自律相结合,全面加强体育赛事活动安全监管。组织召开各级体育行政部门体育赛事活动安全监管服务工作推进会,梳理体育赛事活动安全监管服务工作任务。

其四,推进"证照分离"改革。2021年6月3日,国务院印发《关于深化

"证照分离"改革进一步激发市场主体活力的通知》。为进一步激发市场主体活力,加快推进政府职能深刻转变,优化营商环境,体育总局出台了《深化"证照分离"改革工作实施方案》,将法律、行政法规、国务院决定设定的体育领域涉企经营许可事项全部纳入清单管理,建立体育领域"证照分离"改革全覆盖试点事项清单,并将许可事项按照优化审批服务的方式推进清单审批制度改革,不断优化服务。

其五,推动社会力量办体育。体育总局2020年工作报告中明确提出,将"推动社会力量办体育"列入体育总局2021年的工作重点。2021年,体育总局进一步开展试点工作,出台了《"十四五"体育发展规划》《关于进一步规范和加强地方体育行政执法工作的若干意见》等一系列重要文件,在将社会力量融入全民健身公共服务体系;调动社会力量积极性,推动体育设施建设融入各地城市建设规划;激发市场主体活力,盘活民间资源,培育社会力量提供体育服务等方面取得长足发展,逐步建立起了政府、社会、市场三者有机统一的协调发展机制。尤其是在推进"体医融合""体教融合"进程中,积极探索融合发展机制,逐步破解融合发展的体制机制障碍,形成了多部门协同,全社会共同参与的运动促进健康新模式。

(二)推进国家体育行政部门内部职能优化

其一,体育总局青少年体育司强化指导和推动青少年体育工作,推动"课外体育培训规范化"和"体育支教工作常态化"。2021年9月,体育总局青少年体育司印发《关于做好课外体育培训行业服务监管工作的通知》,并在此基础上制定了《课外体育培训行为规范》,进一步完善课外体育培训治理,促进体育培训市场形成良好生态、健康有序发展;在推动体育支教工作常态化开展方面,体育总局青少年体育司创新体育支教新路径,探索建立高校体育教育专业学生开展体育支教的工作制度,开展"体教融合奥运冠军走基层"等一系列支教活动,进一步深化体教融合,促进青少年健康发展。

其二,体育总局竞技体育司进一步完善竞技体育发展规划和体育竞赛制度体系。一方面,研究有关优化管理提升东京奥运会备战绩效的措施和事业单位工作人员专职到协会工作的支持政策。另一方面,为加强后备人才培养,着眼巴黎奥运会备战,对2021年第十四届全运会的竞赛项目设置和竞赛规程规则进行了优化,有序推进全运会竞赛过程的各项规程安排;组织协调全运会的竞赛工作,针对陕西省不具备承办帆船、冲浪、皮划艇激流回旋和场地自行车等项目比赛场地设施条件的现实情况，印发了《关于第十四届全国运动会部分项目异地办赛征求承办意向的通知》，保障部分竞赛项目顺利实行异地举办。

其三，体育总局群众体育司进一步推广普及全民健身工作。推行全民健身计划，引导群众积极锻炼，激发参与全民健身的热情；推动建立和完善全民健身服务体系，指导群众体育组织建设、健身场地设施建设，指导协调开展群众性体育活动；发挥体育在疫情防控中的积极作用，总结推广前期开展居家科学健身和全民健身网络赛事活动的好经验、好做法，引导广大群众多居家、少聚集、不扎堆，尽量减少人员流动；充分利用互联网和新媒体平台，多渠道多手段加强居家科学健身方式方法宣传，举办形式多样且便于群众参与的全民健身网络赛事、达标测试活动，丰富群众文化体育生活，倡导养成健康文明生活方式。

其四，体育总局科教司强化对决策咨询研究项目的管理和推广。广泛征集选题、紧密结合体育工作实际，制定年度研究项目目录，提高决策咨询研究的针对性；按照《体育总局决策咨询研究项目管理办法》严格规范立项评审，2021年度共立项53个，其中重大项目6个，重点项目27个，一般项目20个，对于重大研究项目采取现场答辩、会议评审等方式进行开题、中期检查和结项评审，加强过程性参与，提高了研究的针对性和应用性；组织专家对"科技冬奥"重点专项2021年度定向项目申报材料进行审核把关并提出修改完善意见，进一步提高了重大专项研究项目申报的规范性和科学性。

其五，体育总局政策法规司进一步完善体育法律规范体系，规范体育执法工作，加强法治宣传教育。积极推动《体育法》修改，形成了较为完善的《体育法（修改草案）》；制定印发了体育总局《关于贯彻落实法治宣传教育第八个五年规划（2021－2025年）的实施意见》；并商中央编办、司法部同意，印发了《关于进一步规范和加强地方体育行政执法工作的若干意见》及《中央层面体育行政执法事项指导目录》，建立体育法治案例库，汇编全国各地具有代表性的体育行政执法案例，指导地方体育行政执法实践；不断提升体育行政部门依法行政、依法治体的能力和水平，布置开展全国经营高危险性体育项目行政执法专项检查，排查安全隐患，切实保障群众健身安全；推动建立体育决策咨询项目成果库，将其中体育法治建设的研究成果提供给各级体育行政部门和体育工作者使用。

(三)细化地方体育行政部门改革实施方案

浙江省政府在体育深化改革中率先行动,于2020年12月底发布了浙江省人民政府《关于鼓励支持社会力量办体育加快推进体育改革与发展的若干意见》,成为全国首份鼓励支持社会力量办体育的省级政策性文件。浙江省体育局积极响应,于2021年3月29日公布了《关于印发〈浙江省体育改革发展"十四五"规划〉的通知》,提出推动形成政府主导有力、社会规范有序、市场充满活力、人民积极参与、社会组织健康发展、公共服务完善的体育发展新格局。在一系列政策文件的推动下,以温州市为代表的"体育领域放管服"改革实践走在全国前列。2021年4月,温州市体育局发布了《关于在全市深化社会力量办体育改革工作的通知》,针对全市深化社会力量办体育改革的重点项目,细化制订了实施方案。经过近一年的实施,形成了温州经验,体育"区域融合发展"的局面进一步形成。

"十三五"时期上海市体育局深化改革不断创新推进,体教结合、体养结合、体医结合、体旅结合等取得显著成效。群众性体育赛事活动举办模式不断创新,吸引广大社会力量积极参与,极大激发体育市场的活力。公共体育场馆所有权和经营权"两权分离"改革稳步推进,仙霞网球中心运营管理权进行市场化公开招募,为体育设施管理体制改革和运营机制创新积累宝贵经验。在这一基础上,2021年上海市体育局印发了《上海市体育产业发展"十四五"规划》,明确了推进体育深化改革发展的总体思路和主要任务,提出深化体育"放管服"改革,强化公共服务、产业培育和市场监管等职能,支持各类体育企业在沪发展壮大;营造公平有序的市场环境,打造体育产业发展的良好生态;引导具备条件的运动项目社会化、市场化、职业化发展,培育运动项目产业链条,以产业手段促进运动项目发展。

江苏省不断深化体育改革,激发体育社会组织市场活力,推进行政体制改革转职能提效能。2021年江苏省体育局、江苏省发展改革委联合印发《江苏省"十四五"体育产业发展规划》,进一步细化明确了"十四五"时期江苏省体育行政改革的主要方案:一是持续优化政务服务,开展公共体育场馆开放使用综合试点工作,推进公共体育场馆"改造功能、改革机制";二是深入推进放管结合,拓展"双随机、一公开"监管覆盖范围,对经营高危险性体育项目进行严格审批和管理,健全体育赛事活动监管长效工作机制,促进标准在体育领域的有效供给和普及应用。

二、体育行政部门制度规范建设

(一)部门规章

2021年,体育总局共制定颁布2件部门规章,分别是体育总局《关于废止和修改部分规章、规范性文件的决定》和修订后的《反兴奋剂管理办法》。

根据体育总局《关于废止和修改部分规章、规范性文件的决定》,2021年体育总局废止了2件部门规章,它们分别是《举办体育活动安全保卫工作规定》《兴奋剂检查工作人员管理暂行办法》。

修订后的《反兴奋剂管理办法》进一步完善、充实了我国反兴奋剂规范体系。该办法明确了要坚决落实反兴奋剂工作目标,即"零容忍",为此提出坚持严令禁止、严格检查、严肃处理的方针,推动构建"拿干净金牌"的反兴奋剂长效治理体系,为未来我国反兴奋剂法治化工作提供了方向指引。同时,与原《反兴奋剂管理办法》对比,修订后的《反兴奋剂管理办法》首创性地提出了"谁组队、谁管理、谁负责"的原则,要求"负责备战任务的国家运动项目管理单位、全国性体育社会团体等单位承担国家队反兴奋剂工作职责,省级及以下体育行政部门承担省级及以下运动队反兴奋剂工作职责",将反兴奋剂工作按层级分配,落到实处。在备受关注的违规结果处理方面,修订后的《反兴奋剂管理办法》也突出了国家反兴奋剂机构的重要性,强调"兴奋剂的违规处理决定,由国家反兴奋剂机构审查通过后执行",同时还指出国家反兴奋剂机构应"定期汇总兴奋剂违规情况和禁止合作名单,及时对外发布"。在法律责任追究方面,修订后的《反兴奋剂管理办法》强调要进行溯源和调查认定,在此基础上追究相应主管人员的责任。修订后的《反兴奋剂管理办法》尤其体现了在反兴奋剂工作中的程序正当性和严谨性,提升了反兴奋剂工作的专业水平。

(二)政策指引

1. 政策总体概述

(1)规范性文件

根据体育总局公布的《关于公布现行有效的体育法律、法规、规章、规范性文件和制度性文件目录的通知》,2021年期间,体育总局共印发10件规范性文件,主要分布在如下四个领域:①群众体育。如《"十四五"时期全民健身设施补短板工程实施方案》《公共体育场馆基本公共服务规范》,体育总局、财政部、市场监管总局《关于加强公共场所全民健身器材配建管理工作的意见》《全民健身基本公共服务标准(2021年版)》。②青少年和学校体育领域。如《国家高水平体育后备人才基地认定办法》。③监督管理领域。如体育总局《关于进一步规范和加强地方体育行政执法工作的若干意见》,体育总局、公安部《关于加强体育赛场行为规范管理的若干意见》,体育总局、工业和信息化部、公安部等《关于进一步加强体育赛事活动安全监管服务的意见》。④综合领域。如体育总局《关于在自由贸易试验区推行经营高危险性体育项目许可告知承诺制工作的通知》,体育总局《关于废止部分规范性文件的通知》。

(2)制度性文件

2021年期间,体育总局共印发16个制度性文件,主要分布在以下几个领域:①群众体育领域。如体育总局办公厅《关于加强路跑赛事安全管理工作的通知》。②竞技体育领域。如《运动员技术等级标准》。③青少年体育和学校体育领域。如《普通高等学校运动训练、武术与民族传统体育专业招生文化考试大纲(2021版)》,体育总局办公厅《关于做好课外体育培训行业服务监管工作的通知》《课外体育培训行为规范》。④体育产业领域。如体育总局办公厅、发展改革委办公厅《关于贯彻落实〈体育总局、发展改革委关于加强社会足球场地对外开放和运营管理的指导意见〉的通知》。⑤劳动人事。如体育总局办公厅《关于进一步严明体育专业人员职称评审纪律的通知》。⑥文化科技。如《体育总局加强社会主义体育法治文化建设工作方案》《国家体育总局体育科普项目管理办法》。⑦反兴奋剂领域。如《国家体育总局兴奋剂违规责任追究办法》《2022年兴奋剂目录公告》。⑧综合领域。如体育总局办公厅《关于暂停相关体育活动的通知》,体育总局办公厅《关于印发部分合同示范文本的通知》《全国足球发展重点城市遴选办法》《"十四五"体育发展规划》,体育总局《关于贯彻落实法治宣传教育第八个五年规划(2021-2025年)的实施意见》。

2. 主要政策解读

(1)《"十四五"体育发展规划》

《"十四五"体育发展规划》对"十四五"时期体育发展提出了8个主要目标,分别是:第一,全民健身水平达到新高度。更高水平的全民健身公共服务体系基本建成,人民群众身体素质和健康水平进一步提高,获得感和幸福感不断提升。第二,竞技体育实力再上新台阶。竞技体育发展新模式进一步健全、成熟,项目布局更加合理,训练体系和竞赛体系更加科学、完善,国际竞争力进一步提升。第三,青少年体育发展进入新阶段。健康第一的理念深入人心,体教融合取得实质性进展,基本建成适应需要、主体多元的体育后备人才培养体系,后备人才基础更加坚实、素质全面提升。第四,体育产业发展形成新成果。体育产业高质量发展取得显著进展,产品和服务供给适应个性化、差异化、品质化消费需求,基本形成消费引领、创新驱动、主体活跃、结构更优的发展格局。第五,体育文化建设取得新进展。社会主义核心价值观在体育领域更加彰显。第六,体育对外交往作出新贡献。体育对外工作大协同机制更加健全,形成全方位、多层次、立体化体育对外交往新格局。体育国际影响力和话语权进一步提升,服务大国外交和强国建设的能力和作用更加凸显,为全球体育治理贡献更多智慧和力量。第七,体育科教工作达到新水平。体育科研体系更加完备,科技创新机制更加灵活、保障能力进一步增强,科技助力奥运争光和全民健身功能进一步发挥,信息技术在体育领域广泛应用。立德树人根本任务有效落实,协同育人机制更加健全,体育教育质量进一步提升,体育人才不断涌现。"零出现""零容忍"的反兴奋剂长效治理机制更加完善。第八,体育法治水平得到新提升。中国特色体育法律规范体系进一步健全,行业监管、职业体育发展、体育纠纷解决等重点领域体育立法取得重要进展。体育行政部门依法行政能力全面提高,地方体育执法工作机制基本健全。体育普法形式更加多样,成效更加显著。建立体育仲裁制度,组建体育仲裁机构,完善体育纠纷解决机制。

《"十四五"体育发展规划》中体育重点领域工作方面包括:

第一,落实全民健身国家战略,推进健康中国建设。提出要构建更高水平的全民健身公共服务体系。开展全民运动健身模范市、县(市、区)创建。举办全运会群众赛事活动和全国社区运动会。组织实施全民健身场地设施补短板工程。持续推动公共体育场馆免费或低收费开放,完善绩效评价及资金补助政策。加强运动防护师、运动营养师等人才培养,建立体卫融合重点实验室,完善运动处方库。支持上海开展"运动健康师"试点工作。建设科学权威的健身方法库、宣传平台和线上培训平台。开发国家社区体育活动管理服务系统,推动建立国家、省(区、市)、市三级互联互通的全民健身信息服务平台。

第二,坚持举国体制与市场机制相结合,构建竞技体育发展新模式。

《"十四五"体育发展规划》提出要创新竞技体育体制机制,稳步推进运动项目管理体制机制改革,构建多元化项目发展新模式。重点打造一批竞技体育特色项目名城。支持10个省(区、市)在体育强省建设中实现竞技体育突破性发展。建立科学有效的训练体系。构建中国特色竞赛体系。创新国家队管理体制。支持高校组建高水平运动队。打造能征善战作风优良的国家队。打造一批集"训练、科技、医疗、教育、服务"于一体的国际一流训练基地。实施竞技体育人才"十百千万"工程。提升集体球类项目发展水平,推动"三大球"振兴和职业体育发展。

第三,加强体教融合,促进青少年体育健康发展。《"十四五"体育发展规划》提出要加强青少年体育优秀人才培养,按照"一校一品""一校多品"模式,加快体育传统特色学校建设。深化体校改革,因地制宜、因项目制宜建设各级各类体校,强化体校培养后备人才主阵地、主渠道作用。培育青少年体育社会组织,鼓励青少年体育俱乐部发展,建立衔接有序的竞赛、训练和培训体系。完善青少年体育竞赛活动体系,联合教育部门整合学校比赛、U系列比赛等各级各类体育赛事活动。加强青少年体育骨干队伍建设。推动体教融合建设以及竞技体育后备人才培养。

第四,坚持供需两端发力,推动体育产业高质量发展。《"十四五"体育发展规划》提出要强化要素创新驱动,充分发挥科技、资本、人才、数据等核心要素在体育产业创新发展中的作用;支持建设一批国家体育产业创新试验区和国家级体育产业协同创新中心;打造现代体育产业体系,加快形成以健身休闲业、竞赛表演业等为龙头、高端制造业与现代服务业融合发展的体育产业体系;培育壮大体育市场主体,培育一批细分领域的"专精特新"中小企业、"瞪羚"企业和"隐形冠军"企业;扩大体育产品和服务供给,大力发展运动项目产业,丰富竞赛表演、健身指导、技能培训等各类产品和服务。深挖体育消费潜力,择优确定10个国家体育消费示范城市;推动体育彩票安全健康持续发展;加强体育市场监管。

第五,强化体育领域思想引领,促进体育文化健康繁荣发展。《"十四五"体育发展规划》提出要加强体育领域思想引领,充分发挥先进典型示范作用,汇聚起推动体育改革发展的强大力量;加强党对意识形态工作的领导,严格落实意识形态责任制;深入挖掘中国体育文化内涵,推动中华体育精神与社会主义核心价值观深度融合;总结提炼运动项目的文化特征、组织文化和团队精神，形成各具特色的运动项目精神内核和文化标识。加强体育文化创作及平台建设；加强优秀传统体育项目的保护利用和传承。

第六，坚持合作共赢开放战略，构建体育对外交往新格局。《"十四五"体育发展规划》提出要提升体育对外交流层次和水平，配合开展元首体育外交，深入参与政府间高级别人文交流机制，充分利用"一带一路""上合组织""金砖国家"等多边合作平台深化体育对外交流，办好"小而精"品牌体育交流活动，促进民心相通。通过申办、举办、参加国际大型赛事活动，进一步提升我国的竞技体育综合实力和国际竞争力；坚持"奥运模式"，妥善处理国际体育涉台问题；全面深化与港澳地区的体育交流合作，以举办第十五届全国运动会为契机，以与粤港澳大湾区体育合作为重点，助力港澳融入国家发展大局。

第七，以筹备北京2022年冬奥会为契机，实现冰雪运动跨越式发展。《"十四五"体育发展规划》提出要积极备战北京2022年冬奥会，力争取得我国冬奥会参赛史上最好成绩；推广普及冰雪运动，加强冰雪运动进校园顶层设计，加快推进冰雪运动"南展西扩东进"战略实施，带动三亿人参与冰雪运动；促进冰雪产业全面升级，不断提升本土冰雪企业的自主研发能力，打造冰雪产品高端品牌；提升冰雪运动的国际影响力，加强与国际奥委会、冰雪项目国际组织合作，积极申办、承接国际大型综合性冰雪赛事。

第八，完善中国特色社会主义体育法律规范体系，提升依法治体水平。《"十四五"体育发展规划》提出要完善体育法律规范体系，积极配合全国人大完成《体育法》修改工作，开展全国性单项体育协会制度建设评估；全面加强法治政府建设，编制总局部门权力与责任清单；落实地方体育执法责任制，支持地方委托综合执法机构开展体育行政执法活动；推进体育法治宣传教育，完善领导干部学法制度，加强对运动员、教练员、裁判员以及体育社会组织、体育市场主体等的体育法治宣传教育；健全体育纠纷解决和法律服务机制，加快建立全国性体育仲裁机构，引导单项体育协会内部纠纷解决机制与体育仲裁有效衔接。积极参与国际体育仲裁事务。

第九，落实国家区域发展战略，推动体育事业协调发展。《"十四五"体育发展规划》提出要推动体育融入国家重大区域发展战略；鼓励建立区域体育发展联盟。促进区域间体育资源共享、制度对接、要素互补、流转顺畅、待遇互认和组织协同等良性互动；促进区域体育协调发展，在东、中、西部分别培育一批具有较大影响力的体育城市,形成多中心、多层级、多节点的体育产业增长极网络;支持特殊类型地区体育发展,加快发展革命老区、民族地区、边疆地区、欠发达地区等特殊类型地区的体育事业,建立对口帮扶机制;落实党中央治藏治疆方略,推动组团式对口支援西藏、新疆的体育工作。推动体育助力乡村振兴和新型城镇化建设。

除此之外,《"十四五"体育发展规划》还提出要加强体育科教、人才和信息化建设,提升体育科技研发水平,加强国家队科技助力工作,推动高等体育院校改革与发展,强化体育人才队伍建设,促进体育信息化建设,为体育发展提供坚实支撑;推进反兴奋剂斗争,强化兴奋剂风险防范,健全完善反兴奋剂工作机制,做好反兴奋剂工作组织实施,完善反兴奋剂长效治理机制;加强体育行业作风建设,纠正体育行业不正之风,加大重点领域乱象整治力度,防范化解体育领域风险,压实地方和基层管理责任,营造风清气正的发展环境。

(2)《全民健身基本公共服务标准(2021年版)》

《全民健身基本公共服务标准(2021年版)》明确了现阶段我国全民健身基本公共服务的主要项目,从"公共体育设施开放""全民健身服务"两个方面划定了各级政府应当予以保障的全民健身基本公共服务范围及底线,是国家基本公共服务标准体系建设的重要组成部分。《全民健身基本公共服务标准》对满足人民群众的基本体育需求,推动构建更高水平的全民健身公共服务体系,增强人民体质、增进人民健康,推进体育强国和健康中国建设具有重要意义。《全民健身基本公共服务标准(2021年版)》要求体育、发改、财政、卫健、应急等部门各司其职,协同配合,共同做好《全民健身基本公共服务标准》达标工作。《全民健身基本公共服务标准(2021年版)》还指出,省级体育行政部门应会同有关部门积极着手制定实施本地区《全民健身基本公共服务标准》的实施措施、工作步骤和时间安排,切实保障人民群众的基本公共服务权益;在达到《全民健身基本公共服务标准》要求的前提下,结合本地区群众需求、人口规模和经济社会发展实际,研究制定本地区全民健身公共服务标准和服务目录,多措并举推动构建更高水平的全民健身公共服务体系。

(3)《公共体育场馆基本公共服务规范》

《公共体育场馆基本公共服务规范》针对公共体育场馆基础设施、基本管理、基本服务、满意度设置了标准,其中基础设施主要包括场地设施、安全设施、环卫设施和交通设施,基本管理主要包括组织机构、管理制度、风险控制,基本服务主要包括开放要求以及服务内容,满意度则主要是指群众满意度。

《公共体育场馆基本公共服务规范》适用于接受中央财政资金补助的地方各级体育行政部门所属县级及以上公共体育场、公共体育馆、公共游泳馆和全民健身中心,是在2014年印发的《大型体育场馆基本公共服务规范》的基础上修订形成的。《公共体育场馆基本公共服务规范》主要有六个特点:

一是适用范围更广。除适用于受中央财政资金补助的地方体育行政部门所属县级及以上公共体育场、公共体育馆、公共游泳馆和全民健身中心外,各地可参照《公共体育场馆基本公共服务规范》的要求,因地制宜地对其他类型公共体育设施的开放服务进行规范指导。

二是免费低收费开放要求更明确。要求将场馆开放收费报当地政府有关部门批准,低收费价格一般不高于当地市场价格的70%,"体育场馆对老年人、残疾人、学生、军人、消防救援人员和公益性群众体育赛事活动提供更优惠服务,收费标准一般不超过半价"。

三是强化场馆举办体育赛事活动要求。要求场馆符合相关体育赛事规则要求,举办的公益性体育赛事活动不少于每年4场次。

四是量化指标更多。除前述量化指标外,还要求在场馆开展的运动技能、科学健身等公益性体育培训服务每年不少于1000人次,每年至少开展一次群众满意度测评等。

五是更加强调信息公开。场馆需按要求填报免费低收费开放服务基本情况信息公开表,并在国家全民健身信息服务平台和场馆显著位置公开,场馆接待人次等信息要在国家全民健身信息服务平台实时呈现。

六是更加强调安全保障。要求场馆消防、安保、应急设施和疏散系统等配置合理完备、维护完好,举办赛事活动期间应有专业医疗机构人员现场保障救护,落实卫生和防疫措施等。

(4)《"十四五"时期全民健身设施补短板工程实施方案》

2021年4月20日,国家发展改革委、体育总局共同印发《"十四五"时期全民健身设施补短板工程实施方案》,提出构建更高水平的全民健身公共服务体系,补齐健身设施短板,不断满足人民群众日益增长的体育健身需求。《"十四五"时期全民健身设施补短板工程实施方案》提出,到2025年,全国人均体育场地面积达到2.6平方米以上,每万人拥有足球场地数量达到0.9块以上,全民健身场地设施更加公平可及,户外运动公共服务设施逐步完善,形成供给丰富、布局合理、功能完善的健身设施网络,群众"健身去哪儿"的问题逐步得到解决。

《"十四五"时期全民健身设施补短板工程实施方案》提出,建设任务主要包括六个方面:第一,体育公园。文件指出,支持新建或改扩建占地面积不低于10万平方米的体育公园内部的健身设施,包括但不限于健身步道、健身广场、足球场、篮球场、排球场、网球场、羽毛球场等,以及配套的生态停车场、公共厕所等公共服务设施。第二,全民健身中心(小型体育综合体)。文件要求,新建或改扩建能够开展至少包含4类(含4类)以上体育运动项目,且不设固定看台的全民健身中心(小型体育综合体)。第三,公共体育场中的标准田径跑道和标准足球场地。文件明确,要新建公共体育场中的标准田径跑道和标准足球场地。第四,社会足球场。文件提出,要新建标准和非标准社会足球场地,标准场地指11人制足球场,非标准场地指7人制(8人制)、5人制足球场。第五,健身步道。文件要求新建不低于5公里的健走步道、不低于10公里的登山步道、不低于15公里的骑行道。第六,户外运动公共服务设施。文件指出,要新建冰雪、水上、山地、航空、汽车摩托车等户外运动公共服务设施,主要包括公共服务中心、山地户外营地、航空飞行营地、汽车自驾运动营地、公共船艇码头等户外运动营地,以及公共厕所、停车场、连接道路、污水处理、应急救援等配套设施。

此外,《"十四五"时期全民健身设施补短板工程实施方案》明确了项目资金来源及支持标准,并对资金下达作出明确安排,要求各地发改委和体育部门要加强组织领导、完善投入机制、提高运营活力、明确责任分工、严格项目管理,为全民健身设施补短板工程实施提供坚强的保障措施。

(5)《关于进一步加强体育赛事活动安全监管服务的意见》

2021年6月,体育总局等十一部门联合印发《关于进一步加强体育赛事活动安全监管服务的意见》,进一步明确各部门职责,强化监管举措,统筹发展和安全,牢牢守住体育赛事活动安全风险的底线,切实维护人民群众的身体健康和生命安全,加快推进体育强国建设。

《关于进一步加强体育赛事活动安全监管服务的意见》要求,体育赛事活动安全监管服务工作应当坚持四个原则:政府监管与行业自律相结合原则、分级分类管理原则、加强事中事后监管原则以及监管与服务相结合的原则。

此外,《关于进一步加强体育赛事活动安全监管服务的意见》要求各级体育部门对所辖区域内的体育赛事活动,完善监管责任体系,加强行业主管部门监管责任,落实主办方、承办方、协办方等组织者对体育赛事活动的安全保障责任。文件指出,体育总局各运动项目管理中心、全国性单项体育协会要加快构建体育赛事活动标准体系,制定办赛指南、参赛指引,明确各类体育赛事活动举办的基本条件、标准、规则和程序,包括医疗、应急救援、消防、气象等安全保障。对于专业技术要求强、人身危险性高的项目,应当及时修订有关法律法规和部门规章,并相应制定强制性标准。《关于进一步加强体育赛事活动安全监管服务的意见》还要求加强对各类赛事活动的评估指导监督,制定完善的应急处置预案并加强行业协会的自律监督服务,强化安全保障及安全教育培训,落实安全措施。同时,《关于进一步加强体育赛事活动安全监管服务的意见》要求根据相关法律法规规定,建立健全体育赛事活动安全事故追责问责机制,厘清责任单位和责任人员,明确处分种类和运用规则,严肃追究造成安全事故的组织者的责任。对体育赛事活动监管不力,造成人身伤害、财产损失等安全事故的责任单位和责任人员,按照管理权限给予相应处分;构成犯罪的,依法追究刑事责任。

3. 其他规范性文件的清理

2021年,体育总局废止规范性文件1件,即体育总局《关于进一步加强体育宣传工作的通知》;修改了规范性文件3件,分别是:体育总局《关于印发〈关于进一步加强武术赛事活动监督管理的意见〉的通知》、体育总局《关于印发〈关于进一步加强马拉松赛事监督管理的意见〉的通知》、体育总局《关于印发〈境外非政府组织在境内开展体育活动管理办法〉的通知》。修改上述三个文件均因其内容与《体育赛事活动管理办法》相抵触。

三、体育行政部门不断加强制度建设

"全面加强法治政府建设"被明确列入《"十四五"体育发展规划》发展目标之中。体育总局深入贯彻落实中央关于全面推进依法治国重大战略,转变政府职能,不断优化体育行政决策制度和体育行政审批制度,并采取多种举措加快建设服务型政府。

(一)体育行政决策制度进一步健全

体育行政部门注重充分发挥体育各领域专家学者的专业优势,着力提升

体育决策咨询水平,服务新时代体育强国建设。2021年7月9日,体育总局决定聘请96名同志为"十四五"时期体育决策咨询专家。2021年体育总局决策咨询研究项目完成53项,对体育强国建设"三步走"发展战略、"十四五"时期全民健身公共服务体系完善路径、东京奥运会及北京冬奥会境外舆情分析应对等重大问题进行研究。体育总局政策法规司委托安徽、陕西、四川、新疆、湖北、浙江等地体育行政部门有针对性地开展相关研究。研究成果上传项目成果库,汇编出版2017—2019年优秀项目研究成果。研制《体育决策咨询专家管理办法》,充分发挥体育各领域专家学者专业优势,提升体育决策咨询水平,服务新时代体育强国建设。体育总局坚持开展体育总局决策咨询研究项目评选,产生一大批反映实践情况、解决实践问题的成果,应体育强国发展所需,提升体育决策的科学性、合理性。

(二)分级分类推行行政审批制度改革

2021年,体育总局进一步规范和优化体育行政审批工作。落实国务院印发的《关于深化"证照分离"改革进一步激发市场主体活力的通知》,调整体育总局行政许可事项目录,取消国际性和全国性航空体育竞赛活动审批事项,增加游泳救生员、社会体育指导员(游泳、攀岩、潜水、滑雪)的职业资格认证,调整行政许可服务指南,进一步优化工作流程。

1. 深化证照分离改革

2021年6月29日,体育总局印发了《深化"证照分离"改革工作实施方案》,采取以下六项措施,进一步激发市场主体活力,加快推进政府职能深刻转变,优化营商环境。

第一,建立清单管理制度。体育总局将法律、行政法规、国务院决定设定的体育领域涉企经营许可事项全部纳入清单管理,建立体育领域"证照分离"改革全覆盖试点事项清单共4项,具体包括:兴奋剂检测机构资质认定、从事射击竞技体育运动单位审批、经营高危险性体育项目许可和设立健身气功站点审批等。清单定期调整更新,向社会公布,接受社会监督。各级体育行政部门在清单之外不得违规限制企业(含个体工商户、农民专业合作社)进入体育领域,企业取得营业执照后即可自主开展经营。

第二,优化审批服务。一方面,通过全国一体化在线政务服务平台实现全程网上审批,尽快实现从"最多跑一次"到"一次不用跑"的跨越,方便申请人办事。另一方面,进一步压缩审批时限,将原来的审批时限从20个工作日减少到15个工作日,节约了申请人时间成本。

第三,切实履行政府职责。一是体育总局审批的事项。兴奋剂检测机构资质的认定,由体育总局相关司局按照职责分工,具体承担相关审批业务,按照法律法规制度要求,积极办理企业经营许可,完善综合监管模式,加强事中事后监管。二是地方体育行政部门审批的事项。从事射击竞技体育运动单位审批由省级体育行政部门履行审批职责,经营高危险性体育项目许可由县级以上地方体育行政部门履行审批职责,设立健身气功站点审批由县级体育行政部门履行审批职责。相关各级体育行政部门应积极办理企业经营许可,完善综合监管模式,加强事中事后监管,体育总局相关业务司局应当给予指导。三是已取消的审批事项。各级体育行政部门对已取消的审批事项仍承担监督管理职责,体育总局各相关业务司局应加强对地方体育行政部门的监督和指导,县级以上地方体育行政部门在监督管理中遇到相关问题及时向上一级体育行政部门报告。

第四,积极办理经营许可,政务信用信息共享。县级以上各级体育行政部门在企业申请办理登记注册和经营许可时,要积极主动收取市场监管部门通过政务信息共享平台精准推送的需要申请许可的企业信息,依企业申请及时办理相关经营许可后,按程序将办理结果通过政务信息共享平台推送至市场监管部门。

第五,制定全国范围内的涉企经营许可事项服务指南。按照优化审批服务的要求,制定行政许可服务指南,压缩办理时限,调整许可申请材料清单、优化办事流程,压实监管责任,提高服务水平。

2. 在自由贸易试验区推行经营高危险性体育项目许可告知承诺制工作

为进一步深化证照改革,2021年11月12日,体育总局印发了《关于在自由贸易试验区推行经营高危险性体育项目许可告知承诺制工作的通知》,公布经营高危险性体育项目,告知许可条件和所需材料,制作告知承诺书格式文本,并向社会公布。通知要求,地方体育行政部门要切实履行监管职责,建立完善告知承诺制信用信息记录、归集、查询制度,作为分级分类监管的依据;要加强与市场监管等有关部门协同配合,实现许可信息和监管信息共享;对核查通过或免于核查的事项,要通过"双随机、一公开""互联网+监管"等方式加强日常监管;对失信主体,要纳入重点监管对象,并及时将相关信息归集至全国信息共享平台。

(三)加快服务型政府建设

1. 编制服务型政府建设规划

国务院颁布的《全民健身计划(2021—2025年)》中指出:构建更高水平的全民健身公共服务体系,充分发挥全民健身在提高人民健康水平、促进人的全面发展、推动经济社会发展、展示国家文化软实力等方面的综合价值与多元功能。为落实这一要求,体育总局编制《"十四五"体育发展规划》,强调坚持以人民为中心,充分调动人民群众参与体育的积极性、主动性、创造性,胸怀"国之大者",把优先满足人民群众健康需求、促进人的全面发展作为体育工作的出发点和落脚点,强化体育公共服务职能,落实全民健身国家战略,构建更高水平的全民健身公共服务体系,满足人民日益增长的美好生活需要。该规划要求构建更高水平的全民健身公共服务体系,构建体制机制更灵活、要素支撑更强大、资源分布更均衡、健身设施更便捷、赛事活动更丰富、体育组织更健全、健身指导更科学、群众参与更广泛的全民健身公共服务体系。进一步提升老年人、职业群体及残疾人等全民健身公共服务水平。

2. 建立健全服务机制

为贯彻落实《全民健身计划(2021-2025年)》中"开展公共体育场馆开放服务提升行动"和国务院办公厅《关于加强全民健身场地设施建设发展群众体育的意见》中"规范委托经营模式,编制和推广政府委托社会力量运营公共体育场馆示范合同文本"等要求,2021年11月,体育总局制定了《政府委托社会力量运营公共体育场馆示范合同(参考文本)》(以下简称《示范合同》),以指导公共体育场馆产权单位做好委托社会力量运营工作,推动提升场馆管理服务水平。《示范合同》为非强制性使用文本,适用于各级公共体育场馆产权单位以委托方式引入专业社会力量运营公共体育场馆,合同当事人可结合公共体育场馆具体情况,参考《示范合同》订立合同,并按照法律法规规定和合同约定承担相应的法律责任及合同义务。其中还包含《体育场馆合规运营承诺书》,运营主体承诺保证公共体育场馆的公益性,充分发挥其提供公共体育服务的基本功能,为广大人民群众创造和谐美好的体育健身环境。

在地方层面,山东省潍坊市体育局认真贯彻落实市委、市政府服务企业专员制度,扎实做好领导干部服务企业和重点项目工作,制定了"常态联络服务、问题梳理分类、党组专题研究、内部协调反馈、问题转办追踪"的五项工作推进机制,进一步强化服务联络、全程跟踪,推动协调配合、限时办结,形成工作"加速度",赢得企业"好口碑",树立服务"金招牌"。

四、体育行政执法规范有序推进

体育行政执法是各级体育行政部门履行政府管理体育事务的法定职责,是推进依法治体、建设法治政府的重要内容。体育总局不断推进体育行政执法规范工作,特别强调地方体育行政执法的规范行使。《关于进一步规范和加强地方体育行政执法工作的若干意见》及《中央层面体育行政执法事项指导目录》,对地方体育行政部门行政执法工作提出要求。

(一)规范和强化地方体育行政执法工作

为规范和加强地方体育行政执法工作,理顺工作机制,提升执法水平,2021年2月,体育总局印发了《关于进一步规范和加强地方体育行政执法工作的若干意见》。

首先,《关于进一步规范和加强地方体育行政执法工作的若干意见》指出,地方各级体育行政部门要提高对体育行政执法工作重要性的认识,切实履行法定职责;加快转变管理理念、体制和方式,严格规范执法裁量权的行使,坚持严格规范公正文明执法,逐步建立权责明晰、管理优化、执法规范、运行高效、监管到位的地方体育行政执法管理体制;各级体育行政部门应当坚持法定职责必须为、法无授权不可为原则开展行政执法活动;认真梳理执法清单,制定委托执法清单,并根据实际情况实行动态调整。

其次,《关于进一步规范和加强地方体育行政执法工作的若干意见》要求,完善工作机制、规范执法行为、明确执法责任。地方体育行政部门应当积极争取地方政府支持,将体育行政执法的相关职责纳入相对集中行政处罚权综合执法范围,也可以依法委托综合执法机构承担。依法委托综合执法机构承担的,应当依照法律、法规或者规章的规定,遵守委托执法程序,并向社会公示后组织实施;将委托综合执法机构的执法事项纳入地方综合行政执法指挥调度平台统一管理;对有关综合执法机构受委托组织实施的体育行政执法行为履行监督职责,并对该执法行为的后果承担法律责任。《关于进一步规范和加强地方体育行政执法工作的若干意见》还要求提升执法能力、强化工作保障。充实并加强承担体育行政执法工作基层综合执法力量的配备,科学合理设置岗位,确保队伍人员专职化与专业化。地方各级体育行政部门应当联合编制、司法行政等部门健全工作保障机制,给予综合执法机构人员编制、工作经费等方面的支持,保障执法工作需要。

再次,《关于进一步规范和加强地方体育行政执法工作的若干意见》要求回应社会关切、加强宣传教育。按照突出重点、务求实效原则,聚焦体育领域与市场主体、人民群众关系最密切的行政执法事项,着力解决反映强烈的突出问题,让市场主体、人民群众切实感受到改革成果。畅通投诉受理、跟踪查询、结果反馈渠道,鼓励支持市场主体、人民群众和社会组织、新闻媒体对行政执法行为进行监督。广泛宣传体育行政执法工作中的先进经验和典型做法,发挥先进示范引领作用。

最后,《关于进一步规范和加强地方体育行政执法工作的若干意见》要求地方各级体育行政部门在具体落实中,不断转变管理理念、体制和方式,严格规范执法裁量权的行使,坚持严格规范公正文明执法,逐步建立权责明晰、管理优化、执法规范、运行高效、监管到位的地方体育行政执法管理体制。

(二)规范体育行政执法程序

2021年,体育总局和地方各级体育行政部门对于体育行政执法程序进行进一步规范。天津市南开区体育局围绕行政执法体系和制度建设,全力推行行政执法公示制度、执法全过程记录制度、重大执法决定法制审核制度。在工作中严格落实双人执法制度,做到执法过程留痕和可回溯管理,积极推进法律顾问制度,聘请专业律师作为局法律顾问。

为了加强对行政执法信息的记录、收集和管理,规范行政执法行为,保护公民、法人和其他组织的合法权益,银川市体育局办公室印发了《银川市体育局行政执法全过程记录实施办法》。为建立健全行政执法公开机制,提高行政执法工作透明度,规范行政执法行为,切实保护公民、法人和其他组织的合法权益,山东省潍坊市昌乐县制定《昌乐县教育和体育局行政执法程序》。

(三)创新体育行政执法手段

创新体育行政执法方式是提升执法规范化水平、破解传统行政执法难题的有效路径。在创新体育行政执法方式方面,浙江省江山市推动网上办事服务,严格落实市级政务服务事项"零跑腿"的要求,积极推进"互联网+政务服务"工作,及时公布一次性办好清单,借助互联网,努力为人民群众提供更好的体育公共服务。建立"双随机、一公开"机制,对经营高危险性体育项目进行监督检查,向社会公布所有公共体育服务事项内容,审批事项全部网上申办,进一步提高了办事效率。此外,广东省深圳市福田区文化广电旅游体育局率先推出数字文体执法平台,该平台设置执法管理、数据管理、商家管理、近期执法公告四个模块,集现场取证、信息查询、分级监管、双向管理于一体,利用人脸识别技术,实现行政检查全流程在线处理、数据全留痕和闭环监督,2021年该平台人脸识别正确率达99%,传统执法检查平均耗时29分钟,平台执法耗时更少,并可生成2份合法有效笔录,大幅提升了执法效率。

五、体育行政权力制约监督体系逐渐健全

体育部门应坚持用制度管权、管事、管人,使决策权、执行权、监督权既相互制约又相互协调,完善各方面监督制度,坚决杜绝形式主义、官僚主义。坚持从自身做起,切实转变体育行业作风。发挥群众监督和舆论监督作用,全面推进政务公开,坚持以公开为常态、不公开为例外原则,完善体育部门政府信息公开制度。建立体育部门新闻发言人、突发事件信息发布等制度,及时回应社会关切。

(一)加强权力制约监督

体育总局及地方各级体育行政部门深入学习《中共中央关于加强对"一把手"和领导班子监督的意见》,不断强化责任担当和风险意识。2021年11月29日,中央纪委国家监委驻体育总局纪检监察组与体育总局党组2021年第二次专题会商会在京召开,会议强调要深入学习领会习近平总书记有关重要论述,充分认识加强对"一把手"和领导班子监督的重要性和紧迫性,在监督对象上聚焦"一把手",在监督内容上突出政治监督,在监督责任上坚持谁授权谁负责、谁任命谁监督,在监督方法上贯通党委全面监督和纪委专责监督,强化同级监督,形成监督合力。该会议还通报了2021年5月份召开的防范化解体育领域风险工作专题会商会提出意见的落实情况,进一步具体和强化各方主体的监督意识。

地方各级体育行政部门也在工作中深入贯彻关于加强"一把手"和领导班子监督的一系列部署要求,全面加强对各级体育行政部门"一把手"和领导班子的监督。如湖南驻省体育局纪检监察组联合省体育局党组,制定印发了《湖南省体育局系统"一把手"和领导班子监督十项措施》,严格按照中央和省委、省纪委监委要求,从建立全面从严治党主体责任考核评价机制、"一把手"述责述廉机制、局党组与驻局纪检监察组沟通会商机制等十个方面,作出

明确规定,特别是坚持"严"的主基调,进行多项制度创新,比如对落实主体责任不力不实、拒不落实纪检监察意见建议、不如实报备近亲属从业情况、不落实问题整改任务的"一把手",一律实行停职、免职等组织处理,有效增强了制度刚性。

(二)强化行政执法监督

各级体育行政部门通过专项监督深化和具体体育行政执法监督。就地方层面而言,河南、江西、广东等省的体育局印发关于开展全省体育系统经营高危险性体育项目行政执法监督检查的通知。以河南省为例,组织行政执法监督检查的范围包括:辖区内经营高危险性体育项目基本情况,包括场所数量、经营情况、社会体育指导人员和救助人员数量等情况;贯彻落实《经营高危险性体育项目许可管理办法》的情况;高危险性体育项目经营许可证制作及颁发情况;对经营高危险性体育项目进行执法监督检查及行政处罚情况,包括与当地市场监管等部门联合执法检查情况、综合执法大队执法情况;各县(市、区)执法队伍建设情况,包括有执法证的工作人员数量、参加当地业务培训情况、开展体育执法情况。

(三)强化社会监督

体育总局注重社会监督作用,坚持政务公开,强调发挥群众监督和舆论监督,畅通群众投诉举报渠道,依法及时查处体育领域违法乱纪行为;强化规划落实的社会监督,确保规划总体目标任务如期完成。具体体现在:其一,加强信息主动公开。严格履行政府信息公开法定义务;做好规划计划发布工作,发布《"十四五"体育发展规划》,通过政府网站、《中国体育报》等渠道发布《一图读懂"十四五"体育发展规划》,发布《全民健身计划(2021—2025年)》,促进全民健身更高质量发展。其二,聚焦体育强国,加强解读宣传工作,把法治宣传教育与全民健身、奥运备战等重点工作紧密结合;做好体育信息宣传和公开工作,增强中国奥委会微博账号和体育总局抖音、快手、头条账号以及学习强国体育频道的覆盖面和影响力。其三,加强赛事活动信息公开,加强北京冬奥会备战方面新闻宣传和信息发布工作,加强群众体育活动信息公开。其四,坚持依法依规做好依申请公开工作。2021年,体育总局通过政府网站互动平台、信函等渠道收到政府信息公开申请18件次。其五,提升服务效能,加强信息公开平台建设。进一步提升体育总局政府网站的传播力、引导力和公信力,加强政府信息整合和统一发布。

在地方层面,各地积极通过推动政务公开强化社会监督。2021 年,浙江省江山市体育局坚持推动政务公开,深入贯彻落实全市政务公开推进会精神,按照"以公开为常态、不公开为例外"的原则,做好政府信息公开工作。在拟定公文时,明确界定公开属性;制定主动公开基本目录;建立信息管理动态调整,将"五公开"要求落到实处;主动公开了财政预算、财政决算和"三公经费"使用情况等信息,并对各事项进行了细化说明。

江苏省苏州市坚持以公开为常态、不公开为例外原则,加大政务公开力度,做好依申请公开工作;进一步完善政府信息公开审查机制,积极推进重点领域信息公开,做好重大政策解读工作;制定出台了《苏州市体育局政府信息公开保密审查制度》。2021 年度,苏州市体育局按时公布财政预算、重大建设项目批准和实施、社会公益事业建设等领域的信息,依法落实决策、执行、管理、服务、结果"五公开"。

(四)强化政府督查

体育总局跟踪督促相关改革事项落实,要求对照改革要点及事项开展改革督查工作,并通过多主体参与、多元化方式具体加强政府督查工作。如2021 年 1 月 10 日,体育总局冰雪安全检查督导组到济南蟠龙山滑雪场,进行冰雪运动场所安全生产工作监督检查。5 月 30 日,体育总局督导组赴陕西督导调研赛风赛纪和反兴奋剂工作。6 月 15 日至 18 日,体育总局体彩中心工作组围绕建设"负责任、可信赖、健康持续发展"的国家公益彩票的目标、"十四五"体育彩票发展规划及"十四五"时期体育彩票发展指导思想和欧洲杯期间安全运营等,赴青海开展了为期 4 天的体育彩票督导检查。9 月,体育总局办公厅、发展改革委办公厅、住房城乡建设部办公厅一行就绵阳社会足球场地建设、开发营运和管理工作展开专项调研督导。同月,体育总局工作组赴四川省督导调研社会足球场开放运营情况。12 月 29 日,体育总局督导组赴贵州红枫湖国家亚高原水上训练基地、贵州省清镇体育训练基地调研训练场馆相关工作。

体育协会法治发展报告（2021）

一、单项体育协会的法治发展现状与展望

2021年2月23日，国务院新闻办公室举行民政事业改革发展情况发布会，民政部副部长詹成付在发布会上表示，截至2020年年底，共有728家全国性行业协会、商会和67491家地方行业协会、商会按照"五分离、五规范"的要求基本完成了行政脱钩改革，完成率分别为92%和96%。其中，业务主管单位为体育总局的全国性单项体育协会有89家，绝大部分已基本完成脱钩改革。

在脱钩任务基本完成后，各全国性单项体育协会积极出台政策，采取有力措施，巩固脱钩成果，推动协会法治化发展。"三大球"项目协会聚焦"三大球"振兴工程，努力提升国家队竞技水平，全面提高"三大球"社会普及度，积极拓宽后备人才队伍建设，竞技体育、全民健身和学校体育齐头并进；冰雪项目协会借2022年北京冬奥会的契机，大力发展冰雪产业，探索人才培养新模式；乒羽项目协会以改革促备战，以赛事推改革，充分发挥传统项目优势；其他非奥项目协会立足协会脱钩现状，根据实体化改革要求，不断完善行业管理规则，积极筹备相关赛事活动。同时，在体育总局的政策指导和全国性单项体育协会改革的示范引领下，各地区性单项体育协会紧跟国家政策，立足本地实际，呈现与时俱进、特色鲜明和紧跟政策的特点。单项体育协会法治发展从2021年开始进入新的历史阶段。

（一）全国性单项体育协会

2021年，全国性单项体育协会在加强党建引领和行业内部监督的同时，积极开拓创新，激发自身活力，持续提升治理能力，实现规范有序发展，全国性单项体育协会法治建设逐步进入高质量发展阶段。

1. "十四五"体育发展规划指明协会法治发展方向

在《体育强国建设纲要》《关于促进全民健身和体育消费 推动体育产业高质量发展的意见》等政策文件相继发布后，2021年，体育总局对外公布《"十四五"体育发展规划》，中国单项体育协会步入新的法治发展阶段。各全国性单项体育协会深入贯彻落实习近平法治思想，用法治方式推动体育协会发展，深化"放管服"改革，全国性单项体育协会、全国综合性运动会、"三大球"振兴工程以及冰雪项目改革稳步推进，逐步完善社会办体育的体制机制，依托国家政策和社会力量，努力增强体育内生动力，激发体育发展活力，以形成单项体育协会法治发展新模式。

2. 党建引领和监察监督为协会法治发展保驾护航

单项体育协会在推进体育强国建设中起着至关重要的作用。只有理顺单项体育协会党建工作的管理体系，形成党建引领协会发展的新机制，各单项体育协会的独特优势和功能作用才能有效显现。2021年，各单项体育协会深入学习贯彻习近平总书记"七一"重要讲话精神和十九届六中全会精神，进一步加强各协会党建工作，切实发挥党组织在单项体育协会中的政治引领作用和监督作用，全面贯彻落实《体育强国建设纲要》《全民健身计划纲要》，并根据自身特色进一步加强党组织建设，认真履行全面从严治党主体责任。为落实"党建引领备战，备战融入党建"的工作思路，各单项体育协会及国家集训队开展了一系列党建教育活动，将运动员政治思想教育融入日常的训练工作中，政治思想工作和训练成绩都取得积极成效。

2021年，为巩固全国性单项体育协会改革的现有成果，各全国性单项体育协会召开体育协会监督管理专题会议，根据纪委监委驻体育总局纪检监察组印发的《关于对体育协会实施监察监督的意见》，推进全面从严治党、党风廉政建设和反腐败工作，依法依规加强对各体育协会的监督管理；依法将体育协会行使公权力的人员纳入监察范围，进一步细化监察监督的措施和方法，推进新时代协会高质量发展；同时，进一步强化党对各单项体育协会的政治引领和依法管理，始终坚持"四个导向"，坚决消除"四种倾向"，积极推动"四责协同"，认真落实"四大举措"。

3. 奥运会助推"三大球"等集体球类项目全方位发展

2020年东京奥运会的成功举办，对"三大球"以及手球、曲棍球、棒球、垒球、橄榄球、水球等集体球类项目的普及与提高起到了重要的推动作用。

《"十四五"体育发展规划》要求加强对集体球类项目的布局和扶持,构建政府主导、部门协同、社会力量积极参与的集体球类项目训练、竞赛和后备人才培养体系。据此,相关单项体育协会积极发展青少年集体球类运动,大力推动集体球类项目进校园,组织开展内容丰富、形式多样的青少年集体球类活动。同时,推动有条件的大中小学兴建集体球类项目场地,组建运动队,鼓励地方与高校、俱乐部以及其他社会力量联办共建集体球类项目专业队,支持组建集体球类项目职业俱乐部。其中,"三大球"项目协会的表现尤为突出,为"三大球"振兴工程作出了重要贡献。具体表现在:

(1)强化内部管理,努力提升国家队竞技水平

加强中国篮球运动反兴奋剂工作是2021年中国篮球协会(以下简称"中国篮协")推出的一项重要工作。为进一步巩固中国篮球在东京奥运会实现的反兴奋剂工作成果,2021年12月初,中国篮协修订了《中国篮球协会反兴奋剂管理办法》,使各会员单位反兴奋剂工作有法可依、有章可循。此外,中国篮协还制作了反兴奋剂宣传海报和宣传视频,用以在全国篮球领域强化反兴奋剂宣传教育工作,实现反兴奋剂宣传教育全覆盖,同时要求各联赛,其中包括中国职业篮球联赛(Chinese Basketball Association,简称"CBA")、中国女子篮球甲级联赛(Women's Chinese Basketball Association,简称"WCBA")、全国男子篮球联赛(The Men's National Basketball League,简称"NBL"),指定专人担任反兴奋剂联络员,负责落实篮球项目反兴奋剂的相关工作。

中国篮球在2021年奥运赛场上也有不俗的表现,在首次亮相奥运会的三人制篮球赛中,中国三人女篮喜获铜牌,这是中国篮球时隔29年后再次获得的一枚宝贵的奥运奖牌,是中国篮球的全新荣誉,为中国篮球事业注入了新的活力。为提升国家队竞争力,全力备战2024年巴黎奥运会,中国篮协在东京奥运会后宣布成立国家队建设委员会,通过制定国家队标准和备战规划、建立运动员选拔和培养机制、建立教练员及团队激励机制和保障体系等方式,积极助推中国篮球整体发展。

(2)践行社会责任,全面推进全民健身运动

2021年恰逢中国女排首获世界冠军40周年。2021年9月,女排精神被纳入中国共产党人精神谱系。中国排球协会(以下简称"中国排协")在基本完成脱钩后,在加强内部组织建设,深化实体化改革,努力提升竞技排球水平的同时,依托女排精神的传承和体教融合政策,大力推进排球的社会化,推广

社会排球尤其是青少年排球,为中国排球的长远发展储备人才力量。12月,"红色百年·女排魂·中国梦"气排球湖湘行系列活动圆满举行,这项活动让体育与红色文化充分融合,吸引了众多气排球爱好者参赛,这项活动在推广气排球的同时,也传递了顽强拼搏的女排精神。

中国足球协会(以下简称"中国足协")也在积极践行中国足球的社会责任。"2021中国足协梦想中国"社会责任活动在杭州启动,作为品牌公益项目,中国足协联合各会员协会以及公益机构、企业、俱乐部等,进一步践行中国足球的社会责任,切实发挥中国足球的正能量,发挥足球运动的社会公益价值。

(3)深化体教融合,积极充实后备人才队伍

2021年12月21日,《中国篮球运动发展报告》正式发布。篮球被认为是集体球类第一运动,有74.9%的公众愿意选择篮球运动作为主要体育技能。青少年篮球和社区篮球具有较大的发展空间和前景,公众篮球赛事的价值也随之日益凸显。除了顶尖的国际篮球赛事以外,"小篮球""CUBA"等品牌赛事对青少年的吸引力正与日俱增,中国篮协对小篮球和青少年篮球的支持力度也在不断加强。由体育总局青少年体育司、中国篮协、中国中学生体育协会联合支持的全国青少年篮球公开赛(National Youth Basketball Open,简称"NYBO")2020—2021赛季春季赛和秋季赛,在北京、海口、西安、开封、长沙和长治等多地举行。这项赛事对大力推广篮球运动,培养青少年团队合作、拼搏进取的体育精神起到了重要的推动作用。12月18日,首届少年CBA全国挑战赛在济南开赛,这些参赛小球员均是2006年1月1日至2008年12月31日之间出生的,参赛球队均是各地市体育局、教育局、篮协、CBA俱乐部推荐的高水平传统强队,这些强队是国家培育和储备篮球后备力量的重要平台。

2021年是中国足球新的改革元年。作为"三大球"之一,足球在全民健身和学校体育中拥有广泛的参与者。一方面,国家深化体教融合,大力推广校园足球运动的全面普及;另一方面,中国足协不断优化青训体系,通过优化竞赛工作方案,出台全新的联赛制度,构建多层级的地方青少年联赛体系,为国家队储备人才。2021年4月,中国足协男足青训部在大连足球青训基地组织了2021年第一期精英青训教练员培训班,着力培养我国本土精英青训教练员,切实提升青训教练员的理论和实践水平。9月至10月,中国足协副主席高洪波率中国足协精英青训教练员团队在上海、大连等地进行《中国足协

青少年训练大纲》宣讲会，介绍了中国足协青少年足球竞赛体系、《中国足协青少年训练大纲》及中国青少年足球训练需要加强的"四个重点"。

为加强排球后备人才培养，中国排协多措并举，推动体教融合。2021年7月，中国排协在北京与全国体育运动学校联合会签订战略合作协议。11月，在青岛举办2021年全国青少年女排"希望之星"训练营暨全国优秀青少年排球教练员训练教学实践培训班。12月，由体育总局青少年体育司主办、中国排协等单位承办的2021年全国体育传统项目学校排球联赛，在潍坊市体育运动学校举行。这些培训活动和赛事有力推动了高水平后备人才的培养和选拔，同时也有效促进了青少年的身心健康。各项赛事活动的成功举办对弘扬新时代女排精神，深化体教融合，促进青少年健康成长，推动青少年排球健康发展具有重大意义。

4. "带动三亿人上冰雪"推动冰雪项目飞速发展

2021年，在《"带动三亿人参与冰雪运动"实施纲要（2018—2022年）》的指引下，冰雪运动"南展西扩东进"的步伐逐步加快。中国滑冰协会、中国滑雪协会等冰雪项目协会纷纷借势北京冬奥会，加强党建引领，深化实体化改革，完善内部管理和运行机制；加强市场推广，吸引社会资本，发展冰雪产业；举办各类冰雪项目赛事，全方位融入社会力量，加大冰雪项目普及推广的力度；不断优化赛事体系，创新赛事制度，深化选拔体系改革，加强国家运动员培养和思想政治建设，充分调动冰雪运动员的训练积极性，增强使命感和责任感。

此外，为贯彻落实中共中央办公厅、国务院办公厅《关于全面加强和改进新时代学校体育工作的意见》，推动冰雪运动体教融合发展，扩大冰雪运动在青少年中的影响力，通过冰雪运动提升青少年身体素质、助力体育强国建设，各冰雪项目协会携手教育行政部门，在学校体育中推广冰雪运动。2021年4月15日，为进一步深化体教融合、促进青少年滑冰运动的普及和发展，中国滑冰协会在北京景山学校远洋分校举办"体教融合·植根计划"行动启动暨石景山区实验基地授牌仪式，该计划立足滑冰项目实际，通过联通各界资源，发挥单项体育协会专业作用，探索体教融合新模式，推动青少年文化学习和体育锻炼协调发展，帮助青少年掌握滑冰技能，增强身体素质。

5. 体教融合让体育社会组织"破局"进校园

2021年4月21日，全国青少年体育工作会议在广西桂林举行，会议要求以深化体教融合为抓手,积极构建面向全体青少年的健康促进体系,强化青少年体育训练体系,完善青少年体育竞赛体系。这"三大体系"是互为融合的有机整体,对全面落实体教融合工作具有很强的指导意义。为深入推进体教融合工作,各单项体育协会充分发挥协会的专业性和权威性,以足球、篮球、排球、冰雪等运动项目为引领,并根据项目特点和改革进展情况,积极推进体育俱乐部走进校园。为保证体教融合质量,各单项体育协会纷纷出台措施,发展青少年体育俱乐部,努力构建衔接有序的社会体育俱乐部竞赛、训练和培训体系,并积极向政府落实相关税收政策,在场地建设、器材购置等方面争取政策支持。同时,各单项体育协会通过各种渠道为学校体育活动提供指导,普及体育运动技能,部分地区通过政府向体育社会组织购买服务的方式,为缺少体育师资的中小学校提供体育教学和教练服务。

(二)地区性单项体育协会法治发展情况

根据《体育强国建设纲要》《"十四五"体育发展规划》关于加强体育政策规划制定、完善体育行政部门与相关部门的工作联动机制的工作要求,截至2021年12月30日,已有上海、福建、江苏、浙江、安徽、湖北、湖南、江西、天津、陕西、山东、山西、四川、黑龙江、吉林、贵州、广西17个省市制定并发布了"十四五"时期体育发展的相关规划文件,并明确提出了规划目标。各省市根据地方实际,积极采取切实有效的措施,向规划目标努力奋进。

1. 引入智慧体育,广泛推动全民健身

《"十四五"体育发展规划》明确要求广泛开展全民健身活动,推动全民健身和全民健康深度融合,面向全人群建设更高水平的体育公共服务体系。在政策指引下,全国各地的体育行政部门和体育协会积极利用智慧体育平台,不断完善体育公共服务体系,助力全民健身驶上"快车道"。江苏省镇江市体育局联合省内各单项体育协会积极开展青少年体育相关活动,并以"体育大市口"智慧体育服务平台为服务载体,通过设立"青训专区""协会专区"、青少年体育赛事体系等内容板块,深耕线上业务场景与线下运动场景,打造供需两端同频共振的一站式青少年体育服务体系,建立从青少年体育指导、技能培训到赛事活动的全方位体教融合新路径,为全市青少年养成运动习惯、提高身体素质、享受运动乐趣等需求提供多元化产品和内容支撑,并为青少年优秀体育人才培养保驾护航。甘肃省体育局联合省内各单项体育协会全力打造"甘肃体育"智慧平台,整合聚集全省体育资源,成为群众体育运动有力支撑点,不仅可提供订场购票、健身指导、器材报修等,还可通过整合场馆运营、群众赛事活动、体育培训服务、体育产业发展过程中形成的各方面数据,为体育服务模式创新、体育产品开发、赛事管理机制改革等提供数据支撑和平台依托。

2. 立足地方实际,发展体育特色产业

在"2021中国(成都)国际体育服务贸易及装备博览会"体育产业融合展区上,成都各单项运动协会携特色体育项目亮相,既有武术搏击、爬山、体育舞蹈、花样滑冰、垒球、冰球等新兴时尚项目的单项体育协会,也有篮球、排球、羽毛球等传统大众项目的单项体育协会。辽宁作为冰雪项目大省,积极响应国家"带动三亿人参与冰雪运动"的号召,辽宁省体育局联合"中国体育彩票"举办2021—2022辽宁省百万市民上冰雪系列活动暨第五届中国·辽宁全国媒体人滑雪邀请赛。在体彩公益金的支持下,辽宁省冰雪项目活动日渐增多,专业运动员的训练比赛条件也不断改善,呈现出全民健身和竞技体育齐头并进之势。公益携手体育的有益尝试,也让更多民众感受到体彩公益的力量,符合体育日益社会化的发展趋势。

3. 积极应对老龄化,老年体育协会影响扩大

2021年11月,中共中央、国务院公布《关于加强新时代老龄工作的意见》,为实施积极应对人口老龄化国家战略,加强新时代老龄工作,提升广大老年人的获得感、幸福感、安全感,提出了具体意见。在新的时代背景下,随着"积极老龄化"政策的推进,老龄群体的服务需求已经由满足基本的生活保障转向更高要求的健康需求。2021年,各地老年体育协会多措并举推动老年体育全面发展。江苏省老年人体育协会以"踏上新征程 健康再出发"为主题的省老年人体育节贯穿全年工作,继续做优老年体育节健身品牌,助推全省全民健身活动在疫情常态化下蓬勃开展。上海积极推动老年体育示范街镇建设,在全市215个街镇中,已有约30%的街镇积极申报老年体育示范街镇。上海市老年人体育赛事的品牌效应进一步显现,赛事活动的覆盖率不断提高。广场舞是群众参与度高、具有文化属性的健身项目之一,深受广大中老年群众喜爱。11月29日,中国老年人体育协会广场舞专项委员会(以下简称"专委会")成立,由中国老年人体育协会副主席温文担任广场舞专委会主任。成立专委会是中国老年人体育协会践行积极应对人口老龄化国家战略、推动广场舞项目发展的重要举措。

4. 响应"双减"政策,地方体育协会出新招

随着"体教融合"的推进和"双减"政策的落地,青少年体育活动的有效开展成为各地体育组织关注的重要问题。2021年7月,全国青少年体育协会研讨交流会在江西举行,与会人员就加强标准建设,打造品牌赛事活动,围绕会员需求、依靠会员力量开展服务,以及支持全国体育运动学校联合会建设等方面工作达成共识。10月,北京幼儿体育协会正式揭牌成立,标志着在"双减"政策背景下,北京市在开展幼儿体育活动、实施健康儿童计划方面率先迈出了坚实的步伐。据体育总局青少年体育司负责人介绍,青少年体育司原来是做7至18岁青少年的体育工作的,现在扩大到3至18岁。由于体育行政部门力量有限,需要大力扶持、支持社会力量办体育,以便为孩子的健康成长提供更好的服务。此外,北京幼儿体育协会推出"北京幼儿体育大会""北京幼儿教师体育专项能力培训"等项目,并以此为支撑,培育、扶持一批幼儿体育龙头企业,打造国内、国际知名品牌。"进校园活动"在山东淄博成为突破体教融合瓶颈的先手棋,并在山东全省形成示范效应,展示了无限的生机和活力。截至11月1日,淄博市体育社会组织进校园活动开展不到一年时间,进校园数量已达900多校次,惠及学生近20万人,打造国家级特色学校30个、省级特色学校9个、市级特色学校8个以及各类培训基地23个。

后备人才不足是困扰很多奥运项目的老问题。乘着北京冬奥会的东风,2021年"冰雪项目进校园"在各地全面推动,先后进入多所学校,多名学生在全国赛事中获得佳绩。同时,兰州、南京等地纷纷成立冰雪运动协会,为广大冰雪爱好者提供运动员等级申报及教练员、裁判员资格报考等服务;组织专业的教练员、运动员为各会员单位及群众爱好者进行训练指导;持续开展各类冰雪运动项目赛事活动,积极助推当地冰雪运动行业市场的良性发展,鼓励青少年参与各种冰雪运动;科学健康地普及冰雪运动,并与周边城市展开一系列合作交流活动。这些地方协会的成立对当地冰雪运动的普及和发展起到了重要的推动作用。

(三)单项体育协会法治发展路径展望

在全面依法治国背景下,推进国家治理体系和治理能力现代化,决定了中国体育发展必须在体育法治的基础上,逐步推进中国体育治理的多元化路径。推进中国体育治理体系与治理能力的现代化,既是国家治理体系和治理能力现代化的必然要求,也是深化体育改革的必由之路。2021年,国际局势不稳,多地疫情反复,国内经济下行,体育行业发展面临诸多不利因素,各单项体育协会如何有效巩固已"脱钩"成果,加强协会内部治理,在法治轨道上实现市场化和社会化管理运营,是摆在面前的重要课题。与此同时,机遇与挑战并存,《"十四五"体育发展规划》的适时公布为协会的长远发展指明了方向,为国际赛事在我国的举办提供了内在动力,"体育强国""体教融合"政策的深入贯彻营造了有利的外部环境。从现实情况来看,不论是全国性单项体育协会还是地区性单项体育协会,都在法治发展的轨道上努力前行,也取得了不俗的成绩。为进一步巩固体育协会的法治发展成果,各单项体育协会的未来发展应以《"十四五"体育发展规划》为目标指引,把握"体育强国""体教融合"政策精髓,紧跟时代发展脉络,充分利用各方资源,打造协会发展新平台。

1. 遵循《"十四五"体育发展规划》,积极谋划协会法治发展方向

《"十四五"体育发展规划》指出,要贯彻落实习近平法治思想,加快建设中国特色社会主义体育法律规范体系,以体育立法引领体育改革,用法治方式推动体育发展,提高体育行政部门依法行政能力,引导体育社会组织依法自治。目前各全国性单项体育协会基本实现脱钩,实体化改革还需要进一步深化。未来的法治发展,各单项体育协会应当以习近平总书记关于体育的重要论述和重要指示批示精神为根本遵循,坚持和完善党领导体育发展的体制机制,进一步把思想和行动统一到党和国家对体育发展的重大决策部署上,紧紧围绕体育强国建设目标,以新发展理念为引领,以推动高质量发展为主题,聚焦重点领域和关键环节,深化协会改革创新,助力体育强国建设,推动体教融合发展,坚持依法治体,依托协会力量,有力促进竞技体育、全民健身和学校体育均衡、充分发展。

2. 把握"体育强国"政策精髓,提升竞技体育发展水平

体育治理法治化是我国从"体育大国"走向"体育强国"的根本保障。《体育强国建设纲要》对加快推进体育强国建设作出了重要决策部署,对标我国社会主义现代化强国建设目标,分别提出了三个阶段的体育强国建设的奋斗目标。2020年,建立与全面建成小康社会相适应的体育发展新机制;2035年,形成政府主导有力、社会规范有序、市场充满活力、人民积极参与、社会组织健康发展、公共服务完善、与基本实现现代化相适应的体育发展新格局,体育治理体系和治理能力实现现代化。2050年,全面建成社会主义现代化体育

强国。体育强则中国强,大力发展竞技体育是构建体育强国的核心内容,是首要条件也是必要条件,同时也是硬指标。一个国家能否挖掘竞技体育的社会价值,在国际大赛中取得突出成绩,是迈向体育强国的重要一环。各单项体育协会应当在巩固"脱钩"改革的基础上,激发自身活力,规范协会活力,创新赛事制度,优化选拔体系,积极为国家竞技体育发展挖掘和储备优秀人才。

3. 多措并举搭建平台,让协会成为"体教融合"的重要桥梁

体育强国不仅是竞技体育的领先,全民健身的广泛开展、青少年和学校体育的高质量发展,也是体育强国的重要标志。少年强则国强,《体育强国建设纲要》明确将促进青少年提高身体素质和养成健康生活方式作为学校体育教育的重要内容,把学生体质健康水平纳入政府、教育行政部门、学校的考核体系,全面实施青少年体育活动促进计划。各单项体育协会应当采取有力措施,加强体制改革、机制创新,在学校和体育社会组织之间积极搭建"双选平台",深入推进体教融合纵深发展。如搭建各类体育竞技平台,促进青少年竞技体育水平的提升;搭建多元体育培训平台,推动青少年体育运动的全面普及;还可搭建全民健身交流平台,扩大体教融合的社会覆盖面;全力打通体育和教育的"最后一公里",构建新时代体教融合新格局,强力补齐青少年体育运动的短板,加强国家竞技体育后备人才的培养力度。

4. 把握时代发展脉络,让协会成为智慧体育的重要平台

只有把握时代脉络,紧跟社会热点,才能实现体育协会的长远发展。有效应对我国人口老龄化,事关国家发展全局、亿万百姓福祉以及社会和谐稳定,对于全面建设社会主义现代化国家具有重要意义。实施全民健身战略,发展体育事业,提高人民健康水平,是推进"健康中国"建设的重要内容。随着老龄化问题的日益加剧,老龄群体体育健康活动的有效开展和推进必将成为老龄体育协会工作的重要一环。"双减"政策的落地与"体教融合"的深化,对未成年人群体的体育活动开展提出了更高的要求。为了儿童青少年的健康成长,在"双减"落实的同时也应推动"双增",即增加学生参加户外活动、体育锻炼、艺术活动、劳动活动的时间和机会,增加接受体育和美育方面课外培训的时间和机会,体育协会也因此有了更多发挥作用的空间。时代在发展,"创新""智能""数字化"等字眼已多次出现在中共中央和国务院的各种报告和规划中。在大健康产业发展的背景下,积极打造数字体育、数字运动和智慧体育场馆,用智慧体育赋能体育产业,推进体育与康养、教育、赛事

等公共服务体系的构建和发展,这都是各单项体育协会实现高质量法治发展的努力方向。

二、"三大球"项目协会法治发展报告

2021年10月,体育总局发布《"十四五"体育发展规划》,对未来五年我国体育事业发展进行了全面部署。其中,围绕"三大球"振兴发展的问题,《"十四五"体育发展规划》全文多次提及。"十四五"时期,我国进入新的发展阶段,对体育事业发展提出了更高的要求,"三大球"项目的全面振兴成为体育强国建设中不可或缺的重要内容。2021年,中国"三大球"项目在世界大赛中的表现均不太理想,和世界先进水平还存在较大的差距,职业赛事发展面临重重困难,在体教融合的背景下,青少年体育的发展任重道远。"十四五"期间,项目协会如何科学、高效地推动"三大球"项目的发展,关乎我国体育事业发展的全局。

(一)篮球

篮球运动在中国是普及程度较高的运动项目之一,中国篮协的实体化改革也一直都走在各单项协会的前面。近年来,中国篮协在打造篮球赛事品牌、发展小篮球运动方面取得了明显的成效,国内篮球职业赛事越来越受到普通老百姓的关注,参与篮球运动的人口基础也在不断扩大。但是,随着中国男篮无缘东京奥运会,中国女篮在东京奥运会受挫,篮球国家队在2021年步入低谷,逐渐拉大与世界强队之间的距离,给中国篮协今后的工作带来了压力和挑战。面对重重压力,中国篮协以下几个方面持续深化改革,力图不断提升我国篮球治理能力和治理水平。

1. 加强国家队建设,全力备战新的奥运周期

2021年对中国篮球来说,是砥砺前行的一年,由于东京奥运会在这一年举办,中国篮球国家队承受了较大的竞赛压力。背负中国篮球最多期待的中国男篮自1984年以来,首次无缘奥运会,上升期的中国女篮也在东京奥运会遭遇了挫折,距四强一步之遥。为了提升国家队的竞争力,全力备战巴黎奥运会,11月26日,中国篮协宣布成立国家队建设委员会,旨在把握世界篮球运动趋势,推动国家队建设的开放、交流、融合,强化对教练员、运动员、复合型团队的集中统一管理,增强国家队为国争光的能力。国家队建设委员会的核心职能主要包括:制定、执行国家队建设标准和巴黎奥运会备战规划;建立

运动员、教练员的选拔、征召、培养机制;制定、执行队伍训练、参赛和反兴奋剂计划;发挥数字技术等先进技术在国家队建设、技战术分析、后备力量储备中的基础性作用;建立教练员、运动员及复合型团队激励机制和保障体系;建设国家队团队文化等。在新的奥运周期备战期间,国家队建设委员会的成立,体现出了中国篮协对国家队竞技成绩的高度重视,提高了教练员和运动员选拔的透明度,对于中国篮球的整体发展,将起到积极的推动作用。

2. 成立反兴奋剂委员会,坚决推进反兴奋剂斗争

兴奋剂严重损害国家形象,严重摧毁体育精神,严重损害运动员的身心健康。习近平总书记高度重视体育领域的反兴奋剂工作,多次对反兴奋剂工作作出重要指示,要求坚决推进反兴奋剂斗争,对兴奋剂问题"零容忍"。为了落实体育总局反兴奋剂长效治理体系建设的要求,2021年,中国篮协成立了中国篮协反兴奋剂委员会,从以下两个方面全面推进篮球领域的反兴奋剂工作。

圆满完成国家队备战期间兴奋剂问题"零出现""零容忍"目标。2021年上半年是中国女篮、中国三人男篮和中国三人女篮备战东京奥运会,中国男篮备战世界杯预选赛的关键时期,反兴奋剂工作任务尤其繁重。为了加强国字号球队运动员和相关工作人员的反兴奋剂意识,中国篮协力抓责任分工,明确了四支备战队伍反兴奋剂第一责任人,对四支备战队伍开展反兴奋剂知识教育讲座十余次。从2021年1月到东京奥运会结束,四支篮球备战队伍共接受兴奋剂检查268人次,其中赛内检查12例,赛外检查256例,完成了国家队备战期间兴奋剂问题"零出现、零容忍"目标。在联赛层面,中国篮协同样全面开展了反兴奋剂工作,在2021年NBL联赛及2021—2022赛季WCBA联赛开赛之前,中国篮协组织各参赛队所有参赛运动员、教练员及队医参加了反兴奋剂知识培训,并现场组织了反兴奋剂宣誓,所有参赛队员均签署了反兴奋剂承诺书。同时,CBA公司与中国反兴奋剂中心签署了反兴奋剂合作协议,将在联赛中开展反兴奋剂宣传教育,并加强赛内兴奋剂检查工作。

加强反兴奋剂工作制度建设。2021年,中国篮协通过完善反兴奋剂工作的各项制度,使反兴奋剂工作有规可依、有章可循。1月29日,中国篮协印发了《关于奥运备战国家集训队入队反兴奋剂工作准入培训考核有关事宜的函》,要求各有关单位、俱乐部积极引导运动员做好反兴奋剂入队准入培训及考核工作。2月2日,中国篮协同时印发《关于进一步加强篮球国家队运动员

反兴奋剂若干问题管理工作的通知》及《关于各奥运备战国家队建立反兴奋剂工作日报机制的通知》，要求各国家队强化对运动员的教育、培训和监管工作，实施国家队反兴奋剂日报制度。2月20日，中国篮协印发《关于进一步加强国家队运动员反兴奋剂管理工作补充规定的通知》，明确规定了对国家队运动员相关违纪问题的处理、处罚细则。7月5日，中国篮协印发《关于对奥运备战热身赛兴奋剂防控工作要求的函》，对各赛区承办单位的反兴奋剂工作进行了具体规定。12月6日，中国篮协印发《中国篮球协会反兴奋剂管理办法》，进一步明确了反兴奋剂工作的基本工作原则、工作职责、工作机制和工作制度。以上规章制度的出台，明确了国家队、俱乐部和相关单位反兴奋剂工作的责任，为圆满完成国家队备战期间兴奋剂问题"零出现""零容忍"目标奠定了坚实的基础。

3. 发布《中国篮球运动发展报告》，为科学决策提供依据

2021年12月23日，中国篮协举办了《中国篮球运动发展报告》（以下简称《报告》）发布会。该《报告》是由中国篮协启动的篮球运动可持续、高质量发展12个专题研究中的重要课题"中国篮球运动多元价值社会认知"的成果与结晶，有助于更好地推动中国篮球运动的发展，为科学决策提供依据。该课题旨在揭示民众对于篮球运动的态度和锻炼行为，为中国篮协制定"十四五"篮球运动发展规划提供建议。课题组从体育社会学角度出发，开展了各类机构和人群的篮球运动态度与行为调研，在广泛调研的基础上形成了该《报告》。《报告》指出，全国6—65岁人口中，打篮球的人口比例为10.9%，将篮球作为主要体育运动的人口比例为6.7%，在所有球类项目中居首位，在所有体育运动中位于前列；在15—25岁年龄段的人口中，打篮球的比例达20%；就性别差异问题而言，在所有球类运动中，不同性别参与篮球运动的比例差异最大。《报告》认为，公众及青少年对篮球项目的认可度居三大球类运动之首，篮球运动最有利于培养包容性，适合不同阶层和不同职业的人群参与。同时，《报告》还对不同职业、不同阶层和不同性别的人口参加篮球运动的比例，以及公众最喜爱的中国球员和外国球员进行了公布。

《报告》描述了中国篮球人口画像，分析了篮球运动目标认知与价值认知、篮球消费与篮球培训市场、篮球运动员职业生涯与发展规划等问题，是中国篮球领域较为全面的综合性主题调查报告。《报告》将为中国篮协下一步改革发展提供坚实的认知基础和决策依据，同时为相关从业者全面了解中国

篮球运动发展现状提供了翔实的研究数据。

4. 深化"体教融合",大力发展青少年篮球

青少年篮球一直是中国篮协的工作重点之一。在体育总局和教育部联合印发《关于深化体教融合 促进青少年健康发展的意见》的基础上,2021年,中国篮协积极与教育部门展开沟通与合作,共同推进篮球领域的"体教融合",在职业化的青少年篮球赛事及义务教育、高中、大学阶段的学生体育赛事方面进行了一系列的改革。通过深化"体教融合",加强对篮球后备人才的培养。

"小篮球,大梦想。"为了让12岁以下的孩子有更多机会接触篮球、喜爱篮球,2021年3月22日,中国篮协发布《关于继续支持举办2021中国小篮球系列活动有关事宜的函》,明确中国篮协将联合中国中学生体协继续在全国范围内指导和支持各省、自治区、直辖市、计划单列市篮球协会举办中国小篮球系列活动。8月3日至8月19日,中国篮协在山东省济南市、重庆市、云南省昆明市举办了中国小篮球系列活动大区夏令营,进一步规范了小篮球的竞赛办法。2021年,中国小篮球联赛活动走进全国31个省、自治区、直辖市,影响与日俱增。

在高校方面,随着"体教融合"不断深化,越来越多的职业球员将出自大学校园。2021年7月,CBA选秀大会在青岛举办,一共有87名球员参选,其中43人出自校园篮球,在30名入选的球员中有17名是大学生球员,两项数据均创下历史最高,校园篮球成为中国篮球的重要人才来源。随着中国大学生篮球联赛的影响逐渐扩大,越来越多的大学生球员得到了展示自身能力的机会。

(二)足球

发展和振兴足球,是建设体育强国的必然要求,也是人民群众的热切期盼。2021年是《中国足球改革发展总体方案》颁布的第六年,是中国足协正式与体育总局脱钩的第六年,同时也是中国足球面临重重考验的一年。为了解决足球事业发展的主要困难和问题,中国足协在以下几个方面持续深化改革,力图不断提升我国足球的治理能力和治理水平。

1. 全面深化改革,促进职业联赛健康发展

职业联赛是中国足球发展的中枢。为了促进职业联赛健康发展,2021年,中国足协围绕《进一步推进足球改革发展的若干措施》,在优化俱乐部的

运营模式、控制中超俱乐部资金投入、适当降低球员薪酬水平等方面实行了一系列具体的改革措施。

推动俱乐部名称非企业化变更。早在2015年3月8日,由国务院办公厅印发的《中国足球改革发展总体方案》就明确了"推动实现俱乐部的地域化,鼓励具备条件的俱乐部逐步实现名称的非企业化""努力打造百年俱乐部"。2020年12月14日,中国足协发布了《关于各级职业联赛实行俱乐部名称非企业化变更的通知》。通知发布后,各职业俱乐部积极响应并大力支持,纷纷于2021年年初积极开展了俱乐部名称非企业化变更工作。截止到2021年3月,有57家职业足球俱乐部已经顺利完成了名称非企业化变更。俱乐部名称非企业化这一举措对解决我国职业足球俱乐部建设和发展中的现实问题、推动我国足球事业改革发展的顺利进行具有重要的意义。

优化俱乐部运营模式。为了杜绝职业俱乐部非理性投资,彻底解决"金元足球"对中国足球发展带来的危害,优化俱乐部运营模式迫在眉睫。2021年,中国足协坚决执行"2020中国足球职业联赛专项治理工作会议"的相关细则,控制中超俱乐部资金投入、适当降低球员薪酬水平,如中超俱乐部年支出不得超过6亿元人民币,超一线队本土球员年薪不高于税前500万元人民币,外援年薪不高于税前300万欧元。对违反"限投限薪政策"的俱乐部,执行"最多扣除24个联赛积分""取消成绩""降级"等重罚。2021年,受"限投限薪政策"的影响,许多大牌外援被挡在了中超联赛的门槛外。尽管在短期内中超联赛的水准会下滑,但是从长远来看,各俱乐部将会更加重视对本土年轻球员的培养,有利于职业联赛的良性发展。

2. 加强顶层设计,促进校园足球与青训体系深度融合

2021年,体教融合成为中国足球青训事业的重点和热点。在体育总局和教育部联合印发《关于深化体教融合 促进青少年健康发展的意见》的基础上,体育总局发布了《"十四五"体育发展规划》,以推动体教融合作为促进青少年健康成长的着力点,为推动足球领域的体教融合进一步指明了方向。抓好青训是中国足球发展的必由之路,中国足协力图通过校园足球来构建和优化青训体系,以解决足球青训长期以来存在的种种弊病。

1月12日,全国青少年足球体教融合工作沟通会在北京举行,中国足协和教育部就青少年竞赛体系深度融合等问题进行了沟通,足球领域的体教融合迈出了坚实的步伐。同日,中国足协印发了《关于鼓励俱乐部梯队球员融

入校园竞赛平台的指导意见及 2021 年青少年男足竞赛计划方案(建议稿)》,中国足球青训体系迎来重大变革。方案提出,未来足协将主攻 U16 及以上赛事,U15 及以下赛事将以体教融合赛事为主体;鼓励各俱乐部的梯队球员及社会青训单位学员,参加由中国足协与校足办共同主办的各级体教融合足球赛事;鼓励俱乐部将梯队球员下放至学校,与学校、地方足协共同支持青训。在方案的基础上,6 月 2 日,中国足协正式发布《中国青少年足球联赛暨中国足协全国青少年足球联赛男子初中年龄段 U13、U15 竞赛工作方案》,提出联赛跨年、利用寒暑假和周末的时间举行赛事等举措,以保证青少年球员在义务教育阶段的文化学习。全新的联赛制度能有效解决足球青训长期以来存在的学训矛盾,家长和孩子不用过早地做"选择题",让更多的孩子踢球成为可能。同时,全国青少年足球联赛将更多地发挥地方协会的作用,逐步建立多层级的地方青少年联赛体系,让更多的孩子有机会参加地方赛事,给更多的孩子追梦的机会。

10 月 5 日,由中国足协主办,体育总局、教育部为业务指导单位的 2021 年中国青少年足球联赛暨中国足协全国青少年足球联赛(男子初中年龄段 U13/U15)正式拉开帷幕。但是,受疫情防控的影响,中国足协于 11 月 26 日宣布取消原定于 11 月举行的 2021 年度全国青少年足球联赛 U13 和 U15 组总决赛阶段的比赛。对于中国足协来说,探索在疫情防控的前提下如何保障全国青少年足球联赛的顺利举办,有序推进足球领域的体教融合,成为当前青训工作方面面临的重大挑战。

3. 加强队伍建设,提升国家队竞技水平

中国足球国家队的建设和管理一直是备受社会关注的重点。2021 年,面对奥运会和世界杯预选赛等重大比赛的失利,对国家队进行改组,加强国家队的建设和管理已经迫在眉睫。足球国家队各相关部门亟须按照足改方案精神,尽快理顺管理体制机制,完善国家队教练员、运动员选拔制度,加强国家队作风建设,以实现改组之后的平稳过渡。

国家队主教练的岗位关键,责任重大,完善国家队主教练的选拔制度,是中国足协 2021 年度的重点工作之一。东京奥运会后,原中国女足主教练贾秀全离任。10 月 8 日,中国足协发布中国女足国家队主教练选聘工作的通知,明确规定女足主帅的应聘要求为:具有中国国籍和拥有 U19 及以上国字号队伍、女足超级联赛队伍以及国内顶级联赛队伍执教经验,同时竞聘者的年龄要在60周岁以下。11月18日,中国足协发布公告,由上海女子足球队主教练水庆霞担任中国国家女子足球队主教练。12月3日,中国足协宣布同意李铁辞去中国国家男子足球队主教练职务,在广泛征求意见的基础上,决定聘任李霄鹏担任中国国家男子足球队主教练职务。

要打造一支作风优良、能征善战的国家队,必须加强对国家队运动员的管理。12月28日,体育总局公开向社会发布了《关于政协十三届全国委员会第四次会议第4968号(医疗体育类624号)提案答复的函》,针对《关于中国足球振兴刻不容缓的提案》,重点提到《中国足球协会国家队运动员管理办法》的重新修订,其中对各级国家队运动员提出了明确的纪律要求。要求切实加强国家队运动员的生活、训练、比赛等方面的管理工作,充分展示中国足球运动员积极向上的精神风貌,做好社会表率。在对各级国家队运动员的具体要求中,国家队及U23国家队运动员严禁有新的文身,对已有文身者劝诫其自行清除文身,如有特殊情况经队伍同意后必须在训练、比赛过程中对文身进行遮挡;U20国家队及以下各级国家队,严禁征调有文身的运动员。同时,当前国内的足球队建制中基本已无省队概念,对于在俱乐部违规违纪的运动员,将遵照《中国足球协会纪律准则》的相关条款进行处理。

4. 履行社会责任,促进足球运动普及

单项体育协会是我国体育治理的重要主体,理应承担重要的社会责任,作为我国单项体育协会改革的排头兵,中国足协在社会责任的履行方面有一定的改革示范作用。中国足协一直将传播先进足球文化、促进足球运动普及作为履行社会责任的重要途径。

2021年,中国足协通过对草根足球教练员义务培训、关怀特殊群体、向贫困边远地区捐赠足球装备以及开展丰富多彩的足球主题嘉年华活动等形式,继续践行与亚足联共同创立的"梦想中国"中国足协社会责任活动,为更多人提供参与足球运动的机会,切实发挥足球运动的正能量。4月8日,2021中国足协"梦想中国"社会责任公益行活动在杭州正式启动,在启动仪式上,浙江省足球协会向两所学校捐赠了足球和训练器材等装备。同日,2021年中国足协"梦想中国"社会责任公益行活动来到山西代县,中国足协向代县体育运动管理中心捐赠了价值60万元的运动装备,路克士(中国)有限公司向代县实验小学捐赠了足球装备,中国男足青训部专职教练带领小学生参加足球嘉年华活动,让孩子们充分感受到了足球运动带来的快乐。此外,中国足协还联合浙江省足协、广东省足协、江苏省足协、贵州足球俱乐部、衡水正宇体育文化有限公司等多家会员协会、俱乐部和企业,在多地开展了2021年中国足协"梦想中国"社会责任公益行活动。

(三)排球

与中国足协、中国篮协相比,中国排协实体化改革进程相对缓慢。由于在群众基础、商业价值、经费等方面,排球和足球、篮球还有较大的差距,因此,中国排协在改革过程中需要结合自身的特点稳步推进。目前,排球运动管理中心较多地承担了排球事业发展的业务职责,作为中国"三大球"的重要项目之一,排球协会的改革和发展还有很长的道路要走。2021年,中国排协在以下几个方面稳步推进各项改革措施。

1. 直面东京奥运会失利,增强国家队凝聚力和战斗力

中国女排一直都是中国"三大球"中竞技水平最高、成绩最辉煌的队伍。2021年,中国女排加强队伍作风建设,全力备战东京奥运会。但是在东京奥运会的征程中,作为卫冕冠军的中国女排,却以小组未出线的成绩铩羽而归,导致中国女排一时间饱受争议。尤其是中国排球界元老张然的文章《中国女排为何兵败东瀛》,深刻分析了中国女排在东京奥运会失利的原因,引起了社会各界的广泛关注。

9月1日,中国排协在门户网站上发表正式声明,表示这次奥运会的失利,排协应当承担很大的责任。东京奥运会结束后,中国排协和国家队一直在利用隔离时间深刻反思,总结失利的教训。不能因为一次失利否定国家队的付出,否定郎平教练的贡献。由于郎平教练东京奥运会后辞去了中国女排国家队主教练的职务,在新的奥运周期,中国女排将迎来重大调整,东京奥运会失利后,中国女排如何才能重返世界前列,成为当前中国排协面临的最大挑战。中国男排方面,由于无缘东京奥运会,中国男排将成功获得巴黎奥运会的参赛资格作为下一个奥运周期的目标。4月14日,中国男排在漳州训练基地开始了2021年度集训。作风建设成为新一期中国男排集训的"第一课",力争改变中国男排长期以来给外界留下的作风不够硬朗、拼搏精神有所欠缺的形象。

2. 大力发展青少年排球,拓宽后备人才培养渠道

多渠道加快后备人才培养,对于中国排球事业的发展尤为重要,作为后备力量的青少年排球是中国排球稳步提升国家队竞技能力的源泉。对此,

《"十四五"体育发展规划》提出,要进一步拓宽后备人才培养渠道,逐步形成排球传统特色体校、社会俱乐部和省市青少年队伍等多渠道共同培养的模式。为中国排协扎实推动青少年排球发展、深化体教融合奠定了坚实的基础。

2021年,中国排协继续深化与全国体育运动学校联合会的合作关系。7月15日,中国排协与全国体育运动学校联合会签署战略合作协议,双方将共同合作推动排球项目在全国各级各类体育运动学校的布局发展,继续举办全国体校U系列排球锦标赛,共同开展教练员培训工作,动员更多力量培养、增加排球人口。12月10日,第九届全国体育传统项目学校联赛排球项目在山东潍坊举行,这次比赛一共持续了8天,来自全国各地的59支队伍、共921名选手参加了比赛。全国体育传统项目学校排球比赛的举行为青少年搭建了良好的排球竞赛平台,是深化体教融合、培养排球后备人才的重要手段。在高水平后备人才的培养方面,2021年,中国排协根据《全国排球高水平体育后备人才基地认定办法》开展了新周期"全国排球高水平后备人才基地(2022—2024)"认定工作。同时,为了深入贯彻执行体教融合精神,切实提高全国高等学校排球教练员执教水平,拓宽我国排球后备人才培养渠道,中国排协、中国大学生体育协会于11月17日在沈阳体育学院联合举办了全国高等学校排球教练员培训班。

在小排球方面,随着疫情形势的好转,7月22日,中国排协和中国中学生体育协会联合举办的全国少儿排球夏令营在四川省绵阳市成功举办。本次活动的竞赛办法中明确指出,2008年1月1日以后出生的小学生和中学生都可以参加比赛,执行《2021年全国小排球夏令营规则》,在场地及器材上将首次执行教育部3月1日颁布并执行的《小排球场地建设及器材配备规范》,小排球规则、小排球场地、小排球器材将在全国范围内进一步规范,并终将完全统一,这将极大地推动小排球运动在全国的推广。

3. 依托排球超级联赛,推进排球运动持续健康发展

中国排球超级联赛是国内竞技水平最高、最受社会关注的排球赛事之一,也是推动中国排球向社会化、市场化改革迈进的重要举措,在为国家队培养、输送人才方面作出了重要贡献。未来,中国排协将继续以中国排球超级联赛为依托,为促进中国女排再次腾飞、中国男排崛起,为振兴排球事业、建设体育强国作出重要贡献。

2021年10月25日,2021—2024中国排球超级联赛官方战略合作伙伴新闻发布会在北京召开。中国排协宣布联赛全新战略合作伙伴,华体集团有限公司成为联赛官方运营商,中国移动咪咕公司成为联赛官方转播商,中国排球超级联赛开启了新篇章。中国排协将和新的战略合作伙伴共同推进排球职业联赛改革,加大赛事的社会化、市场化进程。11月26日,2021—2022中国排球联赛在江门开启,在疫情防控常态化的情况下,比赛采取封闭、赛会制形式进行。联赛涌现出了一批优秀的运动员,在为国家队输送人才方面发挥了重要作用。

(四)"三大球"项目协会发展展望

《"十四五"体育发展规划》聚焦"三大球"振兴工程,提出建立科学规范、有序有效的"三大球"治理体系。"三大球"项目协会应遵循项目发展规律,强化改革创新意识,将项目发展纳入法治化轨道,全面提升法治观念和法治水平,构建依法、依规、依章的"三大球"治理体系。2021年,"三大球"项目协会都在不同程度上进行了一系列改革,取得了一定的成果,但总体来说,其核心业务指标离党和人民的期望还存在较大的差距,在改革和发展上还存在一定的困难和阻力。今后,"三大球"项目协会要继续坚持以人民为中心的发展思想,坚决贯彻党中央有关"三大球"工作重要决策部署,更好地突破体制机制的障碍,继续坚持"去行政化"的改革发展思路,遵循以下发展路径,积极稳妥推进改革:

1. 完善内部治理结构,提升协会自治能力

单项体育协会章程等软法是规范组织内部成员以及利益相关者行为的依据,实体化后的单项体育协会在很大程度上要依赖所制定的章程等导向性的软法运行。"三大球"项目协会应确保协会章程的约束力,保障协会在目标制定、人事任命、机构设置、资产管理等方面的自主权。当前我国"三大球"协会都制定了自己的章程,其中,中国篮协于2020年7月讨论通过了新的《中国篮球协会章程》,中国足协于2019年8月对《中国足球协会章程》中的部分内容进行了重要修改,为协会内部治理结构的完善奠定了基础,但也应注意调整后的章程与原有章程的衔接问题。而中国排协在完善内部治理结构方面的工作相对滞后,还需根据自身改革和发展的需要,及时对协会章程进行修订。提升协会自治能力还需完善以会员大会为基础的民主决策机制,成立理事会与监事会,实现决策、执行、监督相互制衡的权力格局,协会的决策权

应在协会内部各利益主体间合理分配,会员代表大会、理事会、协会领导都有决策权。"三大球"项目协会应按照章程的规定定期召开会员大会,提升会员大会的民主化程度,除了运动员、裁判员、教练员等行业代表外,允许社会代表、学界代表等个人会员加入,保证所有会员单位及个人会员能公平地参与大会,并给予各代表公平投票、建言的权利,充分发挥会员大会的决策功能。

2. 加强国家队建设,提升"三大球"竞技水平

"三大球"全面振兴是我国竞技体育高质量发展的关键领域,当前我国"三大球"作为占用资源多、奖牌数少、女强男弱的集体项目,在多年奥运争光计划实施中整体处于弱势地位,整体水平与世界先进水平的差距越来越大,给"三大球"项目协会带来了不小的压力和挑战。在当前形势下,"三大球"项目协会应以奥运备战为龙头,全力加强国家队建设,努力提升"三大球"竞技水平。中国篮协应准确把握世界篮球运动发展趋势,更好地发挥国家队建设委员会的管理作用,建立公开透明的教练员、运动员选拔机制。中国足协需要尽快理顺体制机制,完善国家队教练员、运动员的选拔机制,改进国家队绩效考核制度,加强队伍的作风建设,争取社会各界和舆论对国家队的支持。尽管中国排协在协会改革方面进程较慢,东京奥运会的成绩也不尽如人意,但是中国女排仍然是"三大球"中成绩最辉煌、最有希望在巴黎奥运会上获得好成绩的队伍。在"十四五"期间和新的奥运周期,中国排协需要攻坚克难,继续弘扬新时代女排精神,要强化国家队的作风建设,完善国家队教练员和运动员的选拔和退出机制,确保国家队在世界大赛上获得佳绩。

3. 激活职业联赛,健全"三大球"赛事体系

在篮球职业联赛层面,作为中国篮球人才培养的主阵地,职业篮球联赛的发展直接影响着国家队球员的选拔,影响着中国篮球发展的进程,当前,国内的职业篮球联赛与世界顶级职业篮球赛事还存在较大的差距,还需要更多地思考如何优化本土职业球员的训练方式,提升本土职业球员的职业精神。在足球职业联赛发展层面,要明确中国足协与新设立的职业联赛管理机构的职责,保障职业联赛管理机构的管理自主权,同时,要杜绝"金元足球"现象,引导俱乐部更多地关注本土球员和青训梯队球员的培养。在排球职业联赛发展层面,中国排协要克服新冠疫情带来的挑战,扩大全国排球联赛规模,推动全国排球联赛的市场化改革,鼓励排球运动员的海外流动,更好地发

挥职业赛事对排球项目的推动作用。

4. 厚植人才基础,夯实"三大球"发展基石

在青少年篮球层面,中国篮协要继续深化和中国大学生体育协会、中国中学生体育协会之间的合作,进一步完善青少年篮球赛事体系,促使小篮球、中学篮球联赛、大学篮球联赛之间有效衔接,在培养更多篮球后备人才的同时,为更多喜爱篮球的青少年提供参与篮球运动的机会。在青少年足球发展层面,中国足协应继续加大和教育部门的合作,提高体教融合注册球员的数量,建立校园、专业、职业、社会四位一体的足球人才培养体系,在做好疫情防控的同时,有效发挥青少年足球竞赛的作用,加强青少年足球的国际交流,提升青少年足球的竞技水平。在青少年排球发展层面,中国排协要通过深化体教融合拓宽排球后备人才的培养渠道,让更多的青少年有机会接触排球运动,扩大排球运动的参与人数,让中国排球后继有人。

三、其他特色项目协会发展

全国性冰雪项目协会和乒羽项目协会,因肩负奥运夺牌的重任,坚持以"以备战促改革,以备战强改革"为工作思路,围绕"备战"和"改革"两大工作重点,遵照《行业协会商会与行政机关脱钩总体方案》(以下简称《总体方案》)的要求稳步推进协会脱钩工作,改革取得了积极进展;而非奥项目全国性单项体育协会虽然没有备战奥运会的压力,但依然以改革为中心,积极完善管理结构与运行机制,稳步推进各项改革措施。

(一)代表性冰雪项目协会

2021年,首届中国冰雪运动发展高峰论坛、国际冬季运动博览会的召开和"冰雪惠民计划"的启动,加快了冰雪运动"南展西扩东进"的步伐,促进了我国冰雪运动的推广和冰雪产业的发展。在体育总局促进冰雪运动发展的政策指导下,各冰雪项目行业协会顺势而为,紧抓2022年北京冬奥会契机,纷纷推出各项改革措施,探索人才培养新模式,加快推进协会组织建设,积极营造、争取有利于协会脱钩的政策环境,完善体制机制,为各冰雪项目事业的发展提供良好的组织保障。其中,改革举措明显的全国性冰雪项目体育协会主要包括中国冰球协会、中国滑冰协会、中国花样滑冰协会。

1. 中国冰球协会

2021年,中国冰球协会改革迈出了新步伐,主要的改革措施包括两方面:

一方面是加强赛事安全建设,确保比赛有序开展。5月23日,中国冰球协会下发了《关于加强冰球赛事安全稳定和应急管理工作的通知》,明确了工作方针和原则,规范了组织机构和职责,设置了突发事件处理机制和应急机制,以预防安全事故、减轻事故危害;另一方面是创新联赛制度,吸引企业和社会资本。2021年中国冰球协会举办了各类大小冰球赛事,例如中国青少年冰球联赛、职业联赛,先后发布冰球赛事赞助广告、赛事承办单位竞选公告,期待借助社会力量,推动与行政机关的财务分离,实现自给自足。

2. 中国滑冰协会

中国滑冰协会自2017年实体化改革以来,一直以普及推广滑冰运动和实施"奥运争光计划"为中心任务。2021年,中国滑冰协会在积极备战奥运的同时,在推进体教融合、项目普及、人员管理、赛事安全、管理体制改革上都取得了一定的成绩。在推动体教融合方面,中国滑冰协会启动了"体教融合·植根计划",还推出《滑冰技能等级标准实施办法(试行)》《滑冰技能等级标准》等书,以促进体教融合和青少年的健康成长。在项目普及和推广方面,中国滑冰协会与河北省体育局、河北省冰雪运动协会在石家庄签署了《关于推进滑冰运动发展的框架协议》,与保定市教育局、体育局签署战略合作协议,各方共同致力于以赛事为引领,形成冰雪生态圈内的产业联动。在人员管理方面,10月22日,中国滑冰协会颁布了《中国滑冰协会裁判员管理办法实施细则》,加强了裁判员的管理。受疫情影响,中国滑冰协会拓展工作思路,创新工作方法,开展了线上"滑冰指导员培训"和"青少年滑冰体能测试"。在赛事安全方面,9月16日,中国滑冰协会发布了《关于进一步加强滑冰赛事活动安全管理工作的通知》,提出了"提高政治站位,增强赛事安全意识""夯实安全基础,强化主体责任""细化安全措施,规范赛事安全管理"三大要求,为赛事活动的安全有序开展提供了保障。在管理体制方面,中国滑冰协会在2021年成立了"体育强国·发展战略"委员会,该委员会由高校专家及部门主任组成,这是协会向外吸纳专业人员,释放活力,朝"去行政化"的目标迈进,提高协会政策的科学性和改革的合理性的重要举措。

3. 中国花样滑冰协会

2021年,中国花样滑冰协会在党建工作方面的成绩十分突出。1月,中国花样滑冰协会召开了2020年党建目标责任制考核及年度总结会议,会议强调,协会应始终坚持把党的政治建设摆在首位,树立"政治建会"理念,不断健全完善党建工作制度,发挥党建工作核心引领作用。4月,为认真贯彻落实体育总局党的建设暨党风廉政建设和反腐败工作会议精神,中国花样滑冰协会召开了一季度党风廉政工作会议,以加强党风廉政建设,防范政治风险,统筹做好训练备战、项目推广、赛事活动等各项工作。为了庆祝中国共产党成立100周年,中国滑冰协会发起了"祖国在我心中,向建党百年献礼"作品征集活动。本次活动得到了社会各界的积极响应。通过征集作品的展播,不仅为党和国家送去祝福,更展示了花样滑冰运动的艺术性和创造性,进一步带动了花样滑冰项目的普及和推广。

(二)乒羽项目行业协会

中国乒乓球协会和中国羽毛球协会自实体化改革以来,核心目标就是以改革"促备战、保备战、强备战"。两大协会积极备战重大赛事,利用举国体制优势,通过赛事引领、推动协会实体化改革进程。东京奥运会是乒羽项目行业协会实体化改革后迎来的第一次奥运会,国家乒乓球队和羽毛球队的良好表现为协会进一步推进改革举措,彻底完成脱钩任务,向职业化、市场化迈进提供了信心。

1. 中国乒乓球协会

2021年,中国乒乓球协会的法治发展突出体现在赛事管理、人事管理两方面。在赛事管理方面,4月,中国乒乓球协会发布了《中国乒乓球协会全民健身赛事活动管理办法(试行)》《中国乒乓球协会全民健身赛事等级认证评定标准(试行)》《中国乒协全民健身竞赛积分排名实施细则和标准(试行)》等三份关联文件,明确提出对于全国业余赛事,中国乒乓球协会不参与组织,只进行等级认证和积分授权,这不仅完善了乒乓球项目全民健身标准化的工作,还有利于推动行业自治、释放市场活力,推进乒乓球产业的持续发展。在人事管理方面,中国乒乓球协会继续加大人事改革力度,先后发布了春、夏季的公开招聘公告,通过劳动合同制进行社会人才自主招聘,继续对人事绩效考核、社会保障、薪酬标准、岗位培训制度进行改革,逐步突破中国乒乓球协会不具备独立的人事任免权,其负责人和工作人员多由上级主管部门任命或指派的局面,增强了协会的自律和自主,进一步实现了"去行政化"的人事保障制度。

2. 中国羽毛球协会

2021年,中国羽毛球协会主要在人员管理、赛事安全管理和推动全民健身等方面取得了一定的成绩。在人员管理上,6月11日,中国羽毛球协会印发了新的《羽毛球运动员技术等级标准》,11月26日,其又印发了新的《全国羽毛球运动队注册管理办法(试行)》《全国羽毛球运动员注册、备案与交流管理办法(试行)》《全国羽毛球教练员注册管理办法(试行)》三个文件,这些都有利于加强羽毛球队、羽毛球运动员、教练员的人员管理机制,有利于促进人才合理流动。在赛事安全管理方面,6月11日,中国羽毛球协会发布《羽毛球赛事安全稳定和应急管理工作指导方案》及《疫情防控常态化期间羽毛球赛事活动防疫指导方案》,其本着"安全第一,预防为主"的原则,加强赛事安全管理工作,赛事主办单位可根据实际情况,结合上述指导方案,制订具体方案,以保障赛事顺利举办。在推动全民健身方面,6月11日,中国羽毛球协会发布了《户外羽毛球指南(试行)》,从项目综述、场地器材、竞赛规则、安全政策和推广等五个方面全面介绍了户外羽毛球这项备受群众喜爱的运动,为广大群众及羽毛球爱好者以及有意开展户外羽毛球赛事活动的单位提供了科学指导。

(三)代表性非奥项目协会

非奥项目协会在2021年积极营造有利于协会脱钩的政策环境,出台了许多与赛事活动、人才培养、组织建设等相关的文件,完善管理结构与运行机制,按照《总体方案》的要求稳步推进脱钩工作。截至2021年年底,大部分的全国性单项体育协会已经完成脱钩工作。其中,法治发展取得明显进展的非奥项目全国性单项体育协会主要包括中国围棋协会、中国武术协会、中国桥牌协会、中国棒球协会、中国信鸽协会、中国台球协会,故拟对此6个协会的情况进行重点分析,以期更好地了解非奥项目协会的法治发展情况。

1. 中国围棋协会

2021年,中国围棋协会的实体化改革和脱钩改革取得了关键性进展。2020年12月,中国围棋协会召开会员代表会议通过了对《中国围棋协会章程》的修改事宜。2021年8月,民政部正式核准了新的《中国围棋协会章程》。新的《中国围棋协会章程》对中国围棋协会的定位、职责、机制等关键性问题作出了新的规定,为中国围棋协会深入推进脱钩改革提供了纲领性文件,对于引领行业发展方向具有十分重要的意义。新的《中国围棋协会章程》健全了会员代表大会和执行委员会,明确了会员代表大会最高权力机构的地位和作用,制定了新的会员代表和执行委员选举办法,建立了战略咨询委员会、普及推广咨询委员会等专业咨询委员会,这对于健全完善中国围棋协会的内部治理体系、提高内部治理能力,成为人事、财务等方面独立于行政机关的社团法人具有重要意义。除了章程的修改,在规范围棋赛事活动的有序开展方面,中国围棋协会也出台了一系列文件。根据体育总局发布的《体育赛事活动管理办法》和其他相关法律、法规,中国围棋协会印发了《围棋赛事活动管理办法(试行)》《全国性围棋比赛办赛指南(试行)》《全国性围棋比赛参赛指引(试行)》,并于2022年1月1日开始实施,这一举措对促进围棋赛事活动法治化、规范化具有重要意义。

2. 中国武术协会

2021年,中国武术协会的法治化发展也取得了明显成效。1月20日,中国武术协会与波罗的海三国武术联合会共同签署了《中国武术协会与拉脱维亚运动武术联合会、立陶宛武术联合会、爱沙尼亚武术功夫联合会合作开展武术推广普及工作的谅解备忘录》(以下简称《合作备忘录》)。《合作备忘录》就四国在武术青少年的培养、武术技术指导、器材援助等方面的合作问题进行了详细的规划,这对于推动中华文化"走出去"以及武术在波罗的海地区乃至中东欧地区的普及发展、增强我国文化的软实力都具有十分重要的作用。11月9日,体育总局武术运动管理中心、中国武术协会印发了《武术套路项目办赛指南(试行)》,这对于加强武术赛事活动安全监管服务,规范全国各类武术赛事活动的组织和管理,尤其是对于武术领域所出现的乱象的治理具有重要意义。另外,在国际交流方面,中国武术协会也取得了一定的成绩。

3. 中国桥牌协会

2021年,中国桥牌协会在赛事活动的法治化发展方面取得的成果显著。11月19日,中国桥牌协会对原《中国桥牌协会赛事管理办法》进行了修订,制定了《桥牌赛事活动管理办法(试行)》,就赛事活动的申办和审批、组织、服务、监管等方面作出了新的规定,是推动中国桥牌协会脱钩工作的重要文件。11月26日,中国桥牌协会又发布了《桥牌赛事办赛指南(试行)》和《桥牌赛事参赛指引(试行)》,为赛事活动的有序开展保驾护航。12月20日,中国桥牌协会还印发了《桥牌赛事纪律准则与处罚规定(试行)》,对原《中国桥牌协会竞赛纪律暂行条例》及其补充规定进行了修订,对赛事活动组织者、参与人员、观众等的纪律准则、处罚条件、处罚程序、救济措施等作出了详细的规定,有利于创造公平的竞赛环境,保障与赛事活动有关的组织及人员的合法权益。

4. 中国棒球协会

2021年,中国棒球协会在规则建设上也加大了力度。3月1日,中国棒球协会颁布了《中国棒球协会登记赛事评定办法(试行)》《中国棒球协会赛事及活动违规处罚标准(试行)》《棒球运动水平锻炼标准及评定办法(试行)》《中国棒球协会裁判员管理办法(试行)》《中国棒球协会运动员等级管理办法(试行)》《棒球水平等级考评员管理办法(试行)》,进一步规范了赛场秩序,加强了赛事管理,同时也对裁判员、运动员的等级评定以及管理作出了更详细的规定,为我国棒球运动的健康有序发展奠定了规则基础。4月30日,中国棒球协会又印发了《中国棒球协会办赛指南(试行)》,为在脱钩改革背景下如何办赛提供了指引。10月13日,中国棒球协会颁布了《棒球初级教练员岗位培训专项技能考核办法和标准(试行)》《棒球中级教练员岗位培训专项技能考核办法和标准(试行)》,进一步强化和规范了棒球教练员的培训管理工作。12月27日,中国棒球协会印发了《中国棒球协会棒球项目参赛指引(试行)》,进一步加强了对棒球赛事活动的指导。

5. 中国信鸽协会

中国信鸽协会在2021年加大了专业人才培养和赛事监管的力度。2月8日,中国信鸽协会出台了《信鸽训翔师专业技术等级评定暂行办法》,对训翔师的评定、条件和标准进行了规定,同时也规定了评定的流程、方法以及相关处罚规则,这有助于加强信鸽养训和竞赛技术人员培养管理,规范信鸽专业技术人才队伍建设。2021年4月6日,中国信鸽协会针对信鸽赛事活动中出现的违法违规问题,专门颁布了《信鸽赛事办赛指南》《整治信鸽行业涉赌、逃税现象管理规定》,为整治赛事活动中出现的乱象,保障信鸽竞赛活动的健康有序发展奠定了基础。8月17日,中国信鸽协会发布了《关于进一步加强信鸽赛事活动安全监管服务工作的意见》,该意见就信鸽赛事活动的安全监管服务工作的基本原则、工作重点、保障措施提出了意见,对于维护信鸽赛事活动的平稳、安全具有重要意义。12月23日,中国信鸽协会还印发了《信鸽竞赛电子计时器材设计和软件编写规范(试行)》,有利于规范信鸽竞赛电子计时器材的管理与监督,促进国产电子计时器材质量的不断提高。

6. 中国台球协会

中国台球协会2021年在加强行业自律方面成绩突出。中国台球协会在改革的过程中坚持自主管理,加强自我约束,5月6日,中国台球协会颁布了《中国台球协会赛事准入管理办法(试行)》,对赛事准入办法及准入赛事的监督和管理等作出了规定,为进一步激活台球市场,促进群众性、商业性赛事的规范开展奠定了基础。中国台球协会重视对相关赛场行为和市场行为的监督管理,5月27日,中国台球协会出台了《关于加强台球赛场行为规范管理的实施细则》,对赛事活动的组织者,参加赛事活动的运动员、教练员、裁判员、辅助人员、工作人员以及赛场观众的行为规范作出了具体的规定,为确保台球赛事活动安全有序开展提供了规范基础。12月28日,中国台球协会印发了《台球俱乐部经营管理从业规范》,明确了俱乐部提供安全、卫生的设施和服务,禁止俱乐部赌球、涉黄、涉毒等义务,有利于推动俱乐部的规范经营,促进台球市场的健康可持续发展。

(四)其他特色项目单项协会

根据《总体方案》的要求,全国性单项体育协会改革的目标是明确的,即建立政社分开、权责明确、依法自治的现代化组织体系,厘清行政机关和全国性单项体育协会的职能边界,使全国性单项体育协会能够从其原本依附的行政机关或项目管理中心中独立出来,成为能自主办会和自律管理,以服务为本且治理规范的独立的法人实体组织。

但是,从目前的情况看,由于各个全国性单项体育协会的组织基础、市场化程度存在较大差异,所以不同协会改革的进度也不一样。冰雪项目协会和乒羽项目协会由于有较大的奥运会备战压力,依然需要依靠强大的国家力量来支持运动员的培训和选拔、备战物质的供给等经济性与社会性资源的充分调动、配置和优化,因此在改革中存在较大的困难和阻力,但这些项目协会依然顶住了压力,积极利用奥运会的契机,开展项目的社会性推广和普及,通过深化体教融合,夯实相关项目的青少年基础,助力体育强国、健康中国建设。而其他非奥项目协会虽然没有奥运备战压力,但因为很多项目在人民群众中的普及度不高,以致市场化程度不高,自身的造血能力不足,社会生存能力较弱,因此,如何适应市场化要求,使非奥项目协会成为真正的具有自我生存发展能力的社会组织,是当前改革面临的重大问题。虽然改革中存在诸多困难和险阻,但不论如何,今后应继续按照党中央的要求,统一思想,坚定目标,凝聚共识,理清政府、市场、社会的关系,积极稳妥推进改革,使全国性单项体育协会成为有着健全的治理结构与治理制度的自治法人。要实现这一目标,应

遵循以下法治发展路径:

1. 坚持分类改革、试点突破的改革路线

我国的竞技体育体制改革一直以来坚持分类改革、试点突破的方针政策,在全国性单项体育协会的改革问题上,"三大球"项目协会成为改革的排头兵。其他的体育协会也应该积极吸收借鉴"三大球"项目协会改革的经验教训,根据自身的项目基础、市场化程度等因素,做好分类改革。对冰雪项目协会和乒羽项目协会而言,在奥运会结束后,应该尽快以改革为重点,大刀阔斧地进行体制改革,全面落实《总体方案》"五分离、五规范"的要求,加速体育协会和项目中心的分离,在时机成熟时撤销或合并相关的项目中心,由体育协会承担大部分的组织管理职能。而对于非奥项目协会而言,也应继续推进体育协会的实体化改革,针对诸多项目市场化不足的问题,可大力推动全国不同层级的地方性单项体育协会的发展,凝聚各地方协会力量,大力发展体育协会的组织体系和社会化网络,形成目标一致、管理有序、利益兼顾的组织管理体系。另外,对于中国围棋协会、中国信鸽协会等取得了一定的改革成绩的项目协会,应对其改革情况进行深入调研,总结改革经验,使其能对其他项目协会真正起到引领和示范作用。

2. 健全治理结构,提升治理能力

建立健全法人治理结构是使全国性单项体育协会脱钩成为自治法人的前提条件。从2021年的改革情况来看,大部分全国性单项体育协会都未对其治理结构进行大的调整,中国围棋协会在此方面做出了表率,通过召开会员代表会议修改了《中国围棋协会章程》,为治理结构的改革奠定了基础。治理结构的改革首先应加强会员建设,项目协会尤其是非奥项目协会,在市场化程度不高的情况下,应充分扩大会员的来源,积极地接纳个人会员,发展俱乐部、公司企业等单位会员,打破分级管理的束缚,不把成为地区协会会员作为成为全国性协会会员的前置条件,实现会员的扁平化管理,加强组织和会员之间的联系。其次,治理结构的改革还应该重视理事会的建设,各项目协会应按照权力制衡、民主集中的原则厘清理事会和会员代表大会之间的关系,保证理事会成员在选举和决策上的民主性和独立性,防止行政机关对理事会人事和决策上的干预,保证理事会在实质上能接受来自会员的监督。最后,治理结构的改革还应当健全治理规则,各项目协会应完善自身内部的选举规则、决策规则、财务规则、会议规则、伦理规则、奖惩规则等,同时,规则的制定应充分征求会员的意见和建议,应充分考虑协会的自身状况,规则的实施应有相应的配套措施,这样才不会使规则流于形式。

3. 发挥新型举国体制优势,为体育协会的发展提供政策支持

受传统竞技体育举国体制的影响,我国大部分全国性单项体育协会长期依赖国家资源的供给,自主生存能力不足,这就需要国家在改革初期继续给予其一定的扶持。但这种扶持不是具体的、直接的,而是通过顶层设计,优化和规范体育协会的生存和发展环境,形成政府主导、社会协同、公众参与、法治保障的有利于体育协会发展的新格局。具体而言,国家应深入推进体教融合,完善有利于竞技体育人才培养的国民教育体系,创新国家队可在学校、俱乐部等不同类别单位选拔的机制,实现学校运动队、业余体校、体育俱乐部有机结合,形成多元投入的新型竞技体育人才培养体系。其次,国家应完善健身设施、健身场地,提供科学的健身指导,形成便民惠民的全民健身组织网络,营造全民健身的氛围,为体育协会的发展提供良好的群众基础。最后,国家应出台相关政策,调动科研院所、高等院校、企业等的积极性,开展跨部门合作和联合攻关,为体育项目协会的发展提供重大基础研究,并针对发展中的技术难题提供科技助力和科技攻关,为体育项目的科学发展提供更好的公共产品。

4. 完善监督机制和评估机制,确保"脱钩不脱管"

尽管全国性单项体育协会以与行政机关脱钩为基本改革目标,但并不意味着它将会完全脱离行政机关的管理,国家依然要以恰当的方式对体育协会的发展进行监督和评估,以保证其向符合人民利益的方向健康运行。但是,国家应改变以往传统的直接强制性行政干预的监管方式,推动监管重心后移,通过完善体育协会信息公开制度,实现对其治理过程中违法和违规行为的监督。同时,通过体育仲裁等司法救济制度的完善,形成有效的协会内部监督机制和自力救济机制,当然,体育协会也要和其他社会团体一样接受国家工商机关、税务机关等的日常监察。另一方面,国家还可以通过第三方等级评估制度的建立,为国家的政策扶持和经济援助提供依据,以此激励体育协会自身的完善和发展。

体育纠纷解决篇

体育纠纷解决法治发展报告(2021)

一、体育纠纷解决法治发展现状

《体育强国建设纲要》提出"建立体育纠纷多元化解机制",综合运用体育协会内部解决、行政复议、司法诉讼、仲裁、调解等多种形式,妥善化解体育矛盾,及时高效解决体育纠纷。体育纠纷解决机制的建立和完善是我国体育法治建设的重要内容,是保障体育事业良性发展的重要途径。

(一)协会内部纠纷解决

尽管于2021年公布的《体育法(修订草案)》中包含体育仲裁专章,但体育协会的内部纠纷解决机制仍是体育纠纷解决的重要途径。同时,体育行业的高度自治也决定了体育纠纷一般先通过体育协会内部进行解决。体育协会内部纠纷解决是指体育协会依其内部规则对内部纠纷的解决,有纪律处罚、内部和解、内部调解、内部仲裁等多种解决方式,其适应了体育纠纷解决的要求,维护了体育行业自治。

从中国足协发布的处罚决定通知来看,2021年中国足球纪律委员会一共针对60余起违规违纪行为作出处罚决定。例如,对北京国安足球俱乐部的球员晋鹏翔、江西北大门足球俱乐部的球员朱明鑫、淄博蹴鞠足球俱乐部的球员提库尔·艾山的违规违纪行为进行处罚。此外,俱乐部的官员也是纪律处罚的对象,例如,黑龙江冰城足球俱乐部的官员张震、四川九牛足球俱乐部的官员李毅以及北体大足球俱乐部的官员白岳轩也受到纪律处罚委员会的处罚。另,部分足球俱乐部也因纪律问题受到处罚,例如北京国安足球俱乐部以及昆山足球俱乐部均因未按时进入比赛场地而受到中国足协纪律委员会的通报批评。相比中国足协,中国篮协的纪律处罚决定的数量要少很多。纵观2021年中国篮协综合部门发出的通知,中国篮协纪律与道德委员会作出的纪律处罚决定数量非常少,如给予运动员约瑟夫杨暂停参赛的处罚,撤销魏国良、叶楠篮球裁判员资格。

从中国足协仲裁委员会受理的案件情况看,2021年度的足球纠纷主要可以分为三大类:一是合同纠纷,包括关于合同履行以及终止的各种争议和欠薪问题,这类案件的数量超过全部仲裁案件的半数;二是培训补偿与联合机制补偿的追偿问题;三是业余球员与培训机构间就培训协议认定的相关问题。

总体来说,2021年度我国体育协会内部体育纠纷数量仍然庞大,对于体育协会内部体育纠纷解决机制仍然存在质疑声音,认为不公平、不透明,纪律处罚相关程序也有待进一步完善。

(二)行政复议解决

我国已经建立体育行政复议制度,但实践中通过体育行政复议解决纠纷的为数不多。从各省市体育局2021年度行政执法统计年报来看,绝大部分体育局2021年度行政复议案件数量为零。虽然一些地区出现行政复议案件数量大增的情况,但体育领域的行政复议案件仍然非常少。以湖北省孝感市为例,2021年,该市各级行政复议机关共收到行政复议申请231件,经审查决定受理155件;全市案件数同比上升,申请数增幅为68.6%,案件受理数增幅为63.2%;案件涉及的领域和事项主要集中在公安、自然资源和规划领域,体育领域的行政复议案件不多。

总体来说,2021年度我国体育行政复议案件数量较少,但这并不意味着各级体育行政部门不重视行政复议工作。各级体育行政部门积极开展行政复议规范化建设活动,畅通行政复议渠道,加强行政复议队伍建设,依法受理、审理行政复议案件,完善行政复议与信访的对接机制,保障合理合法的诉求依照法律规定和程序得到合理合法的结果。同时,也需要进一步收集整理体育领域的行政许可、行政处罚、行政复议典型案例,普及推广经验做法,指导地方体育行政执法实践。

(三)调解解决

调解作为我国一种传统的纠纷解决方式在中国实践了数千年,也被运用到体育纠纷的解决之中。体育协会内部的调解多附属于体育协会内部仲裁;体育行业外部的调解解决途径,主要有司法调解制度、行政调解制度、仲裁调解制度和人民调解制度。调解因其高效、便捷、成本低等优势,不仅在我国,在国外也被广泛应用。国际体育仲裁院(Court of Arbitration For Sport,简称"CAS")将调解作为解决体育纠纷的方式之一。

总体来看,司法调解方面,2021年我国多起体育纠纷通过人民法院调解结案,取得了良好的社会效果。行政调解方面,体育行政部门积极完善矛盾纠纷排查机制,充分发挥行政调解作用,及时高效化解社会矛盾。国际体育仲裁调解经验显示,由于体育仲裁庭由体育专业人员组成,提出的调解意见更切合实际,易于被当事人接受,从而提高了纠纷解决的效率。

(四)司法解决

在充分尊重体育领域自治的前提下,司法仍然是依法治体的重要环节。当前,司法手段已然成为我国体育纠纷解决的最终救济手段。推动体育法律问题诉讼化,让法院去解决体育领域疑难纠纷,对于推进体育法治化和体育强国建设意义重大;体育产业保护、职业体育纠纷以及全民健身等领域,也都迫切需要司法力量的介入。当前我国体育诉讼类型主要分为三种,即体育民事诉讼、体育行政诉讼和体育刑事诉讼。

2021年4月,上海市第三中级人民法院开庭审理了秦某某、赵某非法经营兴奋剂案件并当庭作出一审判决。该案系最高人民法院发布的《关于审理走私、非法经营、非法使用兴奋剂刑事案件适用法律若干问题的解释》正式实施以来,首次以该司法解释作为依据,对涉兴奋剂案件予以审判的案件。案件审理过程中,体育总局及其反兴奋剂中心协同司法机关完善兴奋剂刑事纠纷证据链条,形成严厉打击兴奋剂刑事犯罪的合力,有效维护了体育竞技秩序。

在体育民事纠纷的司法解决方面,2021年度的典型性案例有《民法典》实施后的首例自甘风险原则判例[(2021)京03民终5483号],杭州亚运会首例特殊标志隐性营销案件[(2021)浙0109民初12877号],辽宁足球俱乐部讨薪案系列案件[(2021)辽0102民初19850号],以及优酷诉微赛体育公司不正当竞争案[(2020)京73民终2668号]。通过司法程序解决上述体育纠纷,通过正确适用《民法典》自甘风险条款不断为体育竞技者松绑,充分保护体育知识产权和保障体育消费者权益,为推进体育产业法治化与体育事业深化发展保驾护航。

体育行政诉讼为保障全民安全健身、保护体育产权作出了重要贡献。2021年度,我国多地检察机关实地考察公共体育设施的安全质量问题,利用行政公益诉讼督促有关行政机关对相关设施进行修缮、更换,不断推动公共体育设施管理制度的完善,但实践中体育纠纷直接通过行政诉讼途径解决的案例较为少见。

总体而言,目前我国司法已经开始对体育实践中严重的兴奋剂违法行为进行有力打击,而对于学校体育纠纷的态度仍然较为保守,难为学校体育松绑。面对体育彩票纠纷,法院力量有限,难以敦促体育彩票经营者诚实合规经营。此外,法院对体育工作合同纠纷的管辖问题仍然摇摆不定。但无论如何,司法始终直面体育纠纷的痛点问题,积极发挥司法能动性。

(五)仲裁解决

从仲裁规则层面来讲,CAS于2021年1月1日实施的《与体育相关的仲裁规则》(Code of Sports-related Arbitration)(以下简称《仲裁规则》)作为当前最新修改的版本,相较于2020年7月1日的版本,变化并不大。但值得注意的是,CAS在2021年4月16日发布了《CAS视角下的体育与人权》这一梳理性质的报告文件,在一定程度上体现了CAS在机制运作框架上的顶层思考,并说明了CAS对体育运动中人权保护的重视与实践思路。该文件从六个方面梳理了体育与人权的关联内容,包括:体育规则中的人权、与人权问题相关的CAS案件、体育与《欧洲人权公约》、瑞士联邦最高法院对于CAS涉及人权申请的裁判、具有人权专业知识的CAS仲裁员名单、以往与体育人权相关的CAS研讨会主题清单;具体梳理了国际奥委会的《奥林匹克宪章》及主办城市合同、2021年版《世界反兴奋剂条例》、国际足球联合会、欧洲足球联合会、国际田径联合会、英联邦运动会联合会、国际残疾人奥林匹克委员会等国际体育组织内部规则体系所包含的或需要遵守的与体育运动中人权保护相关的内容;通过CAS具体案例揭示了《欧洲人权公约》、公共政策、体育法在体育争议解决中处理人权事项的适用实践,并明确表明反兴奋剂规则不违反人权立法;给出了目前CAS仲裁员名单里的18位人权领域专家的基本信息;列举了2011年、2015年、2018年、2019年、2020年五次研讨会涉及人权主题的讨论,这些会议有CAS针对仲裁员召开的研讨会,还包括CAS与其他机构合作举办的研讨会,如CAS与加拿大体育纠纷解决中心的"通过争议解决促进体育诚信"研讨会,以及 CAS 和瑞士律师协会(SAV/FSA)共同主办的第七届国际体育仲裁研讨会。

仲裁实践层面,由于新冠疫情,2020 年东京奥运会推迟到 2021 年举行。CAS 在东京设立了两个临时办公室。考虑到东京奥运会的人员限制,由 CAS 临时仲裁庭、CAS 反兴奋剂仲裁庭及相关工作人员组成的 CAS 代表团人数减少了近一半。考虑到疫情因素,多数听证通过视频会议或者混合形式进行,仲裁员进行远程工作。CAS 与东京律师协会达成协议,驻东京的律师可以协助和代表奥运会参赛者,为其提供法律援助。在东京奥运会期间,CAS 临时仲裁庭共受理 15 个主要涉及参赛资格争议的案件,反兴奋剂仲裁庭受理 3 个案件。

CAS 全年审理的案件数量依然稳中有升,CAS 公报显示,足球领域的争议依旧占据大比例,包括雇佣合同终止及其赔偿问题。此外,2021 年还有部分案件涉及新冠疫情导致赛事举办及违约问题、运动队的继承与管理问题、兴奋剂违规的证明标准及举证责任问题,以及 CAS 对于世界反兴奋剂机构(World Anti-Doping Agency,简称"WADA")上诉案件的管辖权等问题。

二、体育协会内部解决

(一)合同纠纷

2021 年度,体育领域最具代表性的合同纠纷是我国篮球运动员周琦与新疆队的续约合同纠纷。2014 年 1 月 2 日,周琦与新疆队根据《中国篮球协会俱乐部、运动队、运动员和教练员注册管理暂行办法(2014 年)》的规定,签下了一份 4+2 的合同,即 4 年基础合同加 2 年的优先续约权,当时 CBA 规定,从青年队升入成年队的球员,与母队签约遵循 X+Y 模式,即先签约 X 年合同,到期后母队享有 Y 年的优先续约权。此后周琦成长迅速,2016 年 NBA 休斯敦火箭队将其选中。2017 年夏天,周琦前往 NBA。中国篮协为周琦开具澄清信,证明周琦与新疆队并无雇佣合同关系,随后周琦与休斯敦火箭队签下一份为期 4 年、前 2 年薪金有保障的合同。2019 年上半年,周琦在离开 NBA、准备返回 CBA 的过程中,曾和包括辽宁队在内的一些球队有接触。但中国篮协发布公告,裁定周琦依旧属于新疆队,不允许其自由转会,这是因为 CBA 于 2019 年推出了一项与球员前往海外打球有关的新条款:一名球员在 CBA 合同没有履行完毕的情况下选择去海外打球,这名球员的 CBA 母队享有他回归时的签约权或者合同匹配权。这个条款可以分为两种情况:第一种是如果该名球员在海外效力的时间超过 CBA 原俱乐部合同的剩余年限,那么原俱乐部将拥有合同匹配权;第二种是如果该名球员在海外效力的时间没有超过 CBA 原俱乐部合同的剩余年限,那么当他回到 CBA 时需要和原俱乐部重新签约,履行剩余年限的合同。该规定因为发轫于周琦,由此也被称为"周琦条款"。

后来,周琦选择与新疆队续约,合同有效期至 2021 年 7 月底。按照当时的规定,周琦将在履行完 2 年的合约后恢复自由身。但在 2019—2020 赛季,CBA 重新修订了《国内球员聘用合同》,国内球员的合同分为 A 类(新秀合同)、B 类(保护合同)、C 类(常规合同)、D 类(顶薪合同)和 E 类(老将合同),D 类合同到期后,俱乐部继续拥有该球员的 D 类合同独家签约权。同时,针对类似周琦这样的海归球员,CBA 也作了有关规定,如果球员回归国内时,与之前母队尚有合同未完成,那剩余部分合同将按规定被记为 A 类或 B 类合同,因此,此时若按之前周琦与新疆队签约的年限来看,新疆队还有 2+2 优先签约权。

至 2021 年 7 月底,周琦想依据合同恢复自由身,而新疆队则根据最新的规定要求使用独家签约权顶薪留住周琦,从而触发矛盾。周琦与新疆队的续约争议一路经历了 CBA 联盟调解、CBA 联赛纪律与争议解决委员会争议解决、中国篮协仲裁,但最终周琦的诉求没有得到中国篮协的支持。2021 年 9 月 8 日,周琦通过社交媒体宣布加盟澳大利亚国家篮球联赛东南墨尔本凤凰队。

(二)纪律纠纷

各个体育协会的章程及规则要求其成员必须遵守协会的纪律规定。2021 年,我国篮协与足协内部发生了多起因违反疫情防控政策而引发的纪律纠纷。

2020—2021 赛季 CBA 联赛常规赛第四阶段比赛期间,有球员在未得到赛区疫情防控领导小组批准的情况下,擅自离开赛区官方指定酒店,违反了联赛疫情防控相关规定,丁皓然、刘天意、沈梓捷、方硕、刘晓宇、张才仁、周仪翔等 7 人分别受到罚款人民币 1 万元、停赛 1 场的处罚。另有报道称,CBA 一球队队员为主教练送行时,球员郭某未按规定佩戴口罩违反了疫情防控相关规定,被 CBA 提出书面警告。在 CBA 的公告中表示,如第二次违规,郭某将面临停赛一场;第三次违规,则取消比赛资格的处罚。

2021年7月16日,中国足协甲级联赛梅州赛区第十二轮场序第100场,黑龙江冰城足球俱乐部队与梅州客家足球俱乐部队的比赛在梅州五华县体育场举行。北京北体大足球俱乐部队官员李尧、黄诛田在观赛期间,未经允许擅自离开防疫管理区域,造成不良社会影响。中国足协纪律委员会依据《关于进一步加强职业联赛防疫管理工作的通知》之规定,对李尧、黄诛田作出"立即离开赛区,并取消其中甲联赛该阶段比赛的参赛资格"的处罚。

针对球员违反疫情防控规定的问题,中国足协纪律委员会作出评议:规则不仅在球场上,也不止是球员需要遵守。一个家庭、一个学校、一个企业、一个组织,乃至整个社会,都有各种各样的规则来保障其正常运转。作为社会中的一员,头脑中不能没有规则意识,行为上不能违规逾矩,否则就要受到惩罚。

三、行政复议

随着1990年《行政复议条例》、1999年《中华人民共和国行政复议法》和2007年《中华人民共和国行政复议法实施条例》的颁布实施,我国行政复议制度在立法上逐步得以完善。2021年,我国体育行政复议案件数量较少,但国家和地方体育行政部门仍高度重视行政复议工作,具体表现如下:

第一,体育行政部门不断加强和完善体育行政复议工作,强化体育行政复议监督功能。《中华人民共和国行政复议法》实施二十多年来,在维护群众合法利益、促进社会公平正义、推动行政法治建设进程方面发挥了重大作用。为深入推进依法行政,坚持严格规范、公正文明执法,我国体育行政部门不断完善体育行政复议制度的功能定位、管辖体制、案件审理机制和审理标准。为防止和纠正违法或者不当的行政行为,部分地区的体育行政部门针对体育行政复议程序出台了相关规定,比如四川省体育局发布了《四川省体育行政处罚自由裁量权实施办法》《四川省体育行政处罚自由裁量权基准》。我国体育行政复议程序在法治化的轨道上顺利前行。

第二,体育行政部门积极改革和完善行政复议程序,不断发挥体育行政复议程序化解体育行政争议的重要作用。体育行政部门积极完善体育行政复议相关规则,明确体育行政复议案件的范围、条件、渠道、程序等事项,并通过门户网站向社会公开。体育行政部门不断加强行政复议的便民化改革,主动在门户网站上提供行政复议申请书(范本)、撤销行政复议申请书(范本)等文件,以便行政复议申请人下载。体育行政部门还全面推进行政复议专业化、信息化建设,不断提高办案质量和效率,健全优化行政复议审理机制。

第三,体育行政部门健全学法用法机制,组织开展行政专题培训会。体育行政部门继续全面提高工作人员法治思维和依法行政能力,加强行政执法人员对法律法规和执法业务知识的理解,强化行政工作人员依法行政的意识,提高行政复议工作队伍的专业化水平。

四、调解解决

(一)国内调解

实践中,体育调解一般适用于争议不大的体育纠纷,比如体育社会组织的调解和体育行政调解等。目前我国还没有建立专门的体育调解机构,也缺乏专业的体育调解员。关于体育社会组织调解,因疫情原因,中国足协仲裁委员会推出了线上调解程序。关于行政调解,2021年上半年江西省九江市体育局行政调解工作总结中指出,将行政调解工作贯穿于社会管理综合治理工作全过程,加强行政调解工作经常化。根据工作需要,及时调整了行政调解工作领导小组成员,设立行政调解工作室,保持工作连续性,2021年上半年没有一件行政调解的案件发生。由此可见,体育行政部门高度重视体育行政调解的作用,保障公民体育权利。

在体育调解与诉调对接程序方面,2021年健身行业的纠纷首开先河。健身机构关门跑路、会员退费难等问题日益成为社会关注的焦点,经过充分调研论证,青岛市体育局会同李沧区政法委、李沧区人民法院成立体育消费纠纷巡回法庭,为整治群众反映强烈的体育民生问题发挥重要作用。2021年6月9日,由山东省青岛市体育局发起成立的青岛市李沧区体育消费纠纷巡回法庭在李沧区人民法院揭牌。该法庭专业处理体育消费纠纷,通过简化维权程序、缩短维权时限、降低维权成本,打通体育消费市场维权"最后一公里",为广大群众提供维护合法权益、解决矛盾纠纷的便捷途径。据相关负责人介绍,巡回法庭不仅承担着纠纷案件的审判任务,还积极参与诉前调解,为体育领域纠纷搭建诉调对接的平台。该法庭的设立在全国法院系统属首创。该法庭成立不久便成功化解一起体育消费纠纷。2020年11月,多位消费者与被告青岛某健身服务公司签订健身服务合同,后被告在青岛市区内的门店相继关闭,合同无法正常履行,原告多次与被告协商退款未果,遂向法院起诉。鉴于承办法官多次联系被告未果,为保障原告的合法权益,巡回法庭积极与体育局沟通协调,借助市体育局委托组建的青岛体育产业诚信联盟,为原告寻找到了能够接手被告有关业务的其他健身机构。真正为群众排忧解难,取得了良好的社会效益。

(二) 国际调解

于 2021 年 1 月 1 日生效的 CAS《仲裁规则》较之前版本而言,修订了第 S18 条,修订后的第 S18 条要求 CAS 的仲裁员和调解员不得在 CAS 审理的案件中担任当事人的法律顾问或专家(证人)。这一新的规定进一步强调了仲裁员和调解员的独立性。

实践方面,国外体育争端解决机构的官方网站中不乏调解解决的案例。以澳大利亚体育仲裁庭为例,其官方网站发布了 2 个调解解决的案件的摘要:2021 年 5 月 27 日"运动员与国家体育机构之间关于不被选入国家一级运动队的争议(争议类型:参赛选手选拔和资格问题)"和 2021 年 5 月 14 日"成员与属地体育组织就委任属地体育组织委员会成员的规定发生争执(争议类型:欺凌、骚扰和歧视)"。调解使双方以能接受的条件解决冲突,而且通常更快、更便宜,其已经成为澳大利亚解决体育纠纷的重要方式。

五、司法解决

(一) 体育刑事诉讼

1. 兴奋剂犯罪

2016 年 5 月,被告人秦某某、赵某共同成立郑州某生物科技有限公司(以下简称"生物科技公司"),在无药品经营许可证的情况下,从他处购入含有重组人生长激素、海沙瑞林、伊帕瑞林等兴奋剂物质的产品,以生物科技公司名义对外销售,且部分产品使用假冒的注册商标。被告人秦某某作为该公司的法定代表人,全面负责公司经营管理,采购含有兴奋剂物质的产品并指使员工对外销售,部分产品使用其采购的假冒注册商标包装后销售。被告人赵某作为该公司的创始人、股东,联系含有兴奋剂物质产品货源、参与使用假冒注册商标产品包装等。经法院审理查明,被告人秦某某、赵某销售含兴奋剂物质的产品共计人民币 25481 元、873787.78 美元(折合人民币超 589 万元)。

2021年3月29日，上海市第三中级人民法院公开审理了秦某某、赵某非法经营兴奋剂案件。经法院审理，被告人秦某某犯非法经营兴奋剂罪，被判处有期徒刑4年，并处罚金人民币30万元；被告人赵某犯非法经营罪，被判处有期徒刑5年，并处罚金人民币20万元。

该案系最高人民法院发布的《关于审理走私、非法经营、非法使用兴奋剂刑事案件适用法律若干问题的解释》（以下简称《兴奋剂刑事司法解释》）正式实施以来，首次以该司法解释作为依据，对涉兴奋剂案件予以判决的案件，这意味着我国兴奋剂刑事纠纷的解决从司法条文转化成司法实践，是我国反兴奋剂法治化的又一重要节点。

上海市第三中级人民法院在处理本案时，明确了兴奋剂刑事纠纷的证据问题，同时也开拓了反兴奋剂刑事纠纷的多方协同办案模式。本案的解决难点是兴奋剂的认定问题。《兴奋剂刑事司法解释》仅就此类案件的处理方式和法律适用给出了思路，但未对证据标准等具体问题作出明确的回应。为全力配合公检法部门办理该案，体育总局出具了《关于涉案产品中检出成分有关认定情况的函》，体育总局反兴奋剂中心出具了《关于对涉案产品中兴奋剂目录所列禁用物质有关检测结果的复函》，完善了证据链条。并且，在这一过程中，行政机关认定兴奋剂的基本步骤得以明确，即"先检验，后认定"——先由体育总局反兴奋剂中心对涉案物质进行检验，再由体育总局根据检验结果作出涉案物质是否属于兴奋剂的行政认定，实现了行政与司法的顺畅衔接。新华网称赞，在办理本案的过程中，司法部门与行政部门实现了多方协同办案，有利于建立完善证据链条的长效机制，从而实现对兴奋剂的全方位监管。

2. 重大安全事故罪

2021年5月22日，第四届黄河石林山地马拉松百公里越野赛在甘肃省白银市景泰县举行。比赛进行到中午时，高海拔赛段突遭极端天气，局地突降冰雹、冻雨，并伴有大风，气温骤降。参赛人员出现身体不适、失温等情况，最终造成21人死亡，8人受伤。2021年6月25日，甘肃省政府发布了《白银景泰"5·22"黄河石林百公里越野赛公共安全责任事件调查报告》（以下简称《调查报告》）。《调查报告》显示，恶劣天气确为此次事件发生的直接原因，但此次事件的发生也存在多重间接原因。一是赛事组织管理不规范。此次重大活动缺乏专题研究决策支撑，安排部署不够认真仔细，致使相关部门单位准备不足，未能针对赛事活动采取有效安全措施。赛事执行单位、运营单位未制定专项安保方案和应急预案,赛事具体运行机构专业人员力量和专业能力严重不足。二是安全监管措施不落实。市县两级体育赛事管理部门未认真落实行业安全监管责任,未严格落实事中事后监管措施。相关职能部门未按照大型群众性活动要求,对赛事执行运营单位制订的安保方案、采取的安保措施等实施有效监管。三是救援力量准备不到位。赛事相关单位在工作方案和相关预案中,没有作出应急救援力量部署,应急救援人员、物资装备准备不足。四是安全保障条件不充分。赛事相关单位未落实通信保障措施,赛事区域未能实现无线通信信号全覆盖,这导致事发初期救援指挥通信不畅,影响救援效率。此外,部分赛事区域内的医疗、安保力量明显不足。

这一事件引起了各界对体育赛事公共安全刑事责任的关注。从《调查报告》中涉及责任认定及处理建议的内容来看,对于主办单位、承办单位、具体承办单位及其责任人员,建议给予相应的党内处罚、政务处罚等,涉嫌职务犯罪的人员则可依照法律规定进行相应的处理。晟景公司是运营单位,公司主要责任人员因涉嫌刑事犯罪被批准逮捕,由司法机关依法追究其刑事责任。《中华人民共和国刑法》第135条之一规定了大型群众性活动重大安全事故罪,明确了公共赛事办赛标准的底线。根据《大型群众性活动安全管理条例》第2条对"大型群众性活动"的界定,此次赛事属于"法人或者其他组织面向社会公众举办的每场次预计参加人数达到1000人以上的体育比赛活动"。晟景公司的主要责任人员作为此次赛事的组织者,未尽《大型群众性活动安全管理条例》第二章所规定的有关安全责任,存在违反安全管理规定的情形,涉嫌大型群众性活动重大安全事故罪。

3. 体育赌博犯罪

体育赌博犯罪仍是诉讼刑事司法关注的重点。现代体育博彩刑事纠纷呈现出违法体育博彩形式多元化、种类多样化的特点。首先,赌场之界定不再局限于具备特定物理空间的场所,通过网站、APP开设网络赌场的行为泛滥,不断侵蚀着合法体育博彩的领地。网络赌博中甚至出现了立体化、多层级的代理网。其次,违法体育博彩所针对的体育比赛不再仅限于球类比赛,电竞比赛已然成为违法体育博彩的对象之一。

2021年,从上海市普陀区人民检察院办理的一起开设赌场案可以看到,上线3个月的电竞赌博APP在网络上迅速膨胀。赌客可以通过此赌博APP进行充值,对电竞比赛结果按不同赔率押注。截至案发,此赌博APP收取用户充值赌资共计人民币 3500 余万元。经历了短暂的吸金后,何某、吴某等核心成员被抓获,他们的发财梦就此破灭,团伙 70 余人先后落网。2021 年 9 月 1 日,案件在普陀区法院开庭审理,主犯何某被依法判处有期徒刑 3 年 9 个月,并处罚金人民币 10 万元;其余被告人分别被判处有期徒刑 7 个月到 2 年 8 个月不等,并处 4000 元到 5 万元不等的罚金。类似的案件还有上海市浦东新区人民法院审理的张某等涉嫌开设赌场罪刑事案,罪犯通过开发、运营、推广带有赌博性质的"三三电竞"APP,吸引赌客通过支付宝等充值方式将钱款转入犯罪公司对公账户,并在平台按照 1∶1 的比例兑换相应虚拟币后对"王者荣耀""英雄联盟""CSGO"等游戏的比赛结果进行下注。

互联网时代下,电子竞技产业的蓬勃发展给经济带来新动力,但也成为赌博犯罪滋生的新领域。违法体育博彩行为的载体呈多样态,导致其隐蔽性、扩散能力也日趋增强。司法机关应协同侦查机关严厉打击违法体育博彩,共同优化甄别违法体育博彩行为的技术手段,从而维护我国合法体育博彩事业的秩序。

(二)体育行政诉讼

2021 年 7 月,国务院印发了《全民健身计划(2021—2025 年)》(以下简称《计划》)。《计划》显示,"十三五"时期,国家深入实施全民健身国家战略,全民健身公共服务水平显著提升,全民健身场地设施逐步增多,但全民健身公共服务供给不充分的问题仍然存在,其中全民健身设施的安全保障问题也受到了《计划》的高度重视。多地公共体育设施存在产品质量问题,且普遍存在超期服役,损坏严重却得不到更换、保养、修缮的问题。同时,其相应配套设备也未按照《室外健身器材的安全 通用要求》(国家标准 GB 19272—2011)进行合理配置,比如单双杠等器材的跌落区域未按国标配置缓冲层等。公共体育设施存在的种种问题为全民健身埋下了巨大的安全隐患。

行政公益诉讼可以促进建立健全公共体育设施的管理制度,敦促相关行政机关加强沟通与协调,形成保障全民安全健身的司法行政合作制度。各地检察机关利用行政公益诉讼职能为全民安全健身保驾护航。贵州省怀仁市人民检察院、甘肃省兰州市安宁区人民检察院、新疆维吾尔自治区塔城市人民检察院、黑龙江省富锦市人民检察院等多地人民检察院积极履行行政公益诉讼职能,实地走访公共器材所在地,主动挖掘线索,积极调查取证,必要时还采用公开听证的办案方式,探索办理涉公共体育设施公益诉讼案件的新思路。各地人民检察院以向相关主管行政机关发出诉前检察建议的方式,督促行政机关履行公共管理职能,要求其对相关设施进行检修,并对存在重大安全隐患的设施进行更换。

上海锐宁体育管理有限公司(以下简称"锐宁公司")、上海精文足球俱乐部等诉上海市静安区体育局行政纠纷案是2021年最具代表性的体育行政纠纷之一。2003年2月28日,原上海市闸北区人民政府(以下简称"原闸北区政府")与上海大学签订《体育园林化建设合作意向书》,约定改建体育场地,该场地由原闸北区政府和上海大学共同管理,原闸北区政府委托原上海市闸北区体育局(以下简称"原闸北区体育局")进行管理。2010年7月23日,经原闸北区体育局领导同意,闸北足协与锐宁公司等多家公司签订《合作协议》,为该场地的改造和日常管理使用引进社会资金。2015年11月,因上海闸北区、静安区"撤二建一",原闸北区体育局的职能由静安区体育局承继。2017年2月13日,在未能协商一致的情况下,静安区体育局强行收回涉案场地。锐宁公司、上海精文足球俱乐部等五单位对此不服,遂诉至法院。该案的核心争议点为静安区体育局是否有权收回涉案场地。静安区人民法院一审认为,锐宁公司对涉案场地进行管理取得了闸北足协的同意,加之静安区体育局自认曾将涉案场地交由闸北足协使用,故认定锐宁公司有权使用涉案场地。上海市第一中级人民法院二审维持原判,认为锐宁公司等单位基于《合作协议》,对涉案场地享有相关权利,静安区体育局无权强制收回涉案场地。

随着我国体育事业的蓬勃发展,体育行政纠纷的样态逐渐多元化,纠纷的内核不再仅限于竞技体育领域,体育产权也已成为体育行政诉讼的争议焦点。这意味着体育行政纠纷司法解决机制落实"健全以公平为原则的产权保护制度",这是全面推进依法治国、实现体育治理能力与体育治理体系现代化的必由之路。

(三)体育民事纠纷

1. 侵权责任纠纷

《民法典》第1176条自甘风险规则有利于统一体育领域侵权责任纠纷的裁量尺度,使得该类纠纷的司法解决更加公平公正。《民法典》颁布之前,公平责任规则被广泛应用于该类纠纷的解决,此种处理方式会挫伤赛事主办方举办体育活动的积极性,也会挫伤体育运动爱好者参与体育活动的积极性。

因此,自甘风险规则对我国体育事业的发展有着重要意义。

自甘风险规则首案在北京市第三中级人民法院审理,为该规则的准确适用指明了方向。2017年,在篮球训练过程中,扈某与张某相撞,导致扈某摔倒受伤。扈某及其法定代理人一纸诉状将张某告上法庭。一审中,北京市朝阳区人民法院认为,张某与扈某在篮球活动中发生碰撞,并造成扈某受伤,对此张某主观上不存在过错,故不应承担过错责任;但鉴于扈某的损害结果与张某有一定的关系,张某应依据公平责任条款分担扈某的合理损失。北京市第三中级人民法院在二审程序中认为本案纠纷发生时,当时的法律、司法解释缺乏具体规则,因此理应适用《民法典》第1176条的规定。二审法院通过视频资料,基于一般认知,认为张某的行为符合一般的运动规律,张某不存在故意或重大过失;因此,张某不应对扈某受伤承担赔偿责任。二审法院之裁判将为人诟病的公平责任条款从同场竞技参与者责任纠纷中抽离,为自甘风险条款的具体适用提供了明确的裁判导向,充分实现了此法条的立法价值。

法院对《民法典》第1176条规定的"受害人"的解释不再仅限于体育运动员主体,还涵盖了体育运动参与者;同时,法院在适用本条款时也尝试打破裁判惯性,认为损害结果不限于身体权,还可涵盖财产权。在人防公司与粤和兴公司等侵权责任纠纷案中,人防公司系"白鲨号"游艇的所有权人,粤和兴公司系"中国杯24号"游艇的所有权人。两艘游艇在竞赛期间发生碰撞事故,两艘游艇均不同程度受损。人防公司诉至法院,请求粤和兴公司承担赔偿责任,粤和兴公司则提起反诉。广东省高级人民法院的生效判决认为,双方当事人具备对帆船竞赛固有风险的认知能力,仍然自愿报名参加该项活动,在竞赛中因对方参赛者的行为而遭受损害,符合自甘风险条款的适用场景,且双方均不存在故意或重大过失,因此法院判决驳回双方当事人的诉讼请求。这一裁判思路彰显了司法对体育自治原则的尊重以及对体育竞技精神的鼓励。

2. 体育组织者责任纠纷

随着我国马拉松赛事的蓬勃发展,我国民众对马拉松赛事也更加青睐,马拉松产业日渐繁荣。马拉松赛事,尤其是山地马拉松赛事,是一项高风险的体育赛事活动。因此,比起赛事的收益,赛事组织者应以马拉松选手的安全为重,主动承担安全保障义务。

2021年,北京市高级人民法院对马拉松赛事组织者责任纠纷的处理模式给出了裁判思路。2017年6月10日,"2017北京灵山100国际山地越野挑战赛"在北京灵山举行。于亮参加了该赛事50公里组的比赛,赛段上升海拔高度为2300米到2500米。比赛过程中,于亮倒地死亡,尸体未经尸检,推断死亡原因为猝死。一审法院认为,宾馆、商场、银行、车站、娱乐场所等公共场所的管理人或者群众性活动的组织者,未尽到安全保障义务,造成他人损害的,应当承担侵权责任。北京沐城苑体育文化传播有限公司不服一审判决,向北京市第三中级人民法院提起了上诉,二审法院判决驳回上诉,维持原判。后北京沐城苑体育文化传播有限公司再次向北京市高级人民法院提起再审申请,北京市高级人民法院审理后,于2021年6月3日作出判决,判令北京沐城苑体育文化传播有限公司和北京硬石动力体育有限公司共同承担赔偿责任。

本案审理过程中,马拉松赛事组织者是否履行了安全保障义务、赛事组织者应如何承担赔偿责任是本案的争议焦点。北京市高级人民法院认为,马拉松赛事组织者的安全保障义务是一个动态变化的过程,赛前、赛中、事后三个阶段的安全保障内容存在一定的差异。马拉松赛事的组织者在赛前应告知选手赛事的危险性,严格检查运动员的身体状况是否适合参加比赛,对运动员可能出现的伤亡情况制订全面的应急预案或医疗预案;在比赛中,应配备专业的医护人员,准备充足的医疗器械和医疗设备等;在发生事故后,应及时、有序组织专业的医护人员到达现场对选手开展有效的救助。另外,各级法院都承认此类马拉松赛事的危险性,认为基于一般生活经验,涉案的越野跑具有极强的体育专业性,选手在参加如此高强度的体育活动时应当量力而行,时刻关注自己的身体状况,涉案选手伤亡的主要原因系其自身身体状况出现了问题,因此各级法院均认可减轻组织者的责任,让其承担法院酌定的赔偿数额。纵观法院的裁判思路,体育活动组织者责任纠纷的处理逻辑基本被厘清,法官充分考虑体育赛事的特性,尽力在保护运动员权利与鼓励体育赛事发展之间实现平衡。

3. 学校责任纠纷

规避风险成为许多学校软化体育活动对抗性的重要理由之一,然而,这种违背体育活动本质的学校体育与学生身体素质健康发展的理念背道而驰。《民法典》相关条款的准确适用承载着扭转学校体育尴尬局面和补正学校体育发展中薄弱环节的职责。但在司法实践中,法院对学校责任纠纷的释法说理较为模糊,且仍对学校课以较为严格的责任。

在无民事行为能力人参加学校体育运动受到人身损害的情形下,多数法院并未能在此类争诉的判决中说明学校该如何自证无过错。北京某幼儿园一名大班学生所在班级在户外开展活动,此学生在进行跨板跳运动时摔倒而受伤。事发时有一名老师在场,学生受伤后,在场老师立即将其扶起并查看受伤情况,还联系了其母亲。后学生的母亲将校方告上法庭,要求校方承担责任。北京市平谷区人民法院以"被告不能证明其尽到了教育、管理职责"为由,要求校方对学生受伤承担全部赔偿责任。此种判决过于草率,无法起到指导校方优化自身管理的积极作用,反而挫伤了学校组织无民事行为能力人开展体育活动的积极性。而在限制民事行为能力人参加学校体育运动受到人身损害的情形下,法院判断学校是否存在过错的标准过高。一名中专学生代表班级参加足球比赛,担任守门员,校方在赛前对学生进行了安全教育、为参赛学生购买了意外伤害保险、聘请足球教练进行了培训,以及尽到了告知家长的义务。此学生在比赛中受伤,其家属仍诉至法院要求校方承担相应责任。从法院认定的事实来看,校方具备较高的风险防范意识,甚至还为学生购买了保险,即便如此,法院仍然认为校方对学生的损害存在过错。这对校方的要求过于严苛。《民法典》为学校体育松绑的任务仍然艰巨,还需司法实践突破裁判惯性,主动肩负起推动学校体育发展的重任。

4. 体育知识产权纠纷

在司法实践中,体育赛事节目构成我国著作权法意义上的作品已成不争的事实。在上海聚力传媒技术有限公司诉深圳新感易搜网络科技有限公司体育知识产权纠纷案中,法院认为,涉案足球赛事节目具有独创性,因为作品创作者通过设置多机位、切换镜头、回放慢动作、捕捉精彩镜头等方式,对连续画面进行了选择、编辑、处理,属于文学艺术领域的"独创性的表达";同时,涉案足球赛事节目在摄制同时即实现了固定,符合我国著作权法对类电影作品"摄制在一定介质上"即固定性的要求。

上海知识产权法院在本案中还探讨了一个数字时代下对体育知识产权保护具有重要意义的问题,即对被告能否适用"避风港"原则予以免责。上海知识产权法院认为,要免除被告的侵权责任,应符合主客观两个要件:一是客观上其系网络服务提供者;二是主观上无过错。被告始终未提供证据证明其以何种技术手段将被诉侵权作品链接至其应用程序,亦未提供完整的被链网址,故不足以证明其系网络服务提供者。此外,被告深谙西甲联赛的全球高知名度及其潜在的经济收益,被告专门开设的"体育"频道对热门比赛进行推荐,并对相关视频插播广告获取收益,但未尽到与其营利行为相应的审核义力,因此存在过错。这一裁判思路充分保护了数字时代的体育知识产权,规制了互联网平台随意传播体育赛事节目的行为,为深化我国体育产业发展作出了重要贡献。

5. 体育消费合同纠纷

数据显示,2020年中国的健身房有会员7029万人,渗透率为4.87%,随着近几年中国健身行业市场规模不断扩大,相关体育消费合同纠纷数量增长,健身房关门跑路、健身卡退费难等问题突出,因而如何维权成为民众关注的热点。为了专门化解此类纠纷,人民法院进行了有益的尝试,如青岛市李沧区人民法院不仅创设了体育消费纠纷巡回法庭,还设立了体育消费纠纷诉前调解工作室,尽力实现纠纷解决的低成本化与快速化。

随着体育消费纠纷的司法解决机制在机构设置上逐步完善,相关纠纷的裁判思路也逐渐清晰。此类纠纷的核心争议点是消费者是否可以任意解除合同。多数法院认为,体育消费合同中的消费者可以合理理由解除合同,理由有二:首先,消费者的权益值得获得倾向性保护。体育消费合同兼具预付合同的特质,实践中往往采取"先预付后消费"的运作模式。因此,当消费者在支付预付款后,便丧失主动权,之后合同的履行主要依赖经营者的诚信,故该类合同的特征表现为合同风险的单向性、合同条款的格式化等,消费者的弱势地位明显。其次,健身服务合同具有较强的人身属性,强调双方的信任基础,不适宜强制履行。但一般认为消费者解除合同应基于合理的理由,比如,所指名的教练离职、健身房搬迁、消费者面临的现实状况致无法实现合同目的等;若以明显不合理的理由任意解除合同,法院也可能不支持消费者解除合同的诉求。法院对体育消费者的倾向性保护体现了司法在鼓励体育消费的同时又对体育产业乱象起着纠正作用,为体育产业的法治化铺设了康庄大道。

6. 体育彩票合同纠纷

备受各方关注的"西安千万彩票易主案"二审于2021年年底正式宣判。案件事实虽略显荒诞,但充分展现了委托他人购买体育彩票的潜在风险。姚某系王某经营的彩票店的常客。2019年7月某日,姚某委托王某为其购买彩票,随后,王某通过微信向姚某发送两张彩票照片(记载有彩票号码)。当天晚上,体彩超级大乐透开奖后,姚某发现自己中奖,前往彩票店欲取回彩票,王某却告知姚某中奖彩票系他人购买,其操作失误将他人所购买的彩票拍照发送给姚某。当晚,双方因彩票归属问题产生争议。次日,姚某与王某签订了"和解协议",约定王某支付姚某15万元精神损失费,姚某不再追究此事。后法院查明该涉案彩票实际兑付人为王某的表哥高某。姚某诉至法院,要求确认其与王某所签协议无效。陕西省西安市中级人民法院认为按照各方的交易习惯,姚某通过微信转账支付票款,王某收款后,将彩票投注号码拍照发送给姚某,双方的委托购买体育彩票合同便已经成立生效;王某不能提交证据证明高某付款、验票以及两人已就该张彩票形成合意之过程,且其亦不能明确原本应发送给姚某的彩票投注号码并予以印证,这显然有违常理。法院最终以诚实信用原则与公序良俗原则作为裁判依据,撤销了姚某与王某之间的"和解协议"。由此可见,在体育彩票纠纷中,辅之以民法基本原则,委托合同与不当得利的相关条款系法院解决此类纠纷的核心依据,同时,彩民的交易习惯亦是法院考量的重要因素,体现了法院对当事人意思自治的尊重,充分保护体育彩票的交易安全。

7. 体育工作合同纠纷

直至今日,足球运动员的工作合同纠纷是否属于法院管辖的范围仍存在争议,司法实践中仍存在不同的处理模式。辽宁省高级人民法院认为,足球行业是一个特殊的行业,足球运动员与职业足球俱乐部之间有着特殊的劳动关系,根据特殊法优于一般法的原则,双方之间的工作合同纠纷可适用《体育法》的规定,由中国足协仲裁委员会管辖,而不归法院管辖。此种处理方式饱受争议。司法实践中已有法院开始打破这一处理模式的藩篱。北京市第二中级人民法院针对这类案件的处理模式有较强的突破性,认为中国足协仲裁委员会属于协会内设的纠纷解决机构,不属于《中华人民共和国仲裁法》规定范围内的仲裁机构;因此,双方在合同中约定由协会来处理纠纷,不影响法院行使管辖权。而辽宁省沈阳市中级人民法院则另辟蹊径,采取了较为保守的处理模式,以迂回的释法说理方式避免了对中国足协仲裁委员会进行定性,沈阳市中级人民法院认为,此类案件争诉至法院并不违反《中华人民共和国民事诉讼法》规定的一般起诉条件,因此法院对案件具有管辖权。司法实践中的处理方式,体现了法院对中国足协仲裁委员会的地位的摇摆不定的态度。体育工作合同纠纷的解决机制应得到明确,但无论如何,司法始终是最后一道保障线。

六、仲裁解决

在体育领域,CAS 为国际体育纠纷提供了高质量、高成效的纠纷解决机制。CAS 以其现有裁决为资料库,逐渐发展出一个解决国际体育纠纷的判例体系,这已成为解决和避免国际体育纠纷的重要参考依据。对 CAS 案例的剖析与解读,有助于我们深入了解 CAS 的运行程序与裁判逻辑,这不仅可以成为我国体育仲裁制度构建的镜鉴,还有助于我国做好应对国际体育纠纷的准备。

2021 年,CAS 作出裁决且公开裁决书的案件共计 50 个,其中,普通仲裁庭案件 1 个,上诉仲裁庭案件 39 个,东京奥运会临时仲裁庭案件 9 个,反兴奋剂仲裁庭案件 1 个。上诉仲裁庭处理的案件数量和种类最多,临时仲裁庭和反兴奋剂仲裁庭由于受案范围的专门化设置,在受理案件的数量和争议类型上偏少,普通仲裁庭由于案件以不公开为原则,通常难以知悉其案件的实际解决情况,但 CAS 门户网站数据统计显示,1986 年至 2020 年间,普通仲裁庭受理的案件数量远远少于上诉仲裁庭,但多于临时仲裁庭和反兴奋剂仲裁庭。

从 CAS 于 2021 年发布的公报(CAS Bulletin)来看,其收录了有关《欧足联财政公平法案》及当事人基本权利的 2 篇主题论文、CAS 裁决的 8 个典型案例,以及瑞士联邦最高法院对 CAS 裁决进行审查的 5 个案件,选取的典型案例均为上诉案件,主要涵盖兴奋剂争议解决、足球运动的争议解决。值得注意的是,公告梳理了 CAS 上诉仲裁庭审理的与《欧足联财政公平法案》相关的 20 余个案件,归纳了主要的纠纷类型,提炼出上诉仲裁庭处理该类争议的相似观点,例如,仲裁庭通常依据欧足联对于"逾期应付款"的规定处理相关争议;欧足联对于是否存在"三年规则"的例外具有决定权;涉及《欧足联财政公平法案》的纠纷,其证明标准为放心满意标准。

(一)CAS 普通仲裁庭

CAS 普通仲裁庭通常受理非纪律性质的体育纠纷,但实践中也涉及未经体育组织内部救济程序直接提交给 CAS 的纠纷,CAS 普通仲裁庭在 2021 年作出并公开的唯一一份裁决书即属于该种情况,裁决处理的是国际田联诉女子田径运动员谢尔比·霍利汉（Shelby Houlihan）的兴奋剂违纪纠纷。在国际田联提交普通仲裁庭申请前,当事双方已经历过上诉仲裁庭的部分审理程序,即运动员谢尔比·霍利汉诉国际田联的上诉案件（CAS 2021/A/7913）,CAS 上诉仲裁庭初步审理后,于 2021 年 5 月 12 日驳回了运动员的临时措施申请,同日,提起上诉的运动员撤回上诉,于是,在 2021 年 5 月 20 日该案被终止。国际田联在 2021 年 5 月 18 日将争议提交 CAS,要求其支持运动员构成兴奋剂违纪并处以 4 年禁赛处罚的主张,由于双方根据国际田联反兴奋剂规则的规定达成了协议,针对运动员违反国际田联反兴奋剂规则的兴奋剂违纪纠纷,双方可以直接提交给 CAS,无须经过国际田联的内部听证程序,本案最终被分配给 CAS 普通仲裁庭,普通仲裁庭经过审理后支持了国际田联的主张。

（二）CAS 上诉仲裁庭

通过对 CAS 门户网站数据库进行检索,发现 CAS 在 2021 年作出并公开了 39 个案件裁决书。从纠纷类型看,包含转会（Transfer,T）纠纷 3 个,除转会外的合同［Contractual litigations（except transfer）,Ct］纠纷 18 个,兴奋剂（Doping,Do）纠纷 5 个,除兴奋剂外的纪律［Disciplinary（except doping）,Di］纠纷 6 个,除国籍外的参赛资格［Eligibility（except nationality）,E］纠纷 1 个,体育组织管理类（Governance,G）纠纷 5 个,其他类（Other,X）纠纷 1 个。从运动项目看,涉及足球运动的纠纷 30 个,涵盖转会（3 个）、合同（18 个）、体育组织管理（4 个）、除兴奋剂外的纪律（5 个）纠纷四个类型;田径运动纠纷 3 个,均为兴奋剂纠纷;板球运动纠纷 1 个,属于除兴奋剂以外的纪律纠纷;自行车运动和网球运动的兴奋剂纠纷各 1 个;有关马术运动的其他类型纠纷 1 个;体操运动的非国籍参赛资格纠纷 1 个;空手道运动的体育组织管理类纠纷 1 个。足球领域的体育纠纷依然是 CAS 上诉仲裁庭的主要纠纷来源。

1. 合同纠纷

18 个合同纠纷均发生在足球领域,主要是足球俱乐部与运动员、教练员之间有关合同终止及损害赔偿的争议。从纠纷分布来看,俱乐部诉运动员的纠纷最多,共计 7 个。俱乐部的注册地涉及突尼斯、希腊、土耳其、匈牙利、斯洛伐克、保加利亚、摩洛哥、科威特、中国、赞比亚、西班牙和英国,以欧洲职业足球俱乐部为主。从案件裁决结果来看,除去合并审理的案件外,裁决结果为部分支持的案件有 9 个,裁决结果为驳回的案件有 8 个,总体呈现较为均

2. 兴奋剂纠纷

5个兴奋剂案件分布在田径运动(3个)、网球运动(1个)以及自行车运动(1个),均为运动员诉国际单项体育联合会的争议。田径运动员诉国际田径联合会的3个案件(CAS 2019/A/6168、CAS 2019/A/6167、CAS 2019/A/6161)争议内容相似,都是对CAS普通仲裁庭的一审裁决不服提起的上诉,原裁决由国际田联提起,被申请人是俄罗斯田径联合会及相关运动员(CAS 2018/O/5671、CAS 2018/O/5712、CAS 2018/O/5668),与俄罗斯莫斯科反兴奋剂中心的前主任格里戈里·罗琴科夫(Grigory Rodchenkov)指控俄罗斯有组织地使用兴奋剂事件相关,CAS的一审裁决认定运动员违反了国际田联的反兴奋剂规定,构成兴奋剂违纪。上诉仲裁庭审理后驳回1个案件的上诉,维持了一审裁决,取消2个案件的一审裁决,认为国际田联指控运动员构成兴奋剂违纪的证据不足,支持了上诉运动员的部分主张。

2021年的典型案例部分涉及兴奋剂违纪案件中认定运动员证明责任是否完成的纠纷,仲裁庭将CAS 2020/A/6978和CAS 2020/A/7068两个案件合并审理,在运动员不能证明违禁物质来源时,采用比例平衡方法判断运动员的主观故意证明责任完成与否,仲裁庭认为运动员没有完成证明责任,其需要通过提供具体且有说服力的证据来证明比例平衡上的缺乏使用违禁物质的意图。

3. 其他纪律纠纷

2021年公开的6个除兴奋剂外的其他纪律纠纷案件,包含5个足球运动的案件,1个板球运动的案件。

有关足球运动的案件中有4个是俱乐部对国际足联(FIFA)纪律处罚决定不满提出的上诉(CAS 2019/A/6393,CAS 2020/A/7008 & 7009,CAS 2020/A/7369,CAS 2021/A/7685),有1个是俱乐部将FIFA和利益相关俱乐部同时作为被上诉人向CAS上诉仲裁庭提出申请(CAS 2020/A/6912)。案件涉及俱乐部未尽到披露义务、未遵守CAS的裁决、未尽到FIFA规则体系下的财政责任和支付债款的义务,还包括对FIFA处罚的决定权、证明责任和举证问题的判断等,属于FIFA规则体系在调整俱乐部行为时所产生的纠纷,尤其是在FIFA对违反其规则的行为方给予处罚后,被处罚方通过提交CAS申请仲裁的方式获得重新审视FIFA处罚决定的机会。从裁决结果上看,上诉仲裁庭支持上诉人主张的案件1个,部分支持的案件1个,驳回的案件3个。

板球运动的纪律纠纷则属于两个合并审理的案件,处理巴基斯坦板球委员会与运动员之间的反腐败纠纷(CAS2020/A/7358 & 7366),该案涉及举证责任和舒适满意的证明标准,仲裁庭驳回了巴基斯坦板球委员会对运动员的上诉,支持了运动员的部分主张,修改了被上诉决定,在缩减运动员资格限制时间的同时,增加了罚款内容。

2021年的公告列出的除兴奋剂外的纪律纠纷典型案例CAS 2020/A/735涉及判断新冠病毒检测要求是否构成欧足联规则中"旅行限制"的纠纷,上诉仲裁庭认为,按照《2020—2021赛季欧洲冠军联赛规则附件I》的规定,比赛地的新冠疫情防控要求属于欧足联规定体系下的一种"旅行条件",而非"旅行限制",俱乐部的队员新冠病毒检测呈阳性是导致比赛无法进行的原因,应对比赛无法进行担责。

4. 体育组织管理类纠纷

在CAS公开的5个管理类纠纷中,有4个涉及足球运动,1个发生在空手道项目中。足球运动的管理类纠纷集中在体育组织内部的官员选举纠纷,具体表现为国家单项体育协会的执行委员会选举纠纷,有三个案件涉及伊拉克足球协会执行委员会的选举(CAS 2018/A/5719,CAS 2018/A/5824,CAS 2018/A/5876),相关人员不服伊拉克足协的决定,要求获得候选人资格,上诉仲裁庭审理后认为,伊拉克足协执行委员会的选举存在实质性瑕疵,应尽快按照其规则重新进行选举,并认为伊拉克足协禁止上诉人从事足球相关活动的决定缺乏证据,确认了上诉人的候选资格。在新加坡空手道联合会诉世界空手道联合会的案件中(CAS 2020/A/7549),上诉仲裁庭驳回新加坡空手道联合会的主张,支持世界空手道联合会纪律及法律委员会法庭的决定,新加坡空手道联合会将暂时保持独立,由世界空手道联合会大会来决定其成员资格。

5. 转会纠纷、参赛资格纠纷与其他类纠纷

3个转会纠纷均被驳回,其中1个案件涉及未成年人转会,CAS上诉仲裁庭认为国际足联拒绝俱乐部要求批准国际转让证书的要求是正确的,运动员并未证明其符合国际足联相关规则的例外(CAS 2020/A/7503),另外2个案件主要争议在培训补偿上,上诉仲裁庭认为俱乐部应按照国际足联球员身份委员会和争议解决委员会的决定支付培训补偿(CAS 2019/A/6639,CAS

2020/A/7252）。

非国籍问题的参赛资格纠纷发生在加拿大体操协会与国际体操联合会之间,前者对2020年东京奥运会名额分配不满,向CAS提起上诉,认为被上诉人不正确地适用了其奥林匹克资格制度,导致加拿大在2020年奥运会的蹦床体操比赛中获得了两个女子名额,但没有男子名额。仲裁庭通过分析相关规则并结合双方当事人的主张,驳回了加拿大体操协会的主张,认为国际体操联合会的名额分配并无不妥。

其他类纠纷发生在马术项目,即运动员和斯里兰卡马术联合会诉国际马术联合会一案,国际马术联合会的秘书长追溯性地取消了比赛,导致运动员通过比赛获得的奥运会排名积分被取消,其所在小组在奥运会排名中位置下降,斯里兰卡马术联合会也因此失去了奥运会参赛资格名额。上诉仲裁庭认为,国际马术联合会未能说明其追溯性取消比赛的正当理由,CAS裁决取消国际马术联合会内部法庭及其秘书长的决定,认可运动员所取得的积分。

(三)CAS东京奥运会临时仲裁庭

CAS在1996年亚特兰大奥运会上首次设立奥运会临时仲裁庭,主要解决发生在奥运会期间和奥运会开幕前10天内与奥运会相关的体育争议。在之后的所有夏季奥运会和冬季奥运会上,均延续了临时仲裁制度。2003年10月14日,国际体育仲裁委员会制定通过了专门适用于奥运会临时仲裁的《CAS奥运会仲裁规则》。2021年7月8日,国际体育仲裁委员会对该规则进行了修正,发布了新的《CAS奥运会仲裁规则》。

2021年,CAS东京奥运会临时仲裁庭一共公开了9个案件的裁决书,其中1例为代表官员出席资格纠纷,8例为运动员参赛资格纠纷,案件涉及代表出席资格纠纷和运动员参赛资格纠纷。我国的卢松教授担任了本次奥运会临时仲裁庭的仲裁员。

1. 代表出席资格纠纷

对于在27年前由于兴奋剂违规获得2年禁赛处罚的运动员,现今作为体育组织的官员能否被邀请参加奥运会的问题,CAS OG 20/04案件的仲裁庭认为,兴奋剂违规的追溯惩罚应有明确合理的期限,由于国际奥委会规定的追溯惩罚标准过于模糊,因此国际奥委会的规定无效。

2. 运动员参赛资格纠纷

第一种情形是受到国家奥委会会员组成影响或者体育组织的报名行为无效所导致的运动员无法获得参赛资格的纠纷。临时仲裁庭指出，当国家单项体育协会不是其国家奥委会的会员时，因为运动员无法得到其国家奥委会的指派，所以无法获得奥运会参赛资格（CAS OG 20/03）。针对国家奥委会在截止日期之前向国际单项体育联合会提交报名材料时遗漏上诉运动员的报名参赛信息，导致运动员无缘奥运会的情况，CAS OG 20/05 案件的仲裁庭认为参赛资格名单已经公布，变更决定会损害名单内已经获准参赛的运动员的合理期待，因此上诉运动员无法获得参赛资格。

第二种情形是运动员不符合参赛资格规定的纠纷。对于运动员在不符合国际单项体育联合会参赛资格规定的情况下，是否具有奥运会参赛资格的问题，CAS OG 20/12 案件的仲裁庭认为，本案体育组织的相关规定不具有处罚性质，国际单项体育联合会是否积极推动相关规定的宣传和实施并不构成运动员和国家单项体育协会不知晓规定的正当理由，新冠疫情不能脱离疫情影响评估，径直作为运动员未完成兴奋剂检测义务的主张，最终仲裁庭未支持运动员的诉求。

第三种情形是在时间紧迫的情况下，采用临时救济标准认定运动员是否具备参赛资格的纠纷。在 CAS OG 20/13 案件中，运动员八点半提出申请，要求暂停运动员所属国家代表团的教练人员取消其 200 米参赛资格的决定，然而 200 米的比赛将在两个小时后进行，CAS 临时仲裁庭主席在这种紧迫情况下，通过独立审查案件，认为从现有证据和资料无法得出运动员具有胜诉可能性的结论，该案不符合 CAS 先例所确定的申请临时救济的标准。

（四）CAS 反兴奋剂仲裁庭

CAS 反兴奋剂仲裁庭（CAS ADD）通过规定由反兴奋剂专家组成的独立机构对兴奋剂事项进行一审裁决，协调决定和原则，并降低成本，简化了国际单项体育联合会的反兴奋剂程序。2016 年反兴奋剂仲裁庭首次在里约热内卢奥运会和 2018 年平昌冬奥会上临时运营，并于 2019 年 1 月成为 CAS 的固定分庭。CAS 设立针对专门类型案件的仲裁庭，在一定程度上反映了兴奋剂纠纷专门化处理的需求和兴奋剂纠纷解决的专业化发展，与世界反对与防治兴奋剂的主要方向相契合。国际体育仲裁理事会（ICAS）在 2021 年 12 月 17 日发布的《2020 年度年报和财务报表》中特别介绍了反兴奋剂仲裁庭的工作内容和程序,统计结果显示,反兴奋剂仲裁庭在 2020 年一共启动了 8 次程序。

反兴奋剂仲裁庭在 2021 年作出并公开的一份裁决,是世界羽毛球联合会诉运动员的案件(2020/ADD/12)。2019 年 8 月 25 日,在非洲运动会举行期间,本案运动员提供了比赛中的 A、B 两个尿样,随后世界反兴奋剂机构(WADA)认可的实验室按照 WADA 的国际实验室标准中规定的程序对尿样进行分析后,发现其中存在 2019 年 WADA 禁药清单中的违禁物质瘦肉精。2020 年 9 月 17 日,世界羽联在与 WADA 进行了多次通信后,发布了对运动员的兴奋剂违纪指控。2020 年 9 月 25 日,世界羽联向反兴奋剂仲裁庭提出仲裁请求,独任仲裁庭审理后认为,运动员违反了《世界反兴奋剂规则》,构成兴奋剂违纪,指出运动员的过失或疏忽并不影响违纪行为本身的定性,这类主观过错是衡量违纪后果需要考虑的因素,运动员最终被禁赛 4 年。

七、体育纠纷解决法治发展展望

(一)协会内部解决

由于体育纠纷自身的专业性、技术性等特点,体育协会内部纠纷解决机制在维护体育秩序,推动体育行业健康发展方面起到了重要作用。其作用是有目共睹且不可替代的,但也存在诸多不足之处。比如,周琦续约合同纠纷中就存在中国篮协内部纠纷解决机制与体育仲裁、司法诉讼衔接不畅的问题。篮球行业的纠纷由中国篮协内部的仲裁机构处理,起到解纠的重要作用。但是周琦挑战规则,是否允许周琦有更多救济途径来维护运动员的合法权益呢?未来体育仲裁院建立后,体育纠纷解决机制之间如何衔接?国际奥委会主席巴赫认为,在全世界范围内,体育必须享有自治权。在体育行业自治的前提下,我国应加强体育协会内部纠纷解决机制与外部纠纷解决机制的衔接,明确内部纠纷解决机制与体育仲裁的关系,完善司法对内部纠纷解决机制的外部监督。

此外,体育协会要加强自身规范发展,完善法律顾问聘用制度,明确法律顾问的工作职责,健全法律顾问使用机制,提高依法治体的水平,促进体育治理体系和治理能力的现代化。

(二)行政复议

我国体育行政部门应继续推进行政复议制度改革,增强体育行政复议制度的公信力,提升体育行政复议化解体育行政争议的能力,继续扩大体育行政复议受案范围,完善体育行政复议程序,优化行政复议决定体系,加强行政复议对行政执法的监督;充分发挥政府法律顾问和有关专家的作用,利用他们的法律专业知识和实践能力为依法决策、依法行政提供保障。

我国体育行政部门应还应继续规范执法队伍,强化法律责任,建构体育行政执法责任制,探索体育行政执法考核评议及奖惩方式,不断明确执法主体、执法资格、执法范围、执法权限、执法程序和执法责任,以此提升行政执法水平,将体育行政管理工作纳入法治化轨道;积极组织法律知识培训班"以会代训""以考促学",提高依法行政水平和能力;合理调配编制资源,为体育行政复议工作配备足够且专业的工作人员,为高效开展行政复议工作提供良好条件。

(三) 调解解决

从国际层面来看,体育调解是各国解决体育纠纷的重要组成部分。从我国来看,体育总局正式发布《"十四五"体育发展规划》中提到健全和解、调解和仲裁等体育纠纷解决机制。针对实践中存在的当事人调解意愿不高、调解执行率低下等诸多问题,我国要加强第三方(调解员)在调解中的释明和斡旋作用,借鉴国外现有的调解制度经验,建立独立的体育行业调解制度,推进我国体育法治化建设。未来可以由相关部门制定专门的体育调解规则,作为体育调解的基础性立法,这既有实践中的必要性亦有立法上的可行性。

(四) 司法解决

司法是依法治体的重要环节。在充分尊重体育领域自治的前提下,应当将司法作为纠纷解决的最终救济手段,贯彻落实司法最终裁决原则。推动体育法律问题诉讼化,让法院去解决体育领域的疑难纠纷,对于推进体育法治化和体育强国建设意义重大;体育产业、职业体育以及全民健身等领域,也都迫切需要司法力量的介入。总体而言,当前我国《体育法》及其他相关规范司法化程度较低。具体来说,我国法院对体育领域纠纷的司法裁判存在以下问题:

一是与数量庞大的体育纠纷相比,真正援引《体育法》等相关法律规范的裁判较少,多数纠纷仍然是完全按照民事纠纷、行政纠纷等类型进行处理,体育领域的独立性极少被考虑。这一问题一方面与《体育法》中存在过多宣示性条款难以在司法中被适用有关,另一方面也是因为《体育法》关于体育纠纷法律责任的条款并没有随着竞技体育职业化和市场化发展而修改完善,其本身就存在缺陷,且《体育法》未对体育纠纷及违法行为作出明确规定,使得《体育法》很难在司法实务中得以适用。二是法官对《体育法》及相关法律规范的了解不足,援引程度低,甚至偶有援引已废止之条文的情况。这一问题的存在与当前《体育法》等法律规范的存在感低,对《体育法》及其他相关法律规范的学习、宣传不足有很大关系。三是体育纠纷的司法裁判中,法院对于体育领域之特殊性考虑不足,较少有兼顾体育领域自身特点和当事人权益保障的司法裁判。例如在"信鸽纠纷"案中,法院或过于强调体育领域自治性而排除司法管辖,或过于强调司法手段对于当事人利益保护之重要性,通过解释绕过《体育法》相关规定不予适用,未能在二者之间寻得较为恰当的结合点。四是体育纠纷解决中,司法作为最终救济手段的功能仍未得到充分发挥。例如在诸多裁判中,法院认为基于《体育法》的规定,该争议需要由体育仲裁机构处理因而不予受理,但是鉴于我国体育仲裁制度尚未建立,当事人处于进退两难的境地,权利保障也因之落空。在此种情况之下,司法应发挥其最终救济手段的作用。

高度重视体育领域纠纷的专业性、技术性,全方位精准把握各方主体纠纷的司法解决需求,这都将成为未来优化国内体育纠纷司法解决机制的突破口。国内体育纠纷的司法解决机制仍应以实现审判人员的专业化为首要任务,建立健全体育专家智库,同时尝试设立专业体育法庭,以专业的审判提升司法公信力。此外,在体育纠纷类型、主体日趋多元的情形之下,司法机关应重视打造多元化纠纷解决机制,加强司法机关与行政机关的联动与配合,拓宽多元主体沟通渠道;努力实现诉调结合,协助各方主体共同建设体育领域纠纷的调解组织,加强多元化矛盾纠纷化解。

(五)仲裁解决

CAS 进一步突出人权保护在体育争议解决中的重要性和必然性,关注案件当事人的基本权利保护,坚持以往实践确立的标准,例如赛场判罚不予审查原则、采取临时救济的标准、不直接修改存在问题的体育组织规则、以建议与提醒的方式间接规范体育组织的行为;通过仲裁实践推动体育组织规则的有效实施、分析了兴奋剂案件中运动员主观故意证明责任是否完成的判断方法,通过处理与新冠疫情相关的体育争议,明确了新冠疫情下体育赛事未如期进行的归责,对以疫情作为抗辩理由的主张应谨慎判断。随着国际体育争议数量的不断增加,CAS 作为争议解决的核心仲裁机构的作用依然不可替代,在推动体育争议法治化解决的进程中发挥着重要作用,在社会环境不断变化、体育组织规则日益完善、运动员维权意识愈发强烈的趋势下,CAS 的仲裁解决机制只能不断完善,以应对变化和挑战,通过保障体育争议解决的公平与效率,彰显自身优势,进而获得体育组织、运动员乃至国家和国际立法、司法体系的认可。我们应继续关注 CAS 的发展,这在一定程度上有利于提高我国参与国际体育争议解决的能力,维护我国运动员和相关体育组织的合法权益,CAS 的争议解决机制、争议解决的实践经验和发展路径亦可供我国相关部门在建立和完善中国体育仲裁制度时参考。

反兴奋剂法治发展报告(2021)

一、反兴奋剂法治发展概况

2021年,中国反兴奋剂法治进程持续稳定向前推进,在多个方面取得显著进步。在反兴奋剂立法方面,为了与国家体育法治建设的深化和反兴奋剂国际规则的修订相适应,多个重要文件得到修改或制定。在反兴奋剂执法司法方面,体育行政部门和公安、海关等部门加强合作,为常态化的反兴奋剂综合治理打下了良好基础,适用《兴奋剂刑事司法解释》的第一案——秦某某、赵某非法经营案[①]——在上海宣判,我国兴奋剂入刑已迅速从立法进入司法层面。在反兴奋剂组织体系建设方面,除港澳台地区外,内地31个省(区、市)有30个成立了省级反兴奋剂机构,38个国家运动项目管理单位全部成立了专门的反兴奋剂部门,"纵横交叉、上下联动"全覆盖的反兴奋剂组织体系得以进一步完善。

(一)反兴奋剂立法持续推进

随着《体育法》修订工作的进展和《反兴奋剂管理办法》《反兴奋剂规则》的修订实施,2021年反兴奋剂领域的规则体系建设也取得了显著成就。

2021年7月20日,修订后的《反兴奋剂管理办法》正式公布并施行,2014年11月21日颁布的《反兴奋剂管理办法》同时废止。体育总局于2021年7月19日发布并施行《国家体育总局兴奋剂违规责任追究办法》。与2021年开始实施的《反兴奋剂规则》相配套,中国反兴奋剂中心同年印发了两个重要的制度性文件。2021年4月15日,中国反兴奋剂中心印发了《兴奋剂违规听证实施细则》,这一文件补充、细化了《反兴奋剂规则》中关于听证的相关规

---

① 参见上海市第三中级人民法院(2020)沪03刑初182号刑事判决书。

定,具有较强的可操作性。2021年4月29日,中国反兴奋剂中心印发了《运动员行踪信息管理实施细则》,对《反兴奋剂规则》中关于运动员行踪信息管理的相关规定进行了补充和细化。

(二)《"十四五"体育发展规划》对反兴奋剂工作的周密部署

《"十四五"体育发展规划》在第十二部分对"十四五"时期的反兴奋剂工作进行专门部署,强调反兴奋剂工作的政治站位和风险防范,完善反兴奋剂工作的制度体系,强化反兴奋剂工作的实施措施,为"十四五"时期的反兴奋剂工作提供了遵循,指明了方向。《"十四五"体育发展规划》从"组织领导""组织机构""人才队伍力量"等方面提出组织建设的要求,特别强调压实反兴奋剂工作主体责任。反兴奋剂工作涉及面广、战线长,通过压紧压实责任,厘清责任链条,确保反兴奋剂工作各环节过程清晰、责任明确,形成反兴奋剂工作上下联动、齐抓共管的工作格局。《"十四五"体育发展规划》提出,做到兴奋剂问题"零出现",预防体系是关键,要在提高认识、加强宣传教育的基础上,加快构建反兴奋剂教育预防体系。"拿干净金牌"首先要紧盯关键岗位和重点环节,《"十四五"体育发展规划》有针对性地提出了"加快推进国家队兴奋剂风险防控体系建设"的要求。

此外,《"十四五"体育发展规划》还对检查、检测、调查、用药安全、行踪申报、交流合作等方面的反兴奋剂工作的组织实施作出了具有可操作性的规定。《"十四五"体育发展规划》十分重视科技在反兴奋剂工作中的作用,在科学研究和科研机构建设方面,强调"增强兴奋剂检查的科学性和针对性",提出"加强反兴奋剂最新技术方法、国际政策规则等研究与应用",要求"加强北京、上海兴奋剂检测实验室建设";在体育科技开发应用方面,提出"推进兴奋剂检测新技术、新方法的开发应用"和"提升兴奋剂违规调查的能力和水平";在信息情报收集利用方面,提出"大力推广运动员安全用药查询系统,加强运动员行踪信息申报",通过情报调查手段,发挥运动员生物护照监控作用;在反兴奋剂全球治理方面,提出要"促进反兴奋剂国际交流与合作",面向世界体育科技前沿,追踪世界体育科技发展,准确把握世界反兴奋剂斗争形势和动向,扩大我国反兴奋剂的国际话语权和影响力,为全球反兴奋剂治理提供中国方案。

(三)反兴奋剂宣传教育力度加强

2021年,围绕中国代表团备战和参加东京奥运会,反兴奋剂宣传教育力度比以往更大。在备战奥运期间,中国反兴奋剂中心在反兴奋剂教育中大力加强规则教育,强化规则意识,积极推进以"拿干净金牌"价值观为基础的全覆盖、全周期、常态化、制度化的反兴奋剂教育,对参加东京奥运会和备战北京冬奥会的中国体育代表团都实施了反兴奋剂教育参赛资格准入考核,所有人均须完成全部课程学习,并通过积分制考核以获得参赛资格。最终,中国代表团达到100%的合格率,并在东京奥运会上实现了兴奋剂"零出现"的目标。随着《刑法修正案(十一)》《反兴奋剂管理办法》《反兴奋剂规则》等重要法律文件在2021年正式施行,中国反兴奋剂中心在反兴奋剂教育中也调整和强化了普法内容。一方面,持续推进"以案为鉴"教育,及时发布典型案例和防范风险的通报,起到警示作用、震慑作用。另一方面,在教育内容上,增加了法治内容。2021年12月,国家级纯洁体育教育讲师培训班(第六期)暨全国反兴奋剂法规培训班在线举办,来自82个单位的1100余人通过视频形式在线参加了培训,深入了解了《反兴奋剂规则》适用过程中的主要问题,《刑法修正案(十一)》"妨害兴奋剂管理罪"的规定,以及《2022年禁用清单国际标准》的最新变化及相关要求。

(四)重大兴奋剂违规违法案件的查处

1. 适用兴奋剂刑事案件司法解释第一案

自《兴奋剂刑事司法解释》于2020年1月1日正式施行之后,全国多地公安司法机关迅速在所办理的刑事案件中适用了这一司法解释,真正开启了中国的兴奋剂入刑实践。其中,上海市第三中级人民法院于2021年3月29日对被告人秦某某、赵某作出一审判决,首次在判决书中正式援引该司法解释,在中国反兴奋剂斗争中具有里程碑的意义。该案中,被告人秦某某、赵某因非法经营兴奋剂,分别被判处有期徒刑4年、5年。司法机关准确运用该司法解释办理案件,对加强我国反兴奋剂综合治理、推进反兴奋剂斗争具有重要示范意义。

2. 湖北宜昌生产、销售含兴奋剂的有毒、有害食品案

中国反兴奋剂中心在办理某起兴奋剂违规案件过程中,将相关线索交给湖北省反兴奋剂中心。湖北省反兴奋剂中心在积极调查的基础上,协助配合公安机关破获了一起生产、销售含兴奋剂的有毒、有害食品案。2021年12月,两名被告人一审被人民法院以"生产、销售有毒、有害食品罪"分别判处有期徒刑5年、10年。

3. 孙杨兴奋剂违规案重新作出裁决

2021年6月，CAS宣布，对中国游泳运动员孙杨处以4年零3个月（51个月）的禁赛，这一裁决较之2020年2月的8年禁赛裁决惩罚力度有所减轻。CAS在2020年2月对孙杨兴奋剂违规案初次作出裁决，案件于2020年12月出现转折。瑞士联邦最高法院基于孙杨方的申请，认定CAS仲裁小组中的一名仲裁员存在偏见和歧视，撤销CAS于2020年2月28日对孙杨作出的8年禁赛处罚。2021年5月25日至27日，CAS重新组建的仲裁小组召开了连续3天的视频会议，控辩双方就各自立场进行了陈述。新的仲裁小组最终认定，孙杨在2018年9月的兴奋剂检测中违反了国际泳联的反兴奋剂规则，最终决定对孙杨禁赛4年零3个月。根据国际泳联自2021年1月1日开始执行的新版规定，对于运动员第二次未能遵守反兴奋剂规定的案件，处罚更具灵活性，可以根据当事人的过错程度等进行考量。据此，新的仲裁小组认为，综合考虑全部情况，可以按照相关规定的"最低值"对孙杨进行处罚，从而将禁赛期确定为4年零3个月。

二、反兴奋剂规范体系的发展

2021年，我国反兴奋剂规范体系建设在全面依法治国、依法治体的大背景下持续向前推进，取得了重大进展。为了更好地促进反兴奋剂工作合法合规开展，我国在法治保障层面及时对一些反兴奋剂法律文件进行了修订和完善。规则体系的发展变化进一步彰显了我国对兴奋剂"零容忍"的鲜明态度，同时也体现了反兴奋剂工作的法治化进步。

（一）修订《反兴奋剂管理办法》

为进一步规范国家体育事业发展，体育总局在向社会公开征求意见后修订并于2021年7月20日公布了《反兴奋剂管理办法》，重点关注了兴奋剂违规的种类、反兴奋剂工作职责、结果管理、惩处与奖励等内容。《反兴奋剂管理办法》的修订进一步完善、充实了我国反兴奋剂法律规范体系。

与2015年《反兴奋剂管理办法》相比，2021年修订的《反兴奋剂管理办法》虽然总条文数变化不大，但内容更加精准和细化，管理力度明显加强，全面规范和强化反兴奋剂工作。《反兴奋剂管理办法》共九章，分别是"总则""反兴奋剂工作职责""反兴奋剂宣传教育""兴奋剂检查与调查""兴奋剂检测""结果管理""惩处与奖励""药品、营养品、食品管理""附则"。

《反兴奋剂管理办法》从总体布局，提出国家对滥用兴奋剂"零容忍"的态度，引领我国未来反兴奋剂法治建设。"总则"部分明确规定，反兴奋剂工作坚持"零容忍"，坚持严令禁止、严格检查、严肃处理的方针，推动构建"拿干净金牌"的反兴奋剂长效治理体系，强调"惩防并举"，增加和完善兴奋剂违规的种类。

《反兴奋剂管理办法》对反兴奋剂工作职责进行了重要调整，进一步压紧压实各单位的反兴奋剂职责，提升各单位治理能力，建立长效治理体系。在体育总局的职责方面，增加"开展反兴奋剂宣传教育""制定兴奋剂检测机构管理制度并实施监管""协调和推动跨部门合作开展兴奋剂综合治理"等内容，更有力落实反兴奋剂的宣传、监管及部门合作职责，充分发挥体育总局领导协调全局的作用。在国家反兴奋剂机构的职责方面，删除"负责兴奋剂检测实验室的建设和管理"，增加"制定教育、检查、调查、结果管理、听证和治疗用药豁免等方面的程序和标准"，在原先"监督各级各类体育组织开展反兴奋剂工作"的职责基础上，增加"指导、协调"，并新增"各省区市"这一对象。由国家反兴奋剂机构统一反兴奋剂的程序与标准，更具权威性与合理性，在补充职责的同时增强反兴奋剂机构开展反兴奋剂工作的自觉性、主动性及联动性。此外，"全国性体育社会团体"和"国家运动项目管理单位"的反兴奋剂职责也有很大完善。并且《反兴奋剂管理办法》新提出"谁组队、谁管理、谁负责"原则，要求"负责备战任务的国家运动项目管理单位、全国性体育社会团体等单位承担国家队反兴奋剂工作职责，省级及以下体育行政部门承担省级及以下运动队反兴奋剂工作职责"，反兴奋剂工作按层级分配，上下衔接、各负其责，落到了实处，更具震慑性及严谨性。

在备受关注的兴奋剂违规"结果管理"方面，《反兴奋剂管理办法》突出了国家反兴奋剂机构的重要性，强调"兴奋剂的违规处理决定，由国家反兴奋剂机构审查通过后执行"，同时还要求国家反兴奋剂机构"定期汇总兴奋剂违规情况和禁止合作名单，及时对外发布"，既强化了国家反兴奋剂机构对兴奋剂违规的审查职责，又推动了兴奋剂违规结果管理工作的透明化及可监督化。

"惩处与奖励"一章也进行了较大幅度调整：①加大了对兴奋剂违规责任的追究力度，将"处分"修改为"惩处"，并结合《刑法修正案（十一）》增加追究刑事责任的情况，依法追究犯罪行为；对发生兴奋剂违规且被禁赛的运动员和辅助人员,显著加大处罚力度,同时加大对运动员管理单位的处罚力度。兴奋剂违规的追责方式、归责方式及处理程序得到规范及细化,更具程序正当性,提升了兴奋剂违规处理的专业水平。②增加了对涉及多个单位培养的运动员兴奋剂违规的追责方式,明确了国家队运动员在训练或者代表国家参赛期间兴奋剂违规的归责方式,赋予了各级体育行政部门管理权限,并明晰了具体的处理程序。③还关注到兴奋剂使用低龄化问题,增加了有关未成年运动员兴奋剂违规的规定,保障未成年运动员的身心健康。④鼓励知情人举报,新增了保护举报人安全和隐私的规定。

总的来看,《反兴奋剂管理办法》加大了打击兴奋剂违规的力度,展示了国家对兴奋剂"零容忍"的态度和对反兴奋剂工作规范性的维护及法治化治理的决心,同时体现了对反兴奋剂工作程序正当性和严谨性的要求,有助于提升反兴奋剂工作的专业水平,增强反兴奋剂工作的规范性与威慑力,发挥立法的引领与推动作用,促进中国体育事业健康长远发展。

(二)制定《国家体育总局兴奋剂违规责任追究办法》

为贯彻落实习近平总书记关于反兴奋剂工作的重要指示批示精神,深入推进反兴奋剂斗争,依据《中国共产党问责条例》《公职人员政务处分法》《反兴奋剂条例》《反兴奋剂管理办法》等法律法规,体育总局于2021年7月制定了《国家体育总局兴奋剂违规责任追究办法》。

《国家体育总局兴奋剂违规责任追究办法》坚持"零容忍"的原则,以"零出现"为目标,强化党政同责,明确了分层级的反兴奋剂责任体系,加大了对兴奋剂违规的打击力度,进一步健全了反兴奋剂工作管理制度体系,扎牢制度的笼子,持续营造反兴奋剂高压态势。《国家体育总局兴奋剂违规责任追究办法》共五章21条,分别是"总则""责任范围""责任追究方式和适用""责任追究程序"和"附则"。

《国家体育总局兴奋剂违规责任追究办法》在"总则"中明确规定兴奋剂违规责任追究的目标及原则,坚持目标导向,以统一原则贯穿责任追究全过程各方面,确保责任追究合理、合法、有序开展。具体而言,兴奋剂违规责任追究以"零出现"为目标,坚决做到"零容忍",必须坚持依法依规、实事求是、客观公正、错责相当、惩教结合的原则,做到事实清楚、定性准确、处理恰当、程序合法、手续完备。

"责任范围"主要包括"体育总局机关有关部门按照职能承担相应的监管责任""体育总局各项目管理中心、全国性单项体育协会承担所管理项目、赛事和国家队反兴奋剂工作的主体责任""地方各级体育行政部门承担承办赛事、参加赛事和本地方运动队反兴奋剂工作的主体责任"几个方面的内容,明晰了各地区、各单位、各部门和相关领导干部的主体责任、监管责任、领导责任,分层次、全覆盖、有重点,既督促各方落实责任又确保责任到人、责任到位,强调及时请示、报告反兴奋剂重大事项等有助于督导指引,层层压实责任,规范和完善反兴奋剂工作体制机制。

"责任追究方式和适用"一章,明确了对单位和个人两类不同主体的责任追究方式,发生兴奋剂违规,相关单位和人员存在失职失责行为的,应追究其责任。对单位进行责任追究的方式包括责令整改、责令检查、通报批评、调整领导班子等。对个人进行责任追究的方式包括批评教育、责令检查、通报批评、诫勉或组织处理、党纪处分、政务处分。该章还明确了可以酌情从轻或减轻处理的四种情形,以及应当从重或加重处理的五种情形。通过强化对单位与个人的责任追究,约束反兴奋剂工作中的不作为,整治乱作为,从而唤醒责任意识、激发担当精神,以共识和相应的制度规范坚决做到兴奋剂问题"零出现"。

"责任追究程序"一章明确了发生兴奋剂违规后运动员管理单位应"一案双查"的要求,要对反兴奋剂责任落实情况、存在的失职失责行为进行调查认定。合理界定责任范围,厘清权责归属,以事实为依据,查清责任事实,合理区分责任追究的界限,以制度为准绳,区分不同情况,准确研判。相关单位或个人对责任追究决定不服的,可依法进行申诉。责任追究决定作出后,发现事实认定不清楚、依据不充分、责任不清晰、处理不恰当等情况的,应当及时予以纠正。

(三)制定《兴奋剂违规听证实施细则》

兴奋剂违规听证是反兴奋剂程序中的重要一环,对运动员权利保障和反兴奋剂的公平公正具有重要意义。为进一步做好兴奋剂违规听证工作,规范兴奋剂违规听证程序,确保兴奋剂违规得到公平、公正、及时的处理,体育总局反兴奋剂中心在系统总结近年来反兴奋剂听证工作经验的基础上,依照《反兴奋剂规则》和《结果管理国际标准》的有关规定,起草制定了《兴奋剂违规听证实施细则》。作为与《反兴奋剂规则》配套的制度性文件,《兴奋剂违规听证实施细则》补充和细化了《反兴奋剂规则》关于听证的相关规定,进一步优化、完善了兴奋剂违规听证制度。《兴奋剂违规听证实施细则》于2021年4月15日发布并实施。

《兴奋剂违规听证实施细则》共五章42条，五章分别是"总则""听证专家组、听证员和听证参加人""听证会""临时听证会"和"附则"。

《兴奋剂违规听证实施细则》以程序公正保证实体公正，规范兴奋剂违规的听证程序，关怀和维护运动员及其他当事人的合法权益，实现真正的公平正义。在"总则"部分，明确了制定目的、听证的定义、适用范围、听证原则和举行听证的具体情形，第4条确立"听证应当遵循公平、公正和效率原则，维护当事人、利害关系人的合法权益"的听证原则，体现了兼顾秩序与权利的法治理念。

"听证专家组、听证员和听证参加人"一章对听证委员会、听证专家组的组成作了具体规定，对听证员、听证主持人、记录员的职责予以明晰，强调各司其职，在职能上充分分离，有效保证了听证的中立性和专业性。此外，对当事人、利害关系人的权利进一步明确，便于其在听证中依法维权。尤其需要注意的是，有关听证委员会组成的规定，采取兼容并蓄的原则，充分考虑了反兴奋剂工作不仅是体育专业领域的问题，更涉及法学、医学等专业领域，需要集中上述各领域的专家共同商议决定，以此维护相关当事人的基本权益。

"听证会"一章对听证的整个程序作出更为详尽明确的规定，使之更加规范及更具可操作性，保障当事人合法权益的同时彰显了听证的权威性与公信力。该章是《兴奋剂违规听证实施细则》中内容最多的部分，充分尊重运动员、利害关系人的意思表示，与国际接轨，规定听证程序可自决且在特定条件下，听证参加人可以通过视频、语音通话等方式参加听证会，充分保障其听证权。对"移送听证材料""组成听证专家组""回避""听证回避的决定"等也进行了细致的规定。严格规定证据收集、提交、交换以及证人作证的程序，确保证据及证言的合法性，将证据证言作为确认案件真相的重要手段。同时规定补充调查的程序，在一定程度上保证了听证结论的准确性。除此以外，还注重在确保听证会质量的同时提高听证效率，有效降低听证参加人各方面的成本。这一章以细致的规定对听证涉及的方方面面进行了规范，规制违法听证，确保兴奋剂违规得到公平、公正、及时的处理。

为了在国内重大综合性赛事举办过程中及时确定涉嫌兴奋剂违规当事人的参赛资格、比赛成绩等有关事宜，《兴奋剂违规听证实施细则》还专章规定了"临时听证会",对临时听证会的申请、临时听证会的程序及其与正式听证会的关系作出了专门规定,有助于最大限度地保障运动员参与体育赛事的权利,充分发挥听证的价值,高效化解相关的兴奋剂纠纷。

(四)制定《运动员行踪信息管理实施细则》

在反兴奋剂工作中,对运动员进行行踪信息管理是实施准确有效的兴奋剂检查的必要辅助手段。根据我国《反兴奋剂条例》《反兴奋剂管理办法》以及《反兴奋剂规则》的有关规定,参照2021年《检查和调查国际标准》的有关条款,体育总局反兴奋剂中心制定了《运动员行踪信息管理实施细则》,并于2021年4月29日发布实施。作为与《反兴奋剂规则》配套的制度性文件,《运动员行踪信息管理实施细则》对《反兴奋剂规则》关于行踪信息管理的相关规定进行了补充、细化,同时也结合《民法典》《个人信息保护法》《数据安全法》关于个人信息权保护的规定,融合了运动员信息权利保障的内容。

《运动员行踪信息管理实施细则》共七章33条,七章分别为"总则""运动员行踪信息库""行踪信息申报要求""未遵守行踪信息申报要求的后果""退役和退役后复出""行踪信息协调合作"和"附则"。对运动员行踪信息库的建立、分类、申报要求、相关后果、申报的终止等作出了详细的规定,为行踪信息的收集管理提供了具体的规范指引。

三、反兴奋剂法治实践的发展

2021年,围绕东京奥运会、十四运会等重大体育赛事及备战北京冬奥会,反兴奋剂工作稳步持续推进,在东京奥运会上实现了兴奋剂"零出现"的目标。与此同时,反兴奋剂制度建设成效显著,法治化水平不断提高,尤其是在兴奋剂入刑的司法实践上取得了突破性进展。

(一)全国反兴奋剂工作的法治进展

1. 反兴奋剂教育与普法

2021年,中国反兴奋剂中心开展各类反兴奋剂教育活动共计1991场,反兴奋剂教育呈现"百花齐放"之势。

随着"纵横交叉、上下联动"全覆盖的反兴奋剂组织体系的建设,中国反兴奋剂中心先后编写印发《国家队兴奋剂风险防控体系建设指南》《国家队兴奋剂风险防控体系建设最佳实施模式》和《省级反兴奋剂工作最佳实施模式》

等指导性文件,为运动员和运动队提供反兴奋剂工作的实操文本。

2021年6月,中国反兴奋剂中心开发了中国反兴奋剂教育平台微信小程序,并正式投入使用,便于运动员进行常态化的反兴奋剂知识学习。中国反兴奋剂教育平台程序设置了积分制模块,用户可进行多次学习和考试,累积分数。截至2021年年底,中国反兴奋剂教育平台注册人数达到282700人。

2. 反兴奋剂检查

2021年,中国反兴奋剂中心加大检查力度,扩大检查的覆盖范围,全年共计完成26320例兴奋剂检查,高居世界第一,占到2021年全球检查总数的近10%。

反兴奋剂检查工作在提高数量的同时,相关的制度建设也稳步推进。为确保参加东京奥运会的中国运动员干净参赛,中国反兴奋剂中心组织实施了三轮筛查,为将近三年的东京奥运会备战工作画上了圆满的句号,最终中国代表团在东京奥运会上实现了兴奋剂"零出现",拿到了纯洁体育的干净金牌。

2021年9月在陕西西安举行的十四运会上,共实施兴奋剂检查3295例,其中运动员检查3280例,马匹检查15例,较十三运会检查总数提高了12.3%,并大幅提高赛前检查比例至36.3%。同时,还增加了干血点检测等检查检测类型,实施了全运会史上程度最严、数量最多、类型最全的兴奋剂检查。

面向北京冬奥会,中国反兴奋剂中心在加大赛前检查力度、努力确保中国运动员干干净净参赛的同时,也全力支持北京冬奥组委开展赛时反兴奋剂工作。2021年7月15日,北京冬奥组委、冬残奥组委与中国反兴奋剂中心签署了《北京2022年冬奥会和冬残奥会兴奋剂检查工作框架协议》和《通用兴奋剂检测服务合同》。在北京冬奥会筹备和比赛期间,中国反兴奋剂中心依约在兴奋剂检查、检测工作上提供全面的支持和服务。

3. 兴奋剂违规查处

得益于近年来反兴奋剂工作的长足进步,全国兴奋剂违规数量和比例总体呈下降趋势。2021年,兴奋剂违规数量总计31例,较之2017年的92例有明显下降;违规率为0.12%,比2017年的0.53%也有明显下降。我国兴奋剂违规数量在2017年、2018年达到高点,虽然其中存在肉食品污染背景及兴奋剂管制政策上的差异的因素,但排除上述因素之后,5年来的违规数值变化足以反映中国反兴奋剂事业取得的成绩。

在2021年度的31例兴奋剂违规中,检测阳性违规数量共23例,其中,专业运动员10例,青少年(学生)运动员7例,其他业余运动员6例。非检测阳性违规数量共8例,包括逃避样本采集1例,组织使用兴奋剂1例,使用兴奋剂6例。对这些非检测阳性违规案件的查处,反映出我国在兴奋剂查处方面取得的进步。

4. 听证委员会建设

2021年,反兴奋剂听证工作继续有序开展。为避免新冠疫情影响,中国反兴奋剂中心听证委员会探索新的审理方式,实行了在线听证,共召开听证会8次。

2021年8月12日,听证委员会通过视频方式召开了2020—2021年工作会议。听证委员会委员、中国反兴奋剂中心领导、相关工作人员参加会议,进行了在线交流和研讨。第三届听证委员会成立于2020年4月,由来自法学、医学、体育和反兴奋剂等领域的专家共18人组成。第三届听证委员会履职以来,遵照《兴奋剂违规听证实施细则》等相关规则,已召开听证会十余次,组织了4次专题工作培训和研讨,在公平、公正地裁决兴奋剂违规,保护当事人的合法权益,维护反兴奋剂工作的权威性和公信力等方面发挥了重要作用。

5. 反兴奋剂执法合作

随着2019年《兴奋剂刑事司法解释》的发布、2020年《刑法修正案(十一)》增设"妨害兴奋剂管理罪",兴奋剂入刑的司法实践在2021年正式拉开帷幕。除前述上海市第三中级人民法院宣判的适用《兴奋剂刑事司法解释》第一案之外,各地公安机关还陆续立案侦办多个涉兴奋剂刑事案件。在办理这些案件的过程中,体育行政部门、中国反兴奋剂中心、市场监督管理部门和公安司法机关就案件的管辖、证据移交、程序衔接等法律问题不断进行沟通和磨合,逐渐形成和完善涉兴奋剂刑事案件办理的工作机制。

兴奋剂入刑后,公安部确定妨害兴奋剂管理案件由禁毒局具体管辖。2021年12月22日,公安部禁毒局与体育总局科教司签订《打击兴奋剂违法犯罪合作机制协议》,与反兴奋剂中心签订《反兴奋剂情报共享和执法合作备忘录》。公安部和体育总局签订合作协议后,双方在信息共享、案件查办、综合治理等方面开展更加全面、深入的合作,进一步加大打击力度,严惩兴奋剂违法犯罪。

6. 运动员用药权利保障

2021年,中国反兴奋剂中心治疗用药豁免委员会共收到治疗用药豁免申请135份,其中报送治疗用药豁免委员会专家审批的有33份,经审核获得批准的有32份。同年2月,中国反兴奋剂中心开发的运动员安全用药查询系统投入使用。运动员安全用药查询系统是依据WADA《禁用清单国际标准》,结合国家药品监督管理局的药品数据库和运动员常用药品建立的。该系统整合了药品名称、商品名称、药品成分、使用途径、受控状态和禁用清单分类等关键信息,对药品和相关化学成分的兴奋剂受控状态进行了明确标识,便于运动员搜索查询,填补了国内药品兴奋剂受控状态查询的空白。该系统于2021年2月10日正式运行,运动员和辅助人员可从中国反兴奋剂中心门户网站或官方微信公众平台进入用药查询系统。该系统包括2650个药品(可用药品2045个、禁用药品605个)和1605个化学成分(可用成分1155个、禁用成分450个),基本涵盖了运动员常用药品。截至2021年12月31日,该系统查询总量达11.99万次,备受运动员欢迎。另外,中国反兴奋剂中心共组织10次专家组会议审核北京冬奥会备战相关药品清单,切实保障了运动员的用药安全。

7. 兴奋剂检测实验室独立性加强

北京兴奋剂检测实验室原来隶属于中国反兴奋剂中心,是目前国内唯一一家经WADA认证的兴奋剂检测实验室。由于《实验室国际标准》中对兴奋剂检测实验室的独立性提出了明确要求,2021年12月15日,经中国反兴奋剂中心与北京体育大学协商,决定自当日起,北京兴奋剂检测实验室从该中心剥离,转而隶属于北京体育大学。作为北京兴奋剂检测实验室新的主管单位,北京体育大学确保实验室独立公正地开展相关工作,并持续给予其相应支持。北京兴奋剂检测实验室按照中国法律法规和《实验室国际标准》独立公正地开展相关工作,并承担相应法律责任。

8. 重大赛事中的反兴奋剂法治实践

2021年,反兴奋剂教育继续在重大赛事参赛资格的取得上发挥重要作用。参加东京奥运会的中国代表团运动员、参加十四运会的全体运动员,都是在反兴奋剂教育准入考核合格之后才获得参赛资格。准入教育课程共6门专项课程和10门针对性、提示性课程,准入对象须完成全部课程学习,并通过积分制考核获得参赛资格。

鉴于近年来运动员因非故意使用食品营养品等导致兴奋剂检测阳性的事件时有发生,中国反兴奋剂中心于 2021 年 11 月发布了《大型赛事食源性兴奋剂防控工作指南》。这份文件正文包括三个部分,分别就肉食品兴奋剂风险防控工作、营养品兴奋剂风险防控工作、去甲乌药碱的风险防控作出了专业指引。在 2022 年北京冬奥会举办之前发布这一指南,对中国国家队的奥运备战和北京冬奥组委的反兴奋剂风险防控工作,都能提供明晰、可操作的指引。

从第二届全国青年运动会开始,中国在大型赛事中实行反兴奋剂独立观察员制度,2021 年十四运会继续贯彻这一制度。由反兴奋剂资深专家、兴奋剂检测专家、信息化专家、运动员代表、法律专家、省级反兴奋剂机构代表、大型赛事组织方代表和兴奋剂检查官代表等组成的独立观察员团队,对反兴奋剂工作的组织运行、教育拓展、兴奋剂检查、治疗用药豁免和结果管理、临时听证、三品管理、反兴奋剂信息化建设等进行全面观察,圆满完成十四运会反兴奋剂工作独立观察任务,形成了《十四运会独立观察员报告》,提高了我国大型赛事反兴奋剂工作的透明度和公信力。

(二)地方反兴奋剂法治实践

截至 2021 年年底,已有 30 个省(自治区、直辖市)成立了专门的反兴奋剂机构,省级反兴奋剂机构工作人员共 1722 人,其中专职人员 260 人,兼职人员 1462 人。总的来说,省级反兴奋剂组织体系基本建成,工作效能逐步显现,各地反兴奋剂法治实践较之往年数量更多也更加深入基层地市。不过,在组织体系基本建成的同时,还存在反兴奋剂工作人员专业素养和主观能动性有所差别、职责和角色不够清晰等情况,需要逐渐调整和完善。

在全运会期间,广东、湖北、山东等地的体育代表团到十四运会反兴奋剂工作运行指挥中心观摩交流。十四运会反兴奋剂工作运行指挥中心在赛会期间接待各省级行政区体育代表团来访,加强了中国反兴奋剂中心和省级体育行政部门之间的沟通交流,使中国反兴奋剂中心对各省级行政区反兴奋剂工作的开展情况有了更多了解,可以有针对性地提供工作指导和建议,督促、提醒各省级行政区更好地开展反兴奋剂工作。

国际赛事举办城市的反兴奋剂法治实践取得突出进步。北京作为 2022 年冬奥会的举办城市,为了加强反兴奋剂教育成立了反兴奋剂中心宣传矩阵,于 2021 年 6 月正式上线运行,该宣传矩阵包括多个热门线上平台,为冬奥会的反兴奋剂规则宣传作了充足的保障。杭州亚组委的反兴奋剂法治工作有序推进,2021年8月,浙江省反兴奋剂中心协助杭州亚组委竞赛部举办杭州亚运会及亚残运会第一期场馆兴奋剂检查站站长助理、检查官培训班,为提高浙江省兴奋剂检查官的专业能力,加强检查官队伍建设起到良好作用,同时为2022年杭州亚运会及亚残运会反兴奋剂工作的顺利开展提供积极助力。

多地注重反兴奋剂法律责任体系的构建,进行了有益的尝试。例如,天津市反兴奋剂中心联合天津市禁毒总队就妨害兴奋剂管理案件进行工作对接。双方就建立沟通联络机制、加强情况汇报、移交案件线索、调查取证等进行了全面交流。天津市反兴奋剂中心工作人员陪同天津市禁毒总队三支队参观了中国反兴奋剂中心和天津市体育局共建的天津市反兴奋剂教育基地,讲解了"周广科案""孙庆河案""DL减肥咖啡案""郭美美等生产、销售有毒、有害食品案"等涉兴奋剂案件,双方就进一步加大对涉兴奋剂违法案件的打击力度达成共识。

多地加强反兴奋剂督查工作,并积累了一些新的经验。根据2021年度反兴奋剂督查工作计划及备战东京奥运会、陕西十四运会兴奋剂问题"零出现"的标准和要求,上海市反兴奋剂中心于2021年6月中旬启动年度一线训练单位反兴奋剂督查工作。反兴奋剂督查工作采取事先无通知的突击式检查,重点调研2020年度督查中存在突出问题的训练单位及其对薄弱环节的整改落实情况。督查工作采用检查与督查并行的、常态化的推进机制,以此加强各训练单位的反兴奋剂工作责任意识。浙江省加大反兴奋剂防控体系建设力度,组织开展反兴奋剂督查工作。浙江省体育局党组与驻省政协机关纪检监察组联合出台《关于在省级运动队建立反兴奋剂工作"两长制"的意见(试行)》,明确在反兴奋剂工作中设立队长和督导长,由运动队主教练担任反兴奋剂工作队队长,运动队党支部或联合党支部纪检委员担任所辖运动队反兴奋剂工作督导长。"两长"的任免由各有关训练单位党委、党总支负责,任免文件报浙江省体育局党组和派驻纪检监察组备案。浙江省体育局党组、驻省政协机关纪检监察组联合督查反兴奋剂"两长制"落实工作,督查组通过实地检查、座谈会等形式了解几家省级训练单位贯彻落实"两长制"的主要措施及推进情况。

体育总局秦皇岛训练基地反兴奋剂工作小组要求各职能部门进一步增

强做好反兴奋剂工作的责任感、使命感和紧迫感,对反兴奋剂工作提出三点要求:一是要提高认识,增强思想自觉,强化责任担当,坚决杜绝"反兴奋剂工作与我工作无关"的思想。二是反兴奋剂工作小组成员要不断提升反兴奋剂工作的业务水平,研究制定符合单位实际的预防兴奋剂事件发生的举措、办法。三是要建立反兴奋剂工作的长效机制,在食品安全、监督监管、信息管理、宣传教育等各方面做实、做细、做透,确保兴奋剂事件"零出现"。2021年年初,基地党委书记、反兴奋剂工作小组组长与各职能部门负责人签订《反兴奋剂工作责任书》,在压实反兴奋剂责任的同时,严格落实反兴奋剂责任追究。

反兴奋剂法治宣传成效明显,并落实到基层。为落实构建"拿干净金牌"的反兴奋剂长效治理体系,广东省各地市积极组织和开展反兴奋剂宣传教育活动,2021年,湛江、肇庆、江门、惠州、河源、深圳、佛山、清远、茂名等地市的9位省级纯洁体育教育讲师及省龙舟协会、省健身健美协会等社会组织的2位省级纯洁体育教育讲师,开展了10余场讲座,覆盖了珠三角及粤东、粤西、粤北地区,参与人次超过600,围绕包括严防误服误用兴奋剂、反兴奋剂教育六项规定、以案为鉴预防和避免兴奋剂违规、治疗用药豁免、兴奋剂违规入刑等主题展开培训。

另外,还有一些城市的反兴奋剂法规教育落实到青少年,取得了良好效果。浙江省绍兴、温州、宁波、嘉兴以各市的体育运动竞赛为契机向青少年宣传反兴奋剂知识;安徽省六安、池州、滁州、淮南、马鞍山、芜湖在省锦标赛上组织各青少年参赛队伍及领队和教练进行反兴奋剂学习活动;吉林省梅河口市在吉林省青少年摔跤锦标赛现场开展了反兴奋剂知识讲座及拓展教育宣传活动,全省各市、地(州)教练员、运动员及辅助人员近130人参加了该活动。

(三)各单项运动管理单位反兴奋剂法治实践

2021年,各单项运动管理单位的反兴奋剂法治工作有了进一步的发展,有的协会/中心新成立了反兴奋剂部门,有的则在此基础上进一步细化了工作细则。

具有代表性的是中国篮协。2021年年初,中国篮协成立了反兴奋剂委员会,负责在篮球领域开展反兴奋剂工作,并先后印发了《中国篮协关于进一步加强篮球国家队运动员反兴奋剂若干问题管理工作的通知》《中国篮协关于各奥运备战国家队建立反兴奋剂工作日报机制的通知》《中国篮协关于进一步加强国家队运动员反兴奋剂管理工作补充规定的通知》《中国篮协关于对奥运备战热身赛兴奋剂防控工作要求的函》。上述文件从制度上明确了国家队反兴奋剂工作的责任,力求加强队伍的反兴奋剂意识。2021年12月初,中国篮协正式印发《中国篮球协会反兴奋剂管理办法》,进一步明确了"预防为主,教育为本""公平、公正、公开""维护篮球运动员和辅助人员的合法权益""谁办赛(组队),谁管理,谁负责"的基本工作原则,以及反兴奋剂工作机制、工作职责、工作制度。此外,中国篮协还发布了《中国篮球协会关于篮球项目开展反兴奋剂宣传教育的通知》,要求全国篮球机构/组织在各自职责范围内,以各种形式积极开展反兴奋剂教育宣传活动,形成"上下联动、纵横交叉"的反兴奋剂工作机制,实现反兴奋剂教育全覆盖。

2021年,中国登山运动管理中心正式设立反兴奋剂与科研培训部全面负责中心的反兴奋剂工作,同时成立反兴奋剂工作领导小组和反兴奋剂办公室,高标准、严要求持续加强反兴奋剂工作。为实现首期全国攀岩训练营"始终纯洁训练,永远拿干净金牌"的目标,该中心在训练营期间,特别成立由该中心主任、党委书记韩建国担任组长的"全国攀岩训练营反兴奋剂工作小组",并制定《全国攀岩训练营反兴奋剂工作管理办法》。根据《全国攀岩训练营反兴奋剂工作管理办法》的规定,全国攀岩训练营反兴奋剂工作小组负责训练营期间各项反兴奋剂工作。中国跆拳道协会和中国空手道协会分别制定了《中国跆拳道协会反兴奋剂工作实施细则》《国家跆拳道队反兴奋剂管理办法》《中国空手道协会反兴奋剂工作实施细则》《国家空手道队反兴奋剂管理办法》,明确反兴奋剂工作中的各方责任;加强协会、国家队和地方运动员管理单位的沟通与合作,确保国家队兴奋剂问题"零出现"。

体育赛事篇

体育赛事法律事务发展报告(2021)

一、体育赛事法律事务发展概况

北京获得2022年冬奥会主办资格后,高质量筹办2022年北京冬奥会、冬残奥会成为推动体育强国建设的一项重要任务。2021年,我国十四运会由陕西省承办,此届全运会是在建党100周年背景下举办的一次重大体育盛会。下文将针对体育赛事举办中的法律事务展开阐述。

(一)筹办北京冬奥会、冬残奥会

2015年7月31日,北京携手张家口获得2022年冬奥会主办资格。2017年10月18日,习近平总书记在党的十九大报告中指出,加快推进体育强国建设,筹办好北京冬奥会、冬残奥会。党的十九大报告在科学论断我国改革发展步入新时代的基础上,提出"体育强国"和"筹办好冬奥会、冬残奥会"两大部署,可见,高质量筹办2022年北京冬奥会、冬残奥会,举办一届精彩、非凡、卓越的奥运盛会对推动体育强国建设具有重要价值。

法治奥运模式的建立,乃是现代奥运在人类社会文明进步和法治全球化的发展中,不断应对挑战、化解危机和持续推进自身改革的必然结果。20世纪80年代以来的奥运商业化改革、组织系统分配改革和反腐败等,使奥运会摆脱攸关生死的经济和信誉危机,与法治化建设、民主化进程相互支撑、相伴而行。北京在2008年奥运会中,已经接受了以法治奥运为深刻内涵的文化洗礼和规范保障。《冬奥会主办城市合同》是国际奥委会与主办城市和东道国奥委会签订的基本文件,其中涉及东道国义务和权利的条款是筹办冬奥会的依据。《2022年北京冬奥会主办城市合同》的内容涉及策划、组织和筹办北京冬奥会的基本原则,住宿、比赛和文化活动的组织工作,仪式、奥林匹克圣火和火炬接力,财务和商业义务,奥运会的媒体报道,其他义务以及合同终止等条款,该合同系举办北京冬奥会的指导性文件,因此,北京冬奥会的筹备工作围绕《2022年北京冬奥会主办城市合同》而展开。

(二)举办全国运动会

2021年,我国十四运会由陕西省承办,此次全运会是在建党100周年背景下举办的一次重大体育盛会。十四运会有31个省(自治区、直辖市)、新疆生产建设兵团、火车头体协、煤矿体协、前卫体协、香港和澳门特别行政区代表团参加,共有12000余名运动员、6000余名代表团官员、4200余名技术官员参与比赛,5300余名组委会、竞委会的工作人员和15000余名志愿者参与服务保障工作,1500余名新闻记者参与比赛报道。

十四运会组委会依据全运会竞赛计划制定并推行了《第十四届运动会竞赛规程总则》《第十四届运动会竞赛规程总则补充规定》及《第十四届运动会群众赛事活动规程总则》等纲领性文件,对全运会涉及的赛事名称、目的、任务、竞赛时间和地点、竞赛项目和组别、运动员参赛资格、全运会竞赛办法等各个方面进行了统筹规划与细致规定。除常规体育纠纷解决机制外,十四运会组委会下设的审计监察部承担了快速、高效解决体育纠纷的职责。针对不同性质、不同特点的体育纠纷,采用从和解到诉讼的多元化解决模式。十四运会筹办期间,西安市未央区人民法院处理了一起关于"十四运"信号灯智能化改造项目的劳务纠纷,妥善化解双方矛盾纠纷,避免采取诉讼方式耗时耗力,最大限度地保障十四运会筹备建设进度不受影响。

二、2022年北京冬奥会、冬残奥会筹备中的法律问题

(一)冬奥会与国际政治

奥运会承载着人类对"更高、更快、更强"的体育精神的追求,成为世界瞩目的四年一度的盛会。让"体育远离政治"是奥林匹克运动一贯宣扬的宗旨,然而当今在全球极具影响力的美国及其盟国,试图通过奥运抵制来达到政治目的。作为当今世界最大的体现共同价值的体育盛会,奥运会能够超越政治制度、意识形态、文化传统、种族肤色的分歧,成为全世界人民增进友谊和相互了解的桥梁。

北京冬奥会于 2022 年 2 月召开,全世界都对这个疫情时代的体育盛会充满期待。然而,一些逆北京冬奥会潮流的杂音亦有出现,先是美国炮制所谓"外交抵制北京冬奥会",宣布不会派出官方代表团参加 2022 年北京冬奥会,紧接着,"五眼联盟"的英国、加拿大、澳大利亚也追随美国,表示不会派出官方代表参加北京冬奥会。但是,令这些西方国家的政客失望的是,各国奥委会纷纷明确表示,拒绝政治抵制 2022 年北京冬奥会,坚决反对将体育运动政治化。世界田径联合会主席亦发表反对"外交抵制"的宣言,他指出,"外交抵制"北京冬奥会是一种毫无意义且有害的姿态。国际奥委会主席巴赫更是警告说,政治化的倾向会威胁奥林匹克运动的未来。事实证明,"外交抵制"的卑劣行径不得人心。

北京冬奥会并不只是一国体育盛会,而是全世界的体育盛会。奥林匹克运动本身是通过体育促进各国人民之间相互了解的纽带,是在不同民族、不同文化、不同信仰的民众之间构建友谊的桥梁,是促进世界和平与发展的契机。《奥林匹克宪章》指出,奥林匹克运动既不是政治运动,也不是宗教活动,而是一种社会运动和教育运动。保持政治中立,反对体育运动政治化,跨越意识形态和文明差异,是全世界各国人民的普遍共识,亦是奥林匹克运动的魅力所在。因此,为了使奥运会更好地达到"为建立一个和平的、更完美的世界作出贡献"的目标,奥林匹克的口号在"更快、更高、更强"的基础上增加了"更团结"。

(二)冬奥会与知识产权保护

北京冬奥组委重视知识产权的取得、使用、管理、保护和移交,得到了国内外舆论和社会各界的普遍好评。北京 2022 年冬奥会申办期间,冬奥申委会就公布了《北京 2022 年冬奥会和冬残奥会组织委员会关于北京 2022 年冬奥会会徽和冬残奥会会徽的公告》和《北京 2022 年冬奥会和冬残奥会组织委员会关于特殊标志的公告》,从奥林匹克知识产权权利的取得、行使和救济方面进行了规范。我国已制定了一系列规范性文件,如《奥林匹克标志保护条例》《北京市奥林匹克知识产权保护规定》,都对奥林匹克知识产权(IPR)的保护进行了明确规定;此外,对于奥林匹克标志保护需适用法律(指狭义的法律,如《专利法》)的情形,我国也发布了一系列文件,指导相关法律的适用。

随着 2022 年北京冬奥会临近,为了更有针对性地防范针对奥林匹克知识产权的侵权行为,各级政府部门出台了多项规定,指导开展奥林匹克知识产权保护工作。国家知识产权局也明确表示协助做好 2022 年北京冬奥会的知识产权保护工作。此外，北京市知识产权局和 2022 年北京冬奥会协办城市张家口签署了联合保护奥林匹克知识产权的协议。

(三) 冬奥会与纠纷解决

CAS 一般会在奥运会主办城市设立临时仲裁庭，所有运动项目在奥运期间或开幕式前 10 天内出现的争议，都可以提交临时仲裁庭进行裁决，北京冬奥会亦不例外。2022 年北京冬奥会临时仲裁庭的仲裁员来自中国、美国、澳大利亚、法国等国家，具体处理包括兴奋剂、运动员参赛资格、裁判的决定以及某一代表队放弃比赛的，剩下的参赛资格如何分配等问题。我国的白显月律师成为此次临时仲裁庭唯一的中国籍仲裁员。为了保证各项赛事的顺利进行，临时仲裁庭必须迅速对争议进行裁决，由 3 人组成的仲裁庭通常需要在几个小时内作出裁决，一般情况下不得超过 24 小时。裁决结果将被通报给要求仲裁的运动员或代表队。由于奥运会对裁决速度的特殊要求，临时仲裁庭作出的裁决都是终局性的，且具有约束力。

三、其他国际体育赛事相关法律问题

在中华民族伟大复兴战略全局和世界百年未有之大变局的时代背景下，我国竞技体育需要应对更为复杂多变的国际形势，同时面临越来越多的不确定因素及恶意干扰。尤其是在国际体育赛事方面，负面影响较为明显。因此，需要强化法治思维，运用法治方式，以中国体育法治智慧积极参与国际体育治理，坚决维护国家主权、尊严和核心利益。

(一) 运动员权利与反种族歧视

2021 年 11 月 27 日，在美国休斯敦举行的世界乒乓球锦标赛男单八分之一决赛中，中国运动员梁靖崑对战英国运动员皮切福德。当双方对战至第 7 局时，看台上突然有外国观众用带有种族歧视色彩的言语侮辱中国运动员梁靖崑。赛后，针对赛场上突发的这一恶劣事件，中国乒协及时进行了投诉。国际乒乓球联合会也随即对此事件严肃表态称:"强烈反对一切形式的种族主义。"同时也作出声明:"乒乓球大家庭是一个由 227 个会员协会组成的全球社区群体，多样性让我们团结在一起。我们绝不容忍任何种族主义言论或行为，我们正与当地组委会紧密合作，以杜绝我们的比赛中再次发生种族主

义事件。"①

种族歧视本质上是一种根据不同种族生理特征而予以区别对待的偏见行为。联合国《消除一切形式种族歧视国际公约》将之具体定义为"基于种族、肤色、世系或民族或人种的任何区别、排斥、限制或优惠,其目的或效果为取消或损害政治、经济、社会、文化或公共生活任何其他方面人权及基本自由在平等地位上的承认、享受或行使"。种族歧视行为常常会通过个体蔑视、讨厌及排斥的态度和言行表现出来。

在体育领域,尤其是奥林匹克运动中,种族歧视的问题由来已久,屡禁不绝。为了有效治理体育运动中的种族歧视问题,早在1977年联合国大会就审议并通过了《体育领域反对种族隔离的国际宣言》。该宣言依据《联合国宪章》《世界人权宣言》《消除一切形式种族歧视国际公约》等国际法律文件中关于在各个方面防止、禁止与根除种族隔离而采取一切必要措施的基本精神,对体育运动中可能出现的种族隔离行为的基本内涵、消除种族隔离行为的基本原则和规定等内容予以明确,这对于体育领域的反种族歧视意义重大。此后,虽然体育领域的种族歧视问题得到了有效控制,但并未得到实质根除,种族歧视行为在体育运动中仍时有发生。

体育运动中的种族歧视影响恶劣,严重限制和影响相关主体体育参与权的实现。体育参与权是指个体享有的体育活动的参与资格和条件。② 只有充分保障体育参与权,个体才能充分发挥出自身的主观能动性,体现出个体参与体育运动的价值真谛。而种族歧视则会在很大程度上影响个体体育参与权的实现。简而言之,在竞技体育活动中,种族歧视问题主要表现为对运动员参赛资格的干预。具体到我国运动员梁靖崑,其虽已获得了参赛资格,并且也实际参与了体育赛事活动,但是在参赛过程中却遭受了来自外国观众的种族歧视,影响了其体育参与权的实现。这种性质恶劣的种族歧视行为既会损害运动员个体的体育参与权,也会对运动员所代表的国家形象造成不容忽视的负面影响,必须予以公开的反对和强烈的谴责。

面对世界范围内屡屡出现的体育运动种族歧视问题,国际社会逐步建立起一套行之有效的奥林匹克运动反种族歧视法治体系,具体包括:(1)国际宣

---

① 《国际乒联强烈反对种族主义》,载光明网,https://m.gmw.cn/2021-11/29/content_1302698673.htm。

② 参见周青山:《论体育领域歧视的法律规制》,载《上海体育学院学报》2015年第3期。

言和人权条约中反对种族歧视的规定,如《奥林匹克宪章》明确规定:从事体育运动是人的权利,而不受任何形式的歧视;以种族、宗教、政治、性别或其他理由对某个国家或个人的任何歧视都与奥林匹克运动成员的身份不相容。(2)各个国家反对种族歧视及其他类型歧视的立法。(3)体育内部规章制度中反对种族歧视的条款和内容,如《国际足联章程》明确规定:任何基于出身、性别、语言、政治或其他原因而对一个国家、个人或者集体的歧视都是被严格禁止的,违者将受到停赛或开除的处罚。上述体育行业法律规范对于防范和打击体育运动中的反种族歧视问题具有重要作用,有助于保障体育参与权,维护体育公平正义。

(二)赛事举办地点变更

根据亚洲足球联合会(以下简称"亚足联")赛程安排,中国男足原定于在主场苏州踢完2022年世界杯亚洲区预选赛40强赛的最后3轮比赛。由于这3场比赛均为国足的主场赛事,依据有关规定,中国足协享有剩余赛事的主办权。但在开赛前,叙利亚与马尔代夫的部分球员和官员的核酸检测及血清抗体检测呈阳性,不符合当时中国的入境防疫要求,全队参赛人员无法获批入境,导致原定在中国苏州进行的世界杯亚洲区预选赛40强赛剩余赛事被迫易地阿联酋沙迦。尽管早在2021年3月,中国足协就已经提前告知了同组对手当时我国的入境防疫要求,但最终叙利亚队、马尔代夫队仍然因健康问题无法入境比赛。2021年5月31日,亚足联与中国足协进行紧急协商后,决定更换比赛场地。6月2日,亚足联官方发文要求中国足协承担同组其他球队赴阿联酋沙迦参赛的费用。中国足协官方对此回应称:亚足联给A组各参赛队会员协会发送的邮件,是再次重申和确认A组剩余比赛的主办原则,中国作为赛事主办方应当承担所有参赛球队在比赛地的食宿交通,但各参赛队到达比赛地的往返交通应自行负责。

依据亚足联现有的相关规定,无论是在中国苏州还是在阿联酋沙迦比赛,中国足协都是实质上的赛事主办方。作为赛事主办方的中国足协,其权利义务并不会因为比赛场地的更换而发生实质变化。因此,中国足协仍需负责在阿联酋沙迦的世界杯亚洲区预选赛40强赛的剩余7场比赛的竞赛组织、信号制作、门票销售以及在中国的媒体版权等事务,并依法享有赛事举办所带来的各项收益。按照中国足协与亚足联赛前达成的有关协议,中国足协虽然需要承担(叙利亚、菲律宾、马尔代夫和关岛)各队在比赛地的食宿交通与亚足联竞赛官员的费用,但并不承担各队往返阿联酋沙迦的费用。即使是在赛事举办地变更之前,中国足协也仅需要为各队协商包机来华的有关事宜,并无义务承担其包机费用。所以,亚足联及叙利亚等国发表的要求中国足协承担亚足联赛事中官员及各队往返阿联酋沙迦费用的相关言论,既没有协议依据,也不符合国际体育赛事承办的惯例原则。

中国运动员在海外参赛遭遇种族歧视和中国足协承办国际赛事出现的纠纷,两次事件的解决在一定程度上反映出我国长期重视并坚持涉外体育法治体系建设所取得的阶段性进步。体育作为我国开展国际交流活动、展示国家形象的重要窗口,其价值意蕴早已超出体育自身的范畴。当前全球格局正处于深刻的动态调整过程之中,国际形势错综复杂,不同国家之间在制度、法律和规则上的竞争愈发激烈,这给我国体育运动的可持续发展带来了诸多不确定影响。

面对日益不稳定、不确定的世界发展格局,法治已然成为捍卫国际秩序、维护国家利益的重要工具。这对我国涉外体育法治体系建设而言,既是一种挑战,也是一种机遇。就挑战而言,涉外体育法治体系建设是一项系统工程,从完善涉外体育法律规范体系,到推动涉外体育法治人才培养与队伍建设,都需要进行统筹规划、科学安排。目前,我国涉外体育法治存在理论研究不深、理论研究对实践支撑不够、法律规范体系不完善、法治人才队伍不健全等制度短板与不足。就机遇而言,以习近平法治思想为根本引领,在体育发展中坚持统筹推进国内法治和涉外法治,加快补齐我国涉外体育法治体系建设制度短板,不断健全具有中国特色的体育法治体系,加强用法治方式维护国家主权、安全、发展利益的能力,为我国体育事业高质量发展、早日建成体育强国提供强有力的法治保障。

四、十四运会的法治保障

2021年十四运会是在建党100周年和我国全面建成小康社会、顺利实现第一个百年奋斗目标并朝着第二个百年奋斗目标迈进之际举办的一次重大体育盛会。办好全运会,对促进陕西省体育事业发展和助力新时代我国体育强国建设具有深远的意义。坚决贯彻依法治体的基本理念,加强体育法治体系建设是全运会成功召开的重要保障。陕西省各级行政部门、司法部门及有关单位,高度重视十四运会法治保障工作,在体育总局、公安部等多部委的指导下,从政治和组织保障、立法保障、法治队伍和人才保障、科技和信息化保障、法治实施保障五方面构建起一套完整有力的法治保障体系,为十四运会的胜利召开保驾护航。

(一)十四运会的政治和组织保障

在全面推进依法治体的过程中,党的领导是关键,意义重大。十四运会法治工作必须坚定不移地坚持党的领导。此次十四运会的筹办和举办,受到党和国家领导人的高度关注。2020年4月,习近平总书记赴陕考察期间对十四运会筹办工作作出重要指示:"第十四届全运会将在陕西举办,要做好筹办工作,办一届精彩圆满的体育盛会。"以此为指导,陕西省不断提高政治站位、深化思想认识、强化责任落实,以高标准、严要求,保质保量地推动十四运会的筹办工作。与此同时,陕西省坚持以人民为中心,积极发挥党的领导和组织作用,广泛动员人民群众支持和参与十四运会的筹办和举办工作,在全社会营造出"全民全运,同心同行"的积极氛围,为维护十四运会顺利举办的法治秩序,确保实现"精彩圆满"的最终目标提供了强有力的政治和组织保障。

(二)十四运会的立法保障

立法是法治实施的前提。为确保全运会赛事举办期间的安全稳定,努力营造和谐稳定的社会、法治环境,陕西省各级行政部门、司法部门、执法部门及体育总局和全运会组委会等有关部门秉持"办赛精彩、参赛出彩、发展添彩"的目标,制定并推行数十部关于十四运会及残特奥会法治保障工作的规范性文件。

1. 竞赛组织规程

整体层面上,陕西省十四运会组委会依据全运会竞赛计划制定并推行《第十四届运动会竞赛规程总则》及《第十四届运动会竞赛规程总则补充规定》《第十四届运动会群众赛事活动规程总则》等纲领性文件,对全运会所涉及的赛事名称、目的、任务、竞赛时间和地点、竞赛项目和组别、运动员参赛资格、全运会竞赛办法等各个方面进行了统筹规划与细致规定。在具体赛事的执行层面上,体育总局竞技体育司印发各个单项赛事的竞赛规程及若干管理办法,如《第十四届全国运动会游泳项目竞赛规程》《第十四届全国运动会羽毛球项目竞赛规程》等。

2. 赛事管理规范

体育总局在现行的《全国综合性运动会组织管理办法》《国家体育总局兴奋剂违规责任追究办法》的基础上，有针对性地颁布《第十四届全国运动会赛风赛纪违规处罚规定》，对全运会赛事举办期间的赛风赛纪、兴奋剂处罚等关键问题予以防范和规制，确保全运会"干净"办赛、"纯洁"办赛。同时，体育总局还联合公安部印发《关于加强体育赛场行为规范管理的若干意见》，对全运会赛事举办期间的赛场行为进行规范，以保障全运会的安全和有序。

3. 知识产权保护、赛事赞助权益保护规定

在知识产权保护方面，陕西省十四运会组委会办公室、残特奥会组委会办公室联合颁行《陕西省第十四届全国运动会知识产权保护规定》。该规定由陕西省知识产权局牵头拟定，共计21条，涉及十四运会知识产权的保护客体及权利归属，知识产权管理、保护和适用范围，侵犯十四运会知识产权的行为类型及法律责任等多个方面的内容，为十四运会知识产权的保护提供了坚实的法律制度保障。在赛事赞助权益保护方面，体育总局竞技体育司也专门出台了《第十四届全国运动会决赛期间代表团（单位）、运动队（员）冠名及服装广告规定》，对十四运会有关市场权益问题予以规定，为规范十四运会的市场开发提供重要参考，充分保障了赛事组委会和参赛单位的合理市场权益。

4. 审计监察制度规范

陕西省专门成立省纪委监委与省十四运会组委会协调议事机构，紧盯重点环节，督促各筹办单位和部门履行主体责任，推动工作落实。进入赛事举办阶段，监察机构依据形势需要，结合监督工作实际，适时印发了《第十四届全国运动会重大风险防控体系监督实施意见》，对十四运会各个潜在的赛事风险点实施更为科学的监督管理，为深入推进"廉洁全运"建设奠定重要基础。

5. 执法与志愿者管理规范

十四运会组委会颁布《第十四届全国运动会现场执法指引》《十四运及残特奥会现场执法执勤手册》《第十四届全国运动会场馆设施调整方案》《第十四届全国运动会、全国第十一届残运会暨第八届特奥会志愿者招募工作方案》等工作文件，进一步明确并规范十四运会举办过程中可能涉及的部分工作细节问题。

(三)十四运会的法治队伍和人才保障

全面推进依法治国和依法治体,服务全运会的法治需要,体育法治人才队伍建设是关键。此次十四运会期间,陕西省专门加强本省体育法治人才队伍的建设工作,积极组建体育法律服务队伍,不断提高法治工作队伍思想政治素质、业务工作能力和职业道德水准,以法治智慧和力量积极服务保障全运会,以确保实现"精彩圆满"的目标。

在全运会法律服务方面,十四运会的各项法律服务主要由西安市司法局和西安市律师协会提供。依照《关于开展"建设法治西安,护航全运盛会"专项活动的实施方案》和《西安市律师协会"十四届全国运动会法律服务团"工作实施方案》等专门性的政策文件,西安市有关行政部门和机关统筹协调,成立十四运会法律服务专项工作领导小组,在十四运会的组织筹备、游客服务等方面提供专业的法律服务支持和工作指引。同时,在专项工作领导小组的牵头下,西安市律师协会十四运会法律服务团成员共计起草、审查、签订各类合同50余份。此外,西安市律师协会十四运会法律服务团还集中整理、编制《第十四届全国运动会法律法规政策文件汇编》《第十四届全国运动会法律服务指南》《第十四届全国运动会西安律师法律服务手册》等重要的法律服务手册,为向全运会提供法律服务确立有效的参考。

在全运会司法队伍建设方面,为确保涉全运会案件处理的科学、高效,西安市各级法院专门制定相关的司法保障措施,专门开通涉全运会案件办理的"绿色通道",设立专项窗口,对所有涉全运会的案件进行优先受理和快速审结,为全运会提供全方位的法律服务。

在全运会法律监督队伍建设方面,西安市检察机关也充分落实关于保障十四运会筹办举办的多项工作措施,实施精准服务和专项监督,从而确保十四运会各个流程环节的安全有序。

(四)十四运会的科技和信息化保障

迈入新时代,数字技术日益成为国家法治体系现代化建设所不容忽视的力量。积极发展智慧治理、数字治理,不断推动数字技术与国家法治体系、体育法治体系建设的深度融合,是实现我国体育治理体系和治理能力现代化的关键举措。在十四运会的筹办和举办过程中,陕西省积极启动十四运会信息化八大重点工程,将5G、人工智能、大数据、云计算、北斗等先进科学技术创新应用于全运会赛事的各项业务,进一步满足竞赛、赛事组织、安全保障、观众观赛等多方面的应用需求。为更好地服务十四运会科技与信息化建设,陕西省积极探索智慧司法实践。西安市两级法院除利用常规司法手段审结涉全运会案件之外,也充分利用智慧法院这一新兴司法手段满足全运会举办期间的各类诉讼服务需要,确保涉全运会案件的高水平、高效率、高质量审结,为全运会提供全方位的法律服务。

(五)十四运会的法治实施保障

在积极立法的基础之上,陕西省人民政府也高度重视相关重点领域的执法工作。例如,在涉及十四运会知识产权保护的工作上,依据《陕西省第十四届全国运动会知识产权保护规定》的相关实施细则,陕西省人民政府建立起一套相对完善的关于十四运会知识产权保护的工作制度,基本形成以陕西省知识产权局为核心、各地方部门和机构为基础的联动协同工作机制,实现了全省对十四运会知识产权侵权行为快速处置、全面覆盖的行动目标。

总的来说,陕西省各级人民政府和体育总局协同联动、多措并举,为实现依法治体、满足十四运会法治工作需要提供了较为坚实的法治保障,促成了十四运会的顺利召开,为全国各族人民奉献了一场精彩的"体育盛宴"。未来,在我国全国运动会的相关法治实践中,还应当继续坚定不移地坚持党对体育工作、对体育法治体系建设工作的全面领导;持续做好各类体育法治队伍的建设工作和体育法治人才的培养工作,建立常态化、长效化的体育法治人才队伍工作机制;深入推进现代数字技术与体育法治的跨界融合,以智慧化提高体育法治的发展水平,实现体育法治现代化。

五、高危性体育赛事活动的安全保障

近年来,我国商业性和群众性体育赛事活动得到了快速发展,其中不乏一些危险性较高的如山地越野、翼装飞行之类的体育活动得到了越来越多人的喜爱。这类体育活动的开展能够刺激我国体育事业更好地发展,但同时因为其高危性,也产生了一系列的问题。2021年6月发生在甘肃省白银市的越野赛重大伤亡事件使举办高危性体育赛事活动的监管问题再次被重视。

(一)高危性体育赛事活动审批和监管现状

关于商业性和群众性体育赛事活动,2014年国务院印发的《关于加快发展体育产业促进体育消费的若干意见》提出"取消商业性和群众性体育赛事活动审批,加快全国综合性和单项体育赛事管理制度改革";2014年体育总局发布的《关于推进体育赛事审批制度改革的若干意见》明确取消包括商业性和群众性体育赛事在内的全国性体育赛事审批。同时,体育总局于2020年1月17日公布的《体育赛事活动管理办法》第10条规定:"除第七、八条规定外,体育总局对体育赛事活动一律不做审批,公安、市场监管、卫生健康、交通运输、海事、无线电管理、外事等部门另有规定的,主办方或承办方应按规定办理。地方体育部门应当按照国务院、地方人大和政府的相关规定,减少体育赛事活动审批;对保留的审批事项,不断优化服务……机关、企事业单位、社会组织和个人均可依法组织和举办体育赛事活动……"为落实国务院、体育总局的要求,广东、湖南、浙江等地纷纷制定有关高危性体育赛事活动的规范性文件。

取消赛事审批的同时,国家加强了对高危性体育赛事活动的监管。近年来,体育总局陆续单独或与其他部门联合出台了《体育赛事活动管理办法》《关于进一步加强冰雪运动场所安全管理工作的若干意见》《关于加强搏击类项目赛事活动安全管理工作的若干意见》《关于加强体育赛场行为规范管理的若干意见》等文件,对规范体育赛事活动监管起到了积极作用。但与此同时,体育赛事活动安全管理工作仍存在一定的漏洞和不足,例如:山地越野、搏击、综合格斗、翼装飞行等新兴运动项目由于开展时间短,尚未形成成熟的技术标准和规范,正处于风险不断暴露阶段,监管难度大;部分项目技术标准和规范需要根据新形势新问题进行及时更新调整;实际工作中,部分监管部门还存在对体育赛事活动的事中、事后监管责任落实不到位等问题。

甘肃省白银市越野赛重大伤亡事件后不久,体育总局等十一部门于2021年6月25日联合印发《关于进一步加强体育赛事活动安全监管服务的意见》,从明确监管原则、夯实监管责任、完善监管标准、加大监管力度、强化安全保障、严肃追责问责等六个方面进行详细规定。该意见提出建立体育赛事"熔断机制",要求密切关注赛事进程,在办赛条件发生变化时,及时作出相应调整;在不具备继续办赛条件的情况下,及时终止赛事。

随后,体育总局办公厅关于《暂停相关体育活动的通知》《关于加强路跑赛事安全管理工作的通知》连续发出。前一则通知直接点名要求暂停山地越野、戈壁穿越、翼装飞行、超长距离跑四类高危性体育赛事活动,后一则通知要求包括5公里跑在内的常规路跑赛事落实四大预案。具体而言,体育总局办公厅《关于暂停相关体育活动的通知》要求,各省(自治区、直辖市)从2021年5月28日起,暂停山地越野、戈壁穿越、翼装飞行、超长距离跑等管理责任不清、规则不完善、安全防护标准不明确的新兴高危性体育赛事活动;要求各地严格落实非必要不办赛要求,对所有赛事活动开展全面风险排查,存在安全隐患的一律暂停。

体育总局办公厅《关于加强路跑赛事安全管理工作的通知》要求,各省(自治区、直辖市)对所属行政区域内的路跑(包括马拉松、半程马拉松、10公里、5公里等)赛事进行认真梳理排查,严格按照中国田径协会的竞赛组织标准及相关要求,"一对一"进行核查,落实好"安全风险防控方案、应急处理方案、疫情防控方案和赛事组织方案"。赛事举办时间、项目设置、赛事规模是否符合相关要求等情况要上报省级行政部门及中国田径协会备案。只有符合中国田径协会竞赛组织标准及相关要求,具备以上4个方案的路跑赛事,在向赛事所属省级行政部门进行赛事陈述汇报并获批准后,方可举办。可见,自甘肃省白银市越野赛重大伤亡事件之后,国家对于高危性体育赛事活动的监管更为严格。

(二)问题解决路径

近年来,我国包括高危性体育项目在内的多个体育项目获得了快速发展,各地的体育场所、体育设施、体育赛事激增,各类体育赛事规模不断扩大,办赛主体日趋多元,体育竞赛的溢出效应、辐射功能和拉动作用日益彰显。而对于经营活动采用形式审查,给了企业很大的发展空间。然而,简政放权之后并没有配套监管制度,尤其是对高危性体育赛事活动有待提高重视,完善规则。

其一,应进一步规范高危性体育项目市场秩序。随着体育产业概念备受追捧,一大批此前根本没有体育产业从业经验的企业也纷纷开始参与进来。但因为缺乏专业经验,主办方的业余水准引发诟病,办赛过程流程不精细不科学,大规模群体聚集的风险激增,没有危机公关预案。这些不专业的行为都使整个体育行业的品牌声誉受到影响,没有权威部门进行监管,极容易出现劣币驱逐良币的现象。在这种情况下,高危性体育赛事活动更是乘虚而入,开始野蛮生长,体育赛事活动的质量良莠不齐。

其二,相关部门在处理高危性体育项目事宜时,应严格行政执法,严厉监管。目前政府在监管高危性体育赛事活动举办方面存在空白点,现有规范性文件规定存在模糊或不准确之处,多数地方体育行政部门既没有独立的执法机构,也没有专职的行政执法人员,同时面临行政执法经费不足等问题,这些问题严重制约了行政执法工作的正常开展。另外,需要细化监管事项,落实监管责任。体育行政部门应建立对高危性体育项目的监督检查制度,全面加强高危性体育赛事活动安全监管。针对我国目前在高危性体育赛事活动监管责任设置方面的缺陷,可以进行具体调整。

其三,应进一步完善赛事举办联动机制。如果缺少体育行政部门的审批,很多商业体育活动尤其是体育赛事将因没有体育行政部门的信用和支持而无法顺利举办。比如大型体育赛事如果没有体育行政部门背书,公安、消防、卫生、医疗、交通等主管部门不愿意承担大规模观众聚集的潜在风险。并且,虽然体育行政部门被取消了审批权,但公安、消防等部门却没有随之出台相配套的体育赛事审批改革政策,这导致当前政府部门之间的工作联动机制不够完善,公安、消防等部门对大型集会活动的报备与审批及其安保、消防方面的报备与审批设置障碍甚至是互相推诿审批责任。

六、职业体育赛事

《"十四五"体育发展规划》对职业体育赛事的发展提出了明确的目标。足球、篮球、排球联赛受关注程度高,社会影响力大,乒乓球、羽毛球、自行车、网球、棋牌等群众基础好的项目在职业赛事领域同样拥有非常大的发展空间。2021年在新冠疫情的影响下,我国职业体育赛事仍然不断发展壮大,以满足人民群众多层次的体育需求,但其发展过程伴随着各种问题。

(一)职业体育联赛

1. "三大球"体育赛事概况

受疫情影响,原计划于2020年举办的一些重要体育赛事被推迟到了2021年。随着东京奥运会、欧洲杯、美洲杯等重要赛事集体延期一年进行,2021年成了世界体育赛事举办最忙碌的一年。对中国运动员来说,在西安市举行的十四运会则成为我国最重要的体育赛事,排球、足球、篮球的职业联赛也受到广泛关注。2021年,中国排球超级联赛顺利举办。中国排协继续推动排球联赛市场化运营、推广工作,紧密依靠举国体制和市场化相结合的发展模式。中国排协从后备人才发掘培养、教练员水平提高等方面着手,加强人才梯队和教练员队伍建设。中国排协继续搭建更多青少年及中小学排球赛事平台,让青少年从比赛中发现兴趣,让教练员从比赛中发现人才。足球联赛,特别是中超联赛的发展一直是社会关注的焦点。根据《中国足球改革发展总体方案》的要求,在2021赛季中国足协职业联盟筹备组已实质性地参与了中超联赛的管理。而且从2021赛季开始,俱乐部名称中性化的改革方向也成功克服重重困难,实现了实质性的推进。自中国篮协进行实体化改革以来,近年来CBA、WCBA等赛事也进入了新的发展阶段。尤其是CBA联赛在赛事运营、球迷体验、商务开发、品牌推广等板块进行了全面升级。2021年,CBA联赛全面推进复工复产,其社会影响已经超出了篮球运动本身。在2020—2021赛季,CBA联赛全面推动各个环节的完善和升级,完成了联赛历史上首个完整的赛会制赛季,常规赛首次扩充到56轮。

2. 内部治理现状

不同体育项目的职业化路径存在差异。"十四五"时期,一些竞技水平比较高、群众基础比较好的项目,将在职业化的道路上持续探索适合自身项目特点的职业赛事体系,提高原创职业赛事的供给水平。2021年体育总局印发的《"十四五"体育发展规划》明确指出,竞赛表演产业要加快构建自主品牌体育赛事活动体系,打造100个具有自主知识产权的体育竞赛表演品牌;支持引进并培育100项具有较高知名度的国际体育精品赛事;重点培育10个具有较大影响力的体育赛事名城。2021年我国体育赛事取得了一定发展,但仍然存在一些问题。

禹唐体育的数据显示,目前多数赛事公司和俱乐部所涉及的体育项目多分布于足球、篮球、羽毛球等传统运动项目。禹唐体育的报告指出,受疫情影响,各地民众纷纷开始转变观念将提高身体素质放在第一位。各地也在不断开拓和吸引新的赛事入驻。目前来看,我国的体育赛事种类、数目、参与人数众多,但仍存在许多不小的问题。例如,国内引进国际赛事时,缺乏全球视野,不懂国际赛事规则,缺乏专业人才;没有考虑长期价值,尤其是政府只着重考虑社会效益;在引进赛事知识产权(常简称为IP)上,存在运营问题;赛事体系不完善、赛事定位不清晰;有品牌的赛事不多、举办赛事数量不多、质量不高;赛事的计划性、执行落地与实际消费时间有偏差。

另外,从目前我国体育赛事的构成来看,根据禹唐体育的调研,超过40%的赛事公司或俱乐部将国际赛事作为其日常的主营赛事。随着我国大众逐渐提高对健康生活的重视程度以及国家对"全民健身"的大力提倡,马拉松、乒乓球和羽毛球、棋牌等参与门槛较低、大众普及度较高的赛事已经在我国如火如荼地展开,32%的赛事公司将目光放在国内的区域性职业赛事或大众参与度较高的业余赛事。

在体育营销方面,智研咨询发布的《2021—2027年中国体育营销产业竞争现状及投资策略研究报告》指出,2021年我国体育赛事的网络播出平台呈分散化状态,其中,中央电视台、腾讯以及爱奇艺为主要的播出平台,快手作为短视频平台也参与其中。在广告投放方面,互联网品牌与赛事联动,通过互动游戏提升用户参与感。支付宝作为2021年欧洲杯的赞助商之一,通过APP端的竞猜游戏与赛事互动。美团外卖通过互动游戏增加用户对产品的使用黏性,刺激用户下单。美团外卖在今日头条投放广告的比例超过了50%,在抖音投放广告的比例超过了28%。信息技术产业(常简称为IT)电子品牌与赛事IP绑定,推出新品或联名商品,增加产品卖点。联想与OPPO在英雄联盟职业联赛期间与赛事主办方共同推出联名款商品,制造相关热点话题,吸引赛事兴趣用户关注。智研咨询还指出,媒介选择跟随流量,赛事版权仍具价值。赛事赞助商在广告中普遍应用赛事题材,在大促期也会结合赛事进行营销,投放广告时跟随流量选择媒介。赛事期间,丰富的社交类APP为球迷讨论赛事提供了多样化的选择。

3. 问题解决路径

我国有必要完善职业体育联赛管理机制与管理机构。如中国足协发布的《进一步推进足球改革发展的若干措施》,明确要求调整改革职业联赛管理机构,完成具有独立社团法人资格的职业联赛管理机构成立登记和组织机构设立工作,中国足协与新设立的职业联赛管理机构通过各自章程和约定明确职责,并互派代表参与有关问题讨论和决策。

此外,有必要建构起相对完善和系统的职业体育人才培养体系,相关体育行政部门要加大对人才培养的政策帮扶,支持和指导职业俱乐部在后备人才培养上的规划和部署,对于青训、归化等问题,则需要进一步加强行业自律和外部指导,借鉴国际上先进的管理经验和规章制度。如中国足协颁布的《中国足球协会青少年训练大纲》依据世界足球运动的发展趋势和我国青少年足球发展的实际情况,对我国职业足球的青训制度作了较为详细的规定。

对于赛事转播侵权,由于我国《体育法》《著作权法》均未对体育赛事转播权作出明确的法律定位,所以以往对此探讨较多的主要是体育赛事转播权的法律属性和权利归属问题。面对转播侵权,一方面需要加强立法工作,完善《著作权法》等法律法规,进一步明确和加强对体育赛事转播权的法律保护,防止司法实务中对该问题的同案不同判;另一方面,需要加强政府的干预和管理,加强行政执法、加大对侵权行为的打击力度。针对赛事转播权的垄断行为,仍然需要通过制度设计,借助《反垄断法》等法律法规,协调职业体育联赛与电视转播商、各级赞助商之间的关系;改革原有行政管理体制,规范体育赛事转播权的出售形式,既让职业联赛整体有更高的收入,又让各职业俱乐部得到合理的利益分配。

对于联赛的市场化、商业化运营问题,需要加快转变政府职能,建立科学的体育行政管理体系。具体来讲,应厘清政府与职业联赛之间的关系,逐渐弱化行政手段对职业联赛的干预,强化联赛的商业化运行模式;明确国家体育行政机关和单项体育协会作为联赛的组织者和监管者,对联赛的产权只享有小部分的剩余索取权和监督权。

(二)职业俱乐部

1. 发展现状

随着社会体育健身的发展,俱乐部在全民健身中起到了非常重要的作用。近年来,在民政部门或者市场监管部门注册登记的各类体育俱乐部数量不断增加,规模不断扩大,在体育产业的发展中起到了积极的作用。目前,每个运动项目均有相应的俱乐部。其中,足球主要有广州队、中赫国安、上海上港、江苏苏宁、山东泰山等;篮球主要有广东宏远、广东东莞银行、辽宁本钢、佛山龙狮等;排球主要有北汽女排、江苏中天钢铁女排、广东恒大女排、上海东浩兰生女排等;乒乓球主要有上海中星、山东鲁能等。

当前我国足球俱乐部地域聚集趋势明显且收入不抵输出。在足球产业价值链中,足球俱乐部是最核心的组成部分。中国足协前瞻产业研究院提供的数据显示,目前,我国已初步建立起中超、中甲、中乙为主体的职业联赛框架,全国共有25个省级行政区域拥有三级职业足球俱乐部,共55家。其中江苏、山东、广东、北京分别以7家、6家、5家和4家,在数量上名列前四。上海、河北、湖北、陕西各有3家,辽宁、四川、浙江、内蒙古各有2家,天津等13个省级行政区域各有1家。根据中国足协2020年5月发布的名单,拥有2020赛季三级职业联赛参赛资格的俱乐部共55家。其中,符合中超联赛准入要求及成绩要求的俱乐部有16家,符合中甲联赛准入要求及成绩要求的俱乐部有18家,符合中乙联赛准入要求及成绩要求的俱乐部有21家。

从足球俱乐部的收入来看,薪资与实力不对等。根据数据网站Sporting intelligence发布的《2019年全球体育联盟薪资调查报告》,2019年中超人均年薪为120.7229万美元,比上年上升20.8%,在足球联赛中仅次于欧洲五大联赛。其中,排前三名的俱乐部分别是上海上港、广州恒大和河北华夏幸福。但从2021年2月25日的FIFA世界男足国家队排名来看,中国仅排名第75位。显然,一些国足球员能力并不能匹配现在的收入。

俱乐部业绩比较惨淡,多家俱乐部陆续退出联赛。我国足球俱乐部虽然发展到了一定的规模,但经营业绩惨淡。以恒大淘宝为例,近年来持续处于亏损状态。公开数据显示,恒大淘宝2020年上半年亏损超过10.52亿元。该俱乐部在半年报中表示,由于球员薪酬、转会成本仍居高不下,营业成本仍处于较高水平,导致俱乐部仍处于亏损状态。2021年1月,恒大淘宝更名广州队。2021年3月,广州队正式退市,并表示近年来该俱乐部实施战略转型,更加强化足校青少年球员培养,加速推进俱乐部人才培养和队伍建设。据京报网称,2020年,16家俱乐部离开中国职业足球舞台;2021年,6家俱乐部宣布退出三级联赛。

2. 内部治理现状

(1) 组织形式多样,管理难度大

当前,我国的职业体育俱乐部多数以政府部门和企业联办的模式组成,即企业主要投入资金,政府部门则主要投入运动员、教练员、场地设施等。但该种模式存在以下问题:一是政府部门投入的无形资产没有经过精准的评估,以致产权边界没有划分清楚;二是俱乐部拥有教练聘请、外援引入等人事权,但是产权关系中的占有、使用、收益、支配等内容,俱乐部目前还不具备完整的排他权利,与体育行政部门的权利归属问题较为模糊。在社会化、市场化的过程中,若企业性质的职业体育俱乐部产权不清晰,企业盈利目标与公权力的公共服务目标冲突,则有可能造成俱乐部的经营困难,影响俱乐部的可持续运转。2021赛季,俱乐部股权多元化改革迈出了关键性脚步,国有企业乃至当地政府率先进场,如帮助河南嵩山龙门与沧州雄狮两家中超俱乐部完成股权多元化改革的探索。但与此同时,如何评估和处理历史债权债务,如何吸引投资进入,如何把握国企民企的占股比例等诸多问题均需要各方力量共同寻找解决方案。

(2) "金元足球" 投资泡沫难以抑制

从 2020 年开始,中国足球开始了去金元足球化,然而此类投资泡沫很难在短时间化解,某些俱乐部仍然散发出强烈的"金元足球"味道。如上海上港依旧"供养"着全中超转会费第一天价,年薪中超第一高,人称"奥副总"的前巴西"国脚"奥斯卡,但却没有取得特别优异的成绩。为抑制类似"金元足球"等投资泡沫,中国足协进一步对俱乐部的财务支出进行限额,对球员个人薪酬限额,以及对中超联赛俱乐部奖金限额等问题进行了明确规定。此外,对于俱乐部总支出超过限额、球员集体薪酬超过限额、俱乐部违规发放奖金以及球员个人薪酬违规等情况分别设置了相应的处罚措施。

(3) 职业运动员合同履行及欠薪问题

作为俱乐部正常运行的基础,职业运动员的工作合同在职业体育中至关重要。当前,欠薪问题是影响中国足球发展的主要问题。2020 赛季的准入环节中,多达 14 家俱乐部因为欠薪问题未能准入,这些都是疫情之前的赛季中积累的种种问题。据《足球报》报道,2021 年年底,中超球队中有超过 70% 的俱乐部存在欠薪问题。此外,效力于低级别联赛的普通球员被欠薪的也不足为奇。

事实证明,运营稳定的俱乐部是球队获得成绩的重要保障。以 2021 年足协杯来说,晋级四强的山东泰山、河南嵩山龙门、上海申花和上海海港都是运营比较稳定的俱乐部,不存在严重的欠薪情况。而中超联赛中广州和苏州赛区的前两名球队,山东泰山、广州队、上海海港和长春亚泰,当时也基本不存在欠薪情况,广州队的经济问题是中超第一阶段结束之后才全面爆发的。如果能够全面解决欠薪问题,中国足球的发展自然也就可以进入正轨,包括青训等问题也会迎刃而解。

(4) 运动员注册流动问题

在职业体育中,运动员为延长自己的职业生涯及增加收入,会在不同的俱乐部之间流动,而俱乐部从自己的经济利益出发,也会不断买入和卖出运动员,运动员转会已成为常态。与此同时,归化球员的使用问题也普遍受到关注。中国足球开放归化大门始于 2019 年,中超各队除了大力在全球寻找华裔球员,也非常青睐在中超效力超 5 年或接近 5 年的外援。2021 年,因冲击世界杯及联赛多队陷入困境,曾经被广泛关注的归化球员,再次成为热点。他们曾经拿着高额年薪,被国人寄予厚望,2021年情况发生了巨大变化。例如,广州队的"5人巴西帮"先后解约,已全部回到巴西,其中高拉特未来无缘国足,费南多一战未出。

3. 问题解决路径

建立现代企业制度应是我国职业体育俱乐部治理改革的目标,政企分开则是这一目标得以有效实现的必要条件,所以在俱乐部管理体制问题上,首先,应厘清政府与职业体育俱乐部各自的职责与权利,完善职业体育俱乐部准入制度,尽量减少对职业俱乐部的行政化干预,继续提高其社会化、市场化程度;其次,有关管理部门应按照2021年5月,体育总局下发的《关于开展全国足球发展重点城市建设工作的指导意见》的要求,根据"政府监管、企业主体、社会参与、市场运作"的原则,构建国有企业、民营企业、社会组织、个人等多种投资主体共同参与的多元投资模式,试点探索俱乐部会员制、基金投资等多种形式的股权多元化模式。俱乐部在履行与运动员的工作合同方面,应借鉴世界先进经验,依法明确此类体育合同中劳方和资方间的法律关系,通过建立运动员工会和集体谈判制度,建立体育强制保险制度等,从预防与救济两方面保障弱势一方的合法权益。对于欠薪问题,需要行业主管部门加大执法力度,出台相关监督政策,如对于欠薪普遍严重的俱乐部采取撤销联赛准入资格等惩戒措施。

此外,我国目前所实施的运动员转会机制以及联合机制补偿及培训补偿政策仍存在制度与管理上的不足,需要规范转会中介市场,建构相应的规章制度对转会予以一定的限制和引导,优化支撑转会机制运行的相关制度,如协会纪律准则及处罚办法、仲裁委员会工作制度、职业体育经纪人管理制度、俱乐部准入制度等;要加强俱乐部劳动合同管理,依法严格履行合同约定事项,形成合理的人才培养流动机制。

体育法学研究篇

体育法学研究发展报告(2021)

2021年,在前期研究的基础上,我国体育法学研究继续蓬勃发展,可圈可点。无论是学术著作出版、期刊论文发表,还是专门学术会议的顺利召开,都体现出体育法学研究在我国交叉学科研究领域走在前列。2021年的体育法学研究继续紧贴我国体育法治的最新实践,就《体育法》修改、孙杨兴奋剂违规案、奥林匹克法治等热点问题,进行了较为深入的探讨。另外,体育法学研究也继续在广度和深度上不断拓展,彰显出我国体育法学研究的强大后劲。

一、体育法学著作

(一)体育法基础理论研究

1. 体育法导论

马宏俊主编的教材《体育法导论》(中国政法大学出版社2021年版)从体育法具体案例入手,注重理论与实践、国际与国内、法学与体育的对比和结合。该教材分别介绍了体育法概论、沿革,运动员、教练员、裁判员的权利与义务,体育俱乐部的权利与义务,其他体育参与者的权利与义务,体育合同,体育侵权,体育知识产权,体育反垄断,政府兴办的体育事业,体育产业与经营管理法规,体育纠纷解决,反兴奋剂,国际体育法等内容。

在体育领域,围绕兴奋剂违规、足球职业联赛改制、奥运会延期等热点的法律问题层出不穷。对于这些问题,传统的部门法很难应对,作为包括体育和法律的交叉学科,体育法学是一个亟待研究的领域。我国多所高校都开启了体育法学的研究生教育,因而也对相应的课程建设、教材建设提出了新的要求。中国政法大学体育法研究所聚合国内体育法学界中坚研究力量,编写了《体育法导论》作为研究生阶段的教材,为体育法学科建设起到了学术引领作用。

2. 体育立法理论研究

姜熙所著的《体育立法理论研究》(中国政法大学出版社 2021 年版)作为上海政法学院庆祝建校三十五周年的校庆系列丛书之一,从立法角度对体育立法理论进行初步探索。姜熙认为,新时代体育事业发展需要新时代的体育法治保障。体育法治建设的一项重要内容就是体育法律体系的建设,而体育立法是关键环节。《体育立法理论研究》正文共五个部分。导论部分主要对研究背景、研究意义、研究方法等内容进行介绍。第一部分为基础理论篇,主要对国内外体育立法研究概况进行分析,并重点就"什么是体育法?""'体育法'还是'体育与法'"进行研究论证。第二部分主要从国家体育法、国际体育法、全球体育法视角来探讨我国的体育立法问题。第三部分主要从宪法、立法法、反垄断法、破产法、著作权法、刑法、劳动法、工会法等视角出发探讨我国的体育立法问题。第四部分主要探讨迈进中国特色社会主义新时代后体育立法的重点任务、体育立法要处理好的重要关系以及体育立法的科学化问题。

(二)体育纠纷解决研究

1. 运动员权利保障研究

贺嘉所著的《奥林匹克体育仲裁中运动员权利保障研究》(法律出版社 2021 年版)分别从基础理论、运动员实体性权利和程序性权利的保障等方面对奥林匹克体育仲裁中运动员权利保障的问题予以论述。在基础理论部分,作者首先阐释奥林匹克体育仲裁中运动员权利的法律界定,然后对奥林匹克体育仲裁中运动员权利保障的法律依据进行梳理。作者还重点考察了奥林匹克体育仲裁中运动员实体性权利保障和程序性权利保障现状,并将保障不足之处予以梳理。

2. 反兴奋剂专题研究

张春良、贺嘉等所著的《国际反兴奋剂争端解决专题研究:以 WADA v. Sun Yang & FINA 为视角》(厦门大学出版社 2021 年版)着眼国际反兴奋剂机构与孙杨兴奋剂违规案,从该案的庭审程序、公开听证、证据规则、司法审查等角度,对国际反兴奋剂争端解决进行深入研究,为中国体育话语权体系建设提出建议。该书分章节介绍了孙杨兴奋剂违规案的案情与主要争议点,

WADA、国际泳联与 CAS 三个机构之间的分工与合作关系以及 CAS 的庭审程序、公开听证的规则、兴奋剂仲裁的证据规则、兴奋剂违纪如何认定、运动员权利保障等问题。

(三) 体育发展的法治保障研究

1. 体育赛事知识产权保护研究

龚韬所著的《中国体育赛事知识产权保护研究》(中国政法大学出版社 2021 年版) 着重寻找体育赛事知识产权保护的法理基础,构建体育赛事知识产权的法律体系,解决司法实践中棘手的体育赛事知识产权保护问题,并为体育赛事知识产权保护提供必要的立法建议。该书对体育赛事品牌知识产权的内涵进行分析,主要包括体育赛事转播权、体育赛事品牌与体育赛事商业秘密,分析各类体育赛事知识产权的特点及表现形式,在此基础上寻找体育赛事知识产权保护的一般模式及一般路径,并在我国现行法律体系下,结合我国体育赛事知识产权基础理论的特殊性及域外知识产权保护实践,有针对性地深入探讨优化我国体育赛事知识产权保护的具体路径和方案。

2. 体育健身休闲市场社会治理研究

童志坚所著的《法学视野下体育健身休闲市场社会治理研究》(光明日报出版社 2021 年版) 以体育健身休闲市场社会治理为研究对象,从理论和实践角度探讨社会治理的主体(谁来治理)、社会治理机制(如何治理)、社会治理的完善三大方面的内容。首先,确认社会治理的主体包括政府、健身经营主体、体育社会组织、社会公众等。其次,探讨体育健身休闲市场政府与社会合作治理,体育健身休闲市场社会治理与社会资本的关系,以及体育健身休闲市场社会治理能力建设。合作治理主要有两种形式:政府购买公共体育服务背景下的政府与社会合作治理以及清单管理背景下的政府与社会合作治理。而每一种合作治理形式又可以根据具体情况分为多种具体的合作治理情形。最后,研究体育健身休闲市场社会治理与社会资本的关系。体育健身休闲市场社会投资者通过行使所有者权益,影响资金投向,利用金融体系的监督管理制度等,对市场治理产生重要影响。

3. 青少年体育活动促进的法治体系研究

宋亨国所著的《中国青少年体育活动促进的法治体系研究》(中国社会科学出版社 2021 年版) 聚焦青少年体育活动不足这一世界范围内普遍存在的问题,从法哲学、法社会学视角确立"治理权配置与实施"的立法基础,提出以体育权利为导向的"五位一体"法治体系。该书除绪论外分为七章,分别论述青少年体育活动促进的人权哲学基础内涵、治理权、决策权、管理权、实施权,以及运动伤害预防和司法救济。研究目的是以群体权利为导向,不断优化和稳固治理秩序,以实现决策权、管理权、实施权以及运动伤害预防和司法救济的有序实现和融合。研究成果进一步丰富了体育法治理理论体系,同时也为进一步提升我国青少年体育参与水平提供了有价值的参考。

青少年运动伤害预防不仅能够有效规避对身心健康不利的影响,还能够降低社会和经济成本支出。我国青少年体育活动促进治理存在比较突出的问题,遵循善治理论的基本原则,应当着重进行权力合理配置和监管,优化资源供给,构建以"品质和效率"为中心的共治共享模式。

4. 足球行业自治与法治

赵毅所著的《私法视野下的足球行业自治与法治》(社会科学文献出版社2021年版)从私法视角出发,研究足球改革背景下中国足球行业的自治与法治若干重大问题。这是《中国足球改革发展总体方案》颁布后,第一部全面论述足球改革的著作。该书聚焦于足球行业自治与法治的辩证关系,认为既需要掌握世界上足球先进国家的成功治理经验,又需要对中国本土问题有深刻认知。该书基于大量中外文献、案例和问题的梳理,提出相关建议,可供国家足球改革决策机构,各级体育、教育行政主管部门,足球产业从业者以及司法机关参考。赵毅教授基于私法视野研究足球行业的自治与法治,分别从主体、内部治理和外部保障的角度,探讨私法视野下中国足协的法律地位,论述中国足协的内生机制建设及足球行业自治的私法保障机制。

二、体育法学期刊论文

2021年,我国体育法学研究在期刊论文发表方面呈现出持续繁荣的面貌,无论是研究的深度,还是研究的广度,都有新的发展,展现出我国体育法学研究进一步走实走深。

初步统计,2021年各类期刊发表的体育法学论文达到120余篇,其中CSSCI论文90余篇,特别是《体育科学》《北京体育大学学报》《上海体育学院学报》《体育与科学》等,成为体育法学论文发表的主阵地。从内容来看,《体育法》修订、《民法典》在体育领域的适用、体育数据法律问题、体育纠纷解决、兴奋剂法律问题等成为2021年体育法学研究的热点。

(一)《体育法》修订研究

2021年,我国《体育法》修订工作进入快车道。10月19日,《体育法(修订草案)》提请十三届全国人大常委会第三十一次会议审议。此次修订是《体育法》自1995年颁布施行以来的首次修订和第三次修改。围绕《体育法》修订工作,在已有研究的基础上,2021年,学者开展了更切合立法实际的深入研究。体育期刊也围绕《体育法》修订工作及时刊发相关论文,为《体育法》修订提供智力支持。《体育科学》杂志还就《体育法》修订开展专题研讨,刊发系列论文,全景式梳理《体育法》修订的主要问题。

关于《体育法》修订的指导思想和基本原则,有学者认为,坚持以人民为中心是习近平新时代中国特色社会主义思想和习近平法治思想的重要内容,是我国体育法治建设的根本遵循和行动指南。《体育法》修订是贯彻落实坚持以人民为中心的习近平法治思想的实践过程。在坚持以人民为中心的习近平法治思想指导下,《体育法》修订充分体现了促进人的全面发展和社会进步,强化对公民体育权利的保障,着力解决体育发展"不平衡""不充分"问题,保证全民健身基础性地位,实现全民健身与全民健康深度融合,坚持"健康第一"的教育理念,促进青少年健康成长等方面的法治保障作用。以人民为中心的习近平法治思想是《体育法》修订的根本遵循。

有学者认为,随着我国经济社会发展和人民生活水平提高,社会主要矛盾发生了变化,人民对体育事业的发展提出了新要求。《体育法》存在的滞后性、缺乏可操作性等问题愈发突出,修订完善《体育法》成为体育界的共识。修订《体育法》,应该通过对体育法律政策的梳理,从实践出发,坚持以问题为导向的原则,在保留基本框架和主要内容的前提下,根据党中央的精神和现实需要补充新的内容,对已不符合新时代要求的内容作出修改。

关于《体育法》具体内容的修订,也有学者进行了较为深入的研究。体育仲裁制度的建立是本次《体育法》修订的亮点,修订草案以专章对体育仲裁进行了规定。有学者对"体育仲裁"一章的立法思路进行梳理,认为从现行的整个法律体系来看,我国体育仲裁立法主要有直接立法、授权立法和修改法律三种立法路径,对比分析后发现,《体育法》新增"体育仲裁"一章为我国初建体育仲裁制度的最优选择;并以此为前提,结合《体育法》的体育基本法地位,认为作为《体育法》内在组成部分之一的"体育仲裁"一章,其地位是体育仲裁基本章;进而梳理了我国体育仲裁制度建设的立法思路,包括体育仲裁立法的指导思想、目标与路径、立法衔接、立法内容等,并对体育仲裁制度进行了初期设计,以期建设独立的体育仲裁制度。

也有学者结合全国人大常委会公布的《体育法(修订草案)》中体育仲裁方面的内容,以《体育法》修订进程中有关体育仲裁的讨论为脉络,归纳总结体育纠纷内部解决机制及外部化解方式的差异性和共性,以开放的眼光寻求体育仲裁体系化立法的合力,系统梳理总结体育仲裁基本原则、基本制度和具体规则。以"法定+约定"的思路和方法对修订草案中的体育仲裁内容提出意见,为建立专门的、完整的、具有中国特色的体育仲裁制度及完善我国体育仲裁立法提供建议。

关于"学校体育"内容的修改,有学者认为,新的历史时期,《体育法》修订已经刻不容缓。"学校体育"内容的修改应立足国家总体布局,坚持以问题为导向,以基本权利和义务为主线,形成系统的法律文本,为最终立法作出积极探索。首先,应紧抓学校体育发展中的关键矛盾与问题,明确修法思路,筑牢修法的学理基础;其次,应立足我国体育深化改革和《体育法》原法律条文,从多个维度确立"学校体育"内容修改总体框架;最后,应充分吸纳国家重要法律法规的规定,并借鉴西方国家法治建设经验,确证学校体育的地位、育人任务与目标,并通过调整基本体育法律关系细化各类主体的体育权利和义务。

关于"社会体育"一章的修改,有学者认为,应当紧紧围绕新时代体育发展的新形势新要求,坚持党的领导,以习近平新时代中国特色社会主义思想为指导,以加快体育强国建设为目标导向,以满足人民日益增长的体育权利需求为核心内容,强化新时代全民健身战略的组织机制和法治保障,实现政策文件的衔接和法律文本的协调,以国家立法的形式确认全民健身战略的法律地位、基本原则、重大措施以及全民健身的国家义务和公民权利,把全民健身摆在建设现代化强国标志性事业的重要地位,科学规划、系统布局,让全民健身成为国家意志、人民意愿和全社会的共同行动,在新的历史起点上开创全民健身发展的新局面,开启体育强国、健康中国建设的新征程。

另外,也有学者对《体育法》修订中的兴奋剂条款、公民体育权利条款、人工智能体育条款等进行了探讨。如马宏俊教授在《试论我国体育法律体系的建立与完善——以〈中华人民共和国体育法〉修改为视角》一文中指出,我国《体育法》立法起步较晚,在调整复杂的体育法律关系时尚不够成熟、完善,目前在形式和内容上均存在一定问题,部分领域纯粹依靠政策调整,法律缺位现象严重。强调新一轮《体育法》修订既要直面不断发展变化的国内外新形势、新情况、新变化给我国体育法律制度建设提出的新要求,也要注重调整内容的有限性与原则性,规则的具体细化可交由法规规章完成,待时机成熟再将具备条件的法规逐步上升为法律。中国反兴奋剂中心陈志宇主任在《构建中国特色反兴奋剂治理体系研究》一文中,通过国内外反兴奋剂治理体系研究综述,详细阐述反兴奋剂治理体系相关概念和问题,结合中国反兴奋剂管理的具体实践和经验,提出构建满足国际要求、符合中国国情、充分发挥中国特色社会主义制度优势的反兴奋剂治理体系。

(二)《民法典》在体育领域的适用研究

《民法典》在2020年通过后,于2021年1月1日正式实施,这部民事领域的基本法在体育领域的适用也是年度研究热点,特别是对《民法典》第1176条自甘风险条款的探讨,产生了多篇研究成果。

自甘风险条款第一次进入我国法律制度,如何准确理解和适用有待研究。有学者认为,《民法典》第1176条所规定的自甘风险制度的构成要件应该为风险、自愿以及行为人非故意或重大过失。除自甘风险者参加体育活动非受强迫或胁迫的条件显而易见外,其他构成要件都需要在司法实践中明确其具体的认定规则。体育活动的风险应当理解为固有风险,对固有风险范围的确定应结合体育活动的"场地界限"要件,排除外来风险,并且确立"参与人所凑发"要件,排除非参与人行为凑发的风险。而自甘风险者对体育活动固有风险的认知以"应知"为条件,应以自甘风险者的认知能力、职业化程度以及体育活动对抗性强度等为依据认定其对风险的"应知"。故意与重大过失的认定应当结合体育活动规则进行考量,合乎体育活动规则的行为以及一般的故意犯规行为应当被排除在故意或重大过失的认定范围之外,根据行为人犯规行为的严重程度以及其行为与体育活动的关联程度,结合行为人对损害结果的主观状态,认定是否具有故意或重大过失。

但是,也有学者认为,自甘风险条款的适用要考虑公平责任。作为损失分担规则,公平责任在体育运动致害案件的适用中存在争议。我国民事立法关于公平责任的适用范围经历了由宽松到严格限制的过程。司法实践中,法官在公平责任的适用条件和赔偿范围上都超越了其应有的内涵,自甘风险规则也并非体育运动致害的免责事由。《民法典》对公平责任适用范围的严格限制和自甘风险规则的确立,体现了我国法治的进步,有利于体育运动的积极开展。后民法典时代,体育运动致害案件中损失的分担,一方面需要建立完善的保险制度,另一方面需要在《民法典》的规则体系之下,通过民法解释学对公平责任和自甘风险的适用规则进行阐释。在极端案件中,应当肯定公平责任的适用,以实现其背后所体现的矫正正义。

《民法典》还确立了安全保障义务。有学者对体育活动组织者履行合理安全保障义务进行了研究,认为这种义务并非"法定监护人"义务,应遵循最小防范成本原则,不能限制社会体育活动的发展;组织者未尽安全保障义务可从具有期待可能性、达到一定过错、具有违法性三个方面进行判断。组织者的相应补充责任具有非完全补充性、责任类型独立、不可追偿性的特点,实质是不作为责任,可从参与者遭受损害客观存在、组织者存在过错或违法行为,以及组织者的过错或违法行为和参与者遭受损害存在因果关系方面认定。《民法典》第1176条、第1198条具有确立司法裁判规则、确立相关主体行为准则、协调行为自由和文体活动发展的功能,也是社会体育活动组织者的抗辩事由、责任分配规则。但是,应对这两条规定中的"组织者"作缩小解释,对组织者的"相应补充责任"作全面理解,对组织者"追偿权"行使进行限制。

另外,还有学者对《民法典》视域下经营性体育场所伤害事故的法律责任、运动员个人数据保护等问题进行了研究。这些研究体现出我国体育法学研究者紧跟我国法治建设的步伐,积极探索一般性法律规则在体育领域适用的特殊性问题。

(三)体育数据法律问题研究

当今正处于大数据时代,体育也不可避免地与大数据相连接,如何有效处理体育领域的数据问题,既充分发挥数据这一生产要素的价值,同时也保护公民的个人信息权利,引起了学者们的思考。

有学者探讨了数字体育时代赛事组织者数据权益的保护,认为数字体育时代,赛事数据的商业价值日益凸显。赛事组织者花费了大量的劳动形成和呈现赛事数据,对赛事组织者数据权益应当进行合理的保护。但是既有法律框架下的合同法、知识产权法、反不正当竞争法保护都与赛事组织者数据权益保护存在某种差距,难以提供有效的法律支持。创设"赛事组织者数据专有权"方案具有一定的实效性,但赛事数据所承载的公共性和个体权利,使得对赛事组织者数据不宜采取绝对化和排他性的财产权设置,而是应该创设有限排他性的"准财产权",一方面使赛事组织者得以对抗特定类别主体和行为,另一方面实现赛事组织者数据权益保护与数据自由、运动员数据权利的协调。于我国而言,依循本次《体育法》修订的市场导向,借修法契机,引入赛事组织者数据准财产权条款,并由此妥善地安排相关利益,不失为一种可行的方案。

有学者专门聚焦于体育领域个人信息的保护问题,探讨对公共智慧体育设施所采集的个人信息的保护。公共智慧体育设施因其采集信息规模之大、范围之广、主体之众,存在不容忽视的个人信息安全风险。该学者通过分析我国智慧公园、智慧步道等公共智慧体育设施的个人信息处理情况,发现仍有信息采集正当性存疑、信息过度处理以及行业规则不完善等问题,从而认为,针对性地化解智慧体育时代的个人信息保护危机,应总结域外关于公共领域生物识别技术使用立法与物联网安全治理的经验,结合《民法典》《个人信息保护法》对个人信息处理的要求,从慎用生物识别信息技术、加强政府监管、明确公共利益免责边界及鼓励行业自律等四个维度,形成多主体、多层次的治理措施。

体育分析中如何处理运动员个人数据,也引起了学者的注意。随着大数据、人工智能等新兴技术的发展,体育分析的重要性日益上升,但是运动员的个人数据并没有得到应有的保护,存在运动员数据处理"同意"的缺失、数据处理"相称性"的缺失、数据处理"安全性"的缺失。这不仅造成运动员人格自由与尊严的损害,也广泛波及运动员隐私权、劳动权、健康权、公平竞赛权等权利的实现。有学者认为,平衡体育分析需求和运动员个人数据保护之间的关系,可以考虑借鉴数据财产权理论,确立运动员个人数据财产权保护制度,参照知识产权"使用许可"设计,同时探索制定运动员个人数据保护的内部规范和构建技术解决方案。

(四)体育纠纷解决研究

我国体育法学的研究可以说始兴于体育纠纷解决,学者对这一问题的关注一直持续至今。2021年,体育纠纷仍然是体育法学研究热点问题,特别是体育仲裁问题,一直是我国体育法学研究的重点。

孙杨兴奋剂违规案在2021年有了新的进展,围绕该案所产生的法律问题,体育法学界进行了较为全面的分析,指出了该案仲裁裁决所存在的种种问题,也对国际体育仲裁及反兴奋剂规则的完善提出了建议。有学者认为,孙杨兴奋剂违规案仲裁庭在裁决理念、规则解释、专家证人利益冲突判断、举证责任认定和先例援引等方面存在问题,仲裁庭的中立性存疑。这反映了当前反兴奋剂实践中运动员权利保护所面临的诸多困境。在当前国际反兴奋剂体系下,运动员权利受到强烈挤压,涉兴奋剂纠纷的运动员寻求救济的时间成本、经济成本和机会成本高昂。此外,当前国际反兴奋剂规则体系对反兴奋剂管理机构、样本采集和检测机构及其人员的管理要求与对运动员的要求存在巨大差异。在兴奋剂违规处罚制裁方面,不同案件的 CAS 仲裁庭之间对"严格责任"与"比例原则"的理解和适用存在较大差异。

有学者专门就孙杨兴奋剂违规案所涉及的关键规则,即《检查和调查国际标准》第 5.3.3 条进行了分析,认为该条至少存在三种解读定性:模糊规则、不义规则和旧规则。对此可逐一回应以有利于运动员解释、创设新例衡平拨正既往先例,以及通过"有利溯及"时效规则三种仲裁维权之道,借此可打破"失衡的天平"的两难,一方面尘封既往传统,不予追溯干扰;另一方面则可从既往传统中解放出来,自由且合乎正义地对该案或类似案件作出经得起历史考验的仲裁裁决。

也有学者认为,对于《检查和调查国际标准》第 5.3.3 条及相关条款的解释,国际泳联反兴奋剂听证庭采用了严格的文义解释和体系解释,作出了有利于运动员的裁决。而 CAS 采用了文义解释和目的解释,认为样本采集人员资质符合规定。根据瑞士联邦最高法院的判例,解释重要国际体育联盟的规则应当遵守法律规则的解释方法,因此对于反兴奋剂规则条款的解读应遵循"客观解释",以理解文本的措辞为起点,辅以其他解释方法。由于不同的规则解释方法之间没有严格的位阶顺序,仲裁员的价值观、法律背景,以及案件的难易程度、影响力等将会影响仲裁员对规则解释方法的选择。仲裁员应该运用衡量法则权衡各方利益,提高规则解释的合理性和稳定性。

另外,孙杨兴奋剂违规案也引发了对世界反兴奋剂样本采集程序合规性、瑞士联邦最高法院体育仲裁裁决重审制度等的分析。

中国体育仲裁制度的建立,一直是体育法学研究的重要关注点,有学者认为孙杨兴奋剂违规案的出现成为完善我国体育法治建设的契机。在这一背景下,学习国际体育仲裁中的相关制度设计、法律法规、原则规则以及程序设置,对于完善我国体育法治建设,在北京冬奥会举办之际增强我国在国际体育领域的话语权具有十分重要的现实意义。也有学者认为,孙杨兴奋剂违规案、大连超越案等近年来的典型案例,揭示了体育仲裁制度缺位导致的现实困境,并提出我国体育仲裁制度建构的具体路径:第一,完善相关立法并确立体育仲裁制度;第二,建立独立的唯一体育仲裁机构;第三,依托国际力量搭建中国体育仲裁庭;第四,区域联合试点推动区域内体育组织探索统一仲裁机制。

调解是解决体育纠纷的一种重要方式,有学者将最新通过的《联合国关于调解所产生的国际和解协议公约》(以下简称《新加坡公约》)与体育调解制度联系起来,提出了《新加坡公约》下我国体育调解制度的完善对策:以《体育法》修订为契机,增设体育调解条款;规范体育调解过程参与人员行为准则,明确权利和职责所属;未雨绸缪,细化达成的体育调解协议的认定规则与执行程序;严格限定体育调解的时效性,促进体育调解与体育仲裁的有效衔接,完善多元化体育纠纷解决体系。

此外,围绕奥运会仲裁、亚运会仲裁、体育仲裁中的法律援助、体育仲裁中的司法审查等问题,也涌现出一批研究成果。

(五)兴奋剂法律问题研究

兴奋剂是体育中的毒瘤,坚决打击使用兴奋剂是国际国内体育组织的坚定立场。但反兴奋剂不仅是一个科学问题,同时也是一个非常复杂的法律问题。2021年我国体育法学界对这一问题的研究主要体现在三个方面:《世界反兴奋剂条例》修改、运动员权利保护、兴奋剂入刑。

新的《世界反兴奋剂条例》于2021年1月1日开始实施,对于新条例的变化,学者们在2021年继续进行深入的挖掘分析。有学者认为,2021年新的《世界反兴奋剂条例》强调反兴奋剂斗争的目的是维护健康价值以及保护运动员的权利。2021年《世界反兴奋剂条例》将"技术文件"增列至世界反兴奋剂主要规则体系;设立新的兴奋剂违规类型——阻挠报复举报行为;新增对社会毒品的单独规定;增设受保护人员、业余运动员两类主体;新增"情节严重加重处罚"条款;明确肯定"认罪协议"制度;删除"故意"构成要件中的"作弊"要素;修订"赛内"的定义;提高对公平听证的要求。

有学者专门研究了2021年《世界反兴奋剂条例》中重新恢复的兴奋剂违规"情节严重加重处罚"条款,认为兴奋剂违规处罚的公法属性揭示了该条款以责任加重为依据,体现"重罪重罚"的形式相称性;兴奋剂违规处罚的私法属性表明该条款是意思自治下权利让渡的结果。然而,该条款不满足比例原则的必要性要求,构建了"严者愈严,宽者难宽"的处罚机制,变相扩大了WADA等体育组织的权力,反映了《世界反兴奋剂条例》对基本违规的量"刑"考虑欠缺,条款具体内容的不完善威胁着运动员等当事人的合法权益。这些纰缪令人质疑该条款存在的合理性,该条款不应"卷土重来"。

2020年12月,全国人大常委会通过《刑法修正案(十一)》,明确将引诱、教唆、欺骗、组织、强迫运动员使用兴奋剂的行为规定为犯罪。这是我国反兴奋剂工作的又一里程碑,在我国第一次实现了兴奋剂入刑,为依法严厉打击兴奋剂犯罪提供了刑法保障,再次向全世界表明了我国坚决反对兴奋剂的立场。对于这一新发展,《上海体育学院学报》组织了专题研讨,从多角度探讨新设的妨害兴奋剂管理罪。有学者考察了妨害兴奋剂管理罪前置法的功能问题,认为妨害兴奋剂管理罪所具有的明显法定犯属性和对"运动员""兴奋剂""国内、国际重大体育竞赛"等核心构成要件要素的准确认定,决定了妨害兴奋剂管理罪的司法认定离不开前置法的规定。根据相关前置法认定妨害兴奋剂管理罪,不仅会使认定"运动员"的司法过程违反法律专属主义,而且无法为"国内、国际重大体育竞赛"提供解释依据,同时会使认定行为主体的结论陷入正当性危机。为此,应通过修改相关前置法,扩大"运动员"的范围,明确"国内、国际重大体育竞赛"的含义和范围,拓展行政违法行为主体的范围,以补强其在妨害兴奋剂管理罪司法认定上的基本功能。对于妨害兴奋剂管理罪的处罚范围,有学者认为,在适用场域方面,"国内、国际重大体育竞赛"的范围宜限定为国家级、国际级竞技体育比赛。在处罚对象方面,对于引诱、教唆、欺骗运动员使用兴奋剂,非法向运动员提供兴奋剂,组织运动员使用兴奋剂以及强迫运动员使用兴奋剂四类实行行为,需借鉴相似罪名的解释原理并结合体育实践经验进行个别认定。在罪量要素方面,可将涉及兴奋剂数量较大、对运动员身心健康造成严重危害、对未成年运动员使用或提供兴奋剂等情形评价为该罪的"情节严重"。还有学者从解释论的角度,对该罪的构成要件及准确界定进行了探讨。

打击兴奋剂的同时,同样需要注重运动员的权利保护,特别是孙杨兴奋剂违规案的出现,促使学界反思如何在制度上保护运动员的合法权利。有学者认为,目前的世界反兴奋剂体系存在严格运动员责任与淡化运动员权利的矛盾。尽管2021年《世界反兴奋剂条例》已体现出保护运动员权利的趋势,但仍存在缺陷。兴奋剂检查权力滥用可能会引致程序失范,最终导致运动员参赛权、形象权等正当权利遭到减损。因此,在实施严格的兴奋剂检查的同时,也需保障运动员的正当权利。还有学者认为,世界反兴奋剂制度对样本采集程序标准的层级设置导致不同标准的内容不统一,易导致运动员和兴奋剂管制主体产生冲突,国际标准效力至上的立场会纵容样本采集人员向低标准"逃逸"。鉴于兴奋剂管制资源分布不均的现实,建议在现有制度的基础上细化国际标准,要求兴奋剂管制主体严格执行内部规则确定的高水平实践标准。样本采集程序重大瑕疵应成为运动员"未能遵守"类违规的阻却事由。《世界反兴奋剂条例》虽已规定"强制性的正当理由"这一违规阻却事由,但该违规阻却事由无法全面涵盖程序重大瑕疵的各种情形,应将程序重大瑕疵规定为单独的违规阻却事由。

另外,学界对于治疗用药豁免的限度、无重大过错或无过错的抗辩、政府与体育组织合作的兴奋剂治理范式等,也作了深入的探讨。

(六)知识产权法律问题研究

赛事知识产权保护是 2021 年度研究的另一焦点,包括体育赛事品牌保护、奥运会隐性营销以及体育赛事转播权的保护等内容。

有学者认为,奥运会隐性营销市场中存在赞助商群体与非赞助商群体的动态利益博弈,在法律政策一味强调赞助商利益保护的背景下,奥运会隐性营销市场规制边界不甚清晰,非赞助商正当生产经营空间保留的必要性凸显,应考虑赞助商群体与非赞助商群体之间的利益平衡。奥林匹克知识产权的市场开发不仅要保障经济利益的实现,更要服务奥运会公共价值的实现,赞助商群体不能独占奥林匹克标志及相关元素的商业利益,应给非赞助商群体留下正当生产经营的空间。而对于体育赛事品牌保护,有学者研究认为,基于体育赛事的载体性,体育赛事品牌应定性为特殊标志,同时构建以特殊立法保护为主,以商标权、商品化权的司法保护为辅的知识产权保护体系,方可为其提供全方位的保障。

而对于体育赛事转播权的性质,仍然存在争论,有学者认为,体育赛事转播权应是体育赛事组织者享有的排他性财产权,其所能控制的行为不仅应包括体育赛事的现场直播,还应包括一切以体育赛事为基础所形成的视听成果的传播。故应重构我国体育赛事转播权制度,立法应明确体育赛事转播权的法律性质和权利内容,规定任何盗播行为,只要其涉及以体育赛事组织者享有权利的体育赛事为基础所形成的视听成果,体育赛事组织者均有权以体育赛事转播权为依据提起诉讼。也有学者认为,应当摆脱传统著作权法中类似广播组织权、信息网络传播权等概念的束缚,从受众范围而不是传播主体或传播方式的角度进行权利的划分,从而将赛事节目归入视听作品。

(七)电子竞技法律问题

体育总局在2003年将电子竞技运动列为中国正式开展的第99个体育项目,经过十多年的发展,EDG电子竞技俱乐部在2021年取得英雄联盟全球总决赛冠军,引起了广泛的关注,有学者也从法律角度分析电子竞技这一新兴体育运动。

有学者认为,为实现电竞行业的长远发展,应确定个人直播的合理使用性质、肯定电竞赛事直播平台的制片人地位;划定电竞博彩业的合法边界;引入劳动者分层保护理论,在普遍保障职业电竞玩家劳动者权益的同时,兼顾电竞俱乐部利益。

对于在电子竞技中发生的假赛如何进行规制这一问题,有学者认为,在实然主体方面,电竞俱乐部对应的是"初步"罚则,并以单方解除合同为主要措施;游戏厂商、联盟对应的是"核心"罚则,并以禁赛和禁止关联行为等为主要措施。在应然主体方面,电竞协会难以行使实质意义上的处罚权;而国家机关对应的则是"校正"罚则,即有必要通过行政处罚和刑罚来对现有机制加以补充或补强,从而借助惩处力度的加大来还电竞赛场一方净土。

对于电子竞技体育的监管,有学者建议,政府主体应将电子竞技场域的管理体制转换为"监管和服务":在监管层面,应以包容审慎监管为原则,以法律规范的形式为之设定标准、规则和界限并加以监督,对赛事审批、监管措施、经营管理等事项加以改进和优化;在服务层面,则应以创新服务方式为目标,将服务融入监管过程,并在信息、技术、规则制定、知识产权保障等方面主动提供全方位的服务。

(八)职业体育劳资关系

随着中国职业体育的不断发展,职业体育中涉及的法律问题一直是近年来体育法学研究的重点。

有学者梳理了国际足联《球员身份和转会规则》的历史演变,对1994年至2020年FIFA发布的近20个版本的《球员身份和转会规则》的重点修订内容进行对比分析,发现由于博斯曼法案的影响,《球员身份和转会规则》在未成年人保护、基于正当理由终止合同、合同稳定性、俱乐部独立性的保护、球员转会匹配系统、训练补偿、五人制球员身份和转会、合同稳定性、球员信息与转会等方面进行了调整与修订,其中一些条款几乎完整延续了以往版本中较成熟的内容和架构,全面界定与解释相关概念将是《球员身份和转会规则》未来的发展趋势。

对于转会协议的性质,有学者认为,对涉事的两家俱乐部而言,球员转会协议并非所谓球员的"联盟权"或经济权的交易,而是希望加盟新俱乐部的球员注册变更的重要先决条件,即主要通过支付转会费的方式换取原俱乐部解除未到期的足球劳动合同之同意;对球员与俱乐部而言,经球员确认的转会协议构成他们之间的劳动合同的附条件解除。

有学者对职业足球中运动员的法律地位进行了探讨,认为目前我国相关规范将职业足球运动员界定为劳动者,但法律效力位阶较低,导致司法实践出现了法律适用的不确定性和明显的裁判差异化现象。为加强对职业足球运动员的法律保护,我国应在《劳动法》中将职业足球运动员定性为特殊劳动者,以《体育法》与中国足协的相关规范建构特殊保护体系。

还有学者探讨了俱乐部解散后职业足球运动员的权利保障问题,认为现状是球员讨薪实践具有周期长、无人管、维权难、收益小等特点,呼吁完善体制机制、畅通维权途径以保障职业球员合法权益。

这些研究体现出我国体育法学人深厚的人文关怀,凝聚了通过法治途径推进我国职业体育发展的期待。

(九)其他热点问题研究

2021年,除了以上研究较为集中的主题,还有一些研究成果也值得我们关注。国际田联发布的《雄激素过多症规则》和《性别发展差异运动员规则》在国际体育界引起了激烈的争议,有学者对特定女性运动员参赛资格进行了研究,认为这些对她们进行限制的规则具有歧视性,应该最大限度地保护她们的参赛权利。

有学者探讨了中国古代是否存在体育法,认为我国古代文献中存在大量与身体竞技、游戏相关的律令与判例,涉及运动伤害与竞技暴力治理、竞技赌博治理、体育赏禁调控、体育从业者与组织、体育器械场地等,与西方古代体育法相较,二者在体育赏禁调控、竞技赌博治理方面有相近规定,但我国古代体育法在运动伤害责任认定上更为严格,不承认体育活动中的自甘风险。此外,中华法系已归纳出"戏杀伤律"来治理绝大多数对抗性运动伤害。

有学者研究了《奥林匹克宪章》第 40 条的修改对国内规则的影响,认为该条本质上是奥运会组织机构对维持自身运转的财政收入需要与运动员经济权利保护之间的平衡,我国应该调整运动员商业活动管理政策,并对《奥林匹克标志保护条例》的灵活适用提出针对性建议。

也有学者对体育纪律处罚进行了探讨,认为"将体育带入耻辱"条款是体育组织纪律处罚规则或运动员参赛报名表中的标准条款,该条款在设置过程中,容易混淆"将体育带入耻辱"行为和其他体育不当行为,应当将全部犯罪行为、一部分一般违法行为和少部分体育不当行为纳入"将体育带入耻辱"行为的范畴。有学者研究了美国四大职业体育联盟总裁的纪律处罚权,指出,联盟总裁可以根据联盟规则以及联盟最大利益原则对违规行为进行处罚。从实践来看,被处罚的违规行为主要包括使用毒品和兴奋剂、赌博行为、赛场不当行为、歧视行为四类。总裁行使处罚权必须遵循正当程序原则。被处罚者可以通过仲裁和诉讼两种途径寻求救济,在实践中,仲裁庭和法庭都存在推翻总裁处罚决定的情形。目前我国职业体育的纪律处罚主要由国家单项体育协会负责实施,纪律处罚监督机制的独立性存在不足。改革后的职业体育联盟应该拥有独立的处罚权,并赋予联盟总裁相应的处罚权,但监督机构可以设在国家单项体育协会内部,以保障监督的独立和公正。

(十)总体评价

第一,紧跟时代脉搏,体现中国特色。随着中国体育的发展,中国法治建设的进一步推进,体育法治建设也在往深水区推进。2021 年度的体育法学研究紧密围绕我国体育法治建设中的核心问题,为推进我国体育法治建设出谋划策,从学理、对策等层面贡献学者智慧。比如关于《体育法》修订的研究,在既有相关研究的基础上,2021 年的研究成果更接地气,更具有实际操作性。对《民法典》在体育领域适用的研究、对体育数据法律问题的研究,都体现了我国的体育法学紧跟时代发展,将最新的法律与体育结合起来,探讨其中存在的特殊性;将当今时代最重要的社会问题之一——数据问题,与体育结合起来,探讨其中存在的法律问题及解决方案。这些问题都是非常典型的中国问题,具有中国特色,从研究成果来看,体育法学界立足中国实际,分析中国问题,提出切实可行的学术建议。

第二,研究成果质量进一步提高。中国体育法学研究发展到今天,已经逐渐摆脱"躲在深闺人未识"的尴尬状态,进入百花齐放、百家争鸣的喜人新时代。从某种意义上而言,无论是参与研究的人数、研究成果的数量还是研究成果的质量,中国的体育法学研究已经走在了世界的前列。2021 年度的体育法学研究,研究成果质量进一步提高,既涉及深层次学理依据,又涉及世界上最为前沿的体育法律问题。特别是系统接受过较为全面学术训练的青年学者的崛起,让我们对体育法学研究的未来充满期望。

三、体育法学学术会议

2021 年体育法学学术会议以提升体育治理能力、促进依法治体为目标,紧跟时代步伐,取得了令人瞩目的成绩。

(一)体育法学学术会议总览

围绕庆祝中国共产党成立 100 周年、学习贯彻习近平法治思想、《体育法》修订、中国体育仲裁制度建设、《民法典》与《体育法》的融通衔接、北京冬奥会相关法律问题等主题,2021 年度由高校、科研机构、学术团体、律师事务所等组织的体育法学学术会议紧扣时代主题展开了多层次、多维度的讨论。虽然因新冠疫情的影响取消了部分会议,但并没有消减学界对体育法的热忱,大多数体育法学学术会议仍然通过线上线下结合的方式召开,希望以扎实的理论基础与丰富的实践经验解决时代提出的问题。

1. 围绕时代主题

2021 年,体育法学学术会议积极举办了回顾建党 100 年来体育法治发展的专题活动。在中国共产党的领导下,中国的体育法治经历了从无到有,从孱弱到逐渐健硕的飞跃。习近平总书记指出"学史明理、学史增信、学史崇德、学史力行",为此,第十届环渤海体育法学论坛等学术会议设立了献礼建党百年的专题论坛,并收集到了多篇优秀论文。

2021 年是开启新征程的一年,习近平新时代中国特色社会主义思想是全党全国人民为实现中华民族伟大复兴而奋斗的行动指南,作为其重要组成,习近平法治思想为体育法治建设提供直接依据和支撑。中国法学会主办的中国法学会体育法学研究会 2021 年学术年会(以下简称"2021 年体育法年会")、上海市法学会体育法学研究会 2021 年年会暨第二届体育法治高峰论坛(以下简称"上海市 2021 年体育法年会")全面且深入地学习了习近平法治思想,专门设立了习近平法治思想与体育法治建设的专题会议,并输出了兼具学术与实践价值的优秀成果。

2021年是"十四五"规划的开端,中共中央《关于制定国民经济和社会发展第十四个五年规划和二〇三五年远景目标的建议》把建成体育强国作为目标。作为助力实现体育强国的重要保障手段,体育法治责无旁贷。为此,体育法学界与时俱进,召开了相关学术会议。例如,上海市2021年体育法年会对《上海市体育发展"十四五"规划》的编制思路及框架从体育法学的视角展开了讨论。

2. 回应时代需要

2021年体育法学学术会议以时代需要、国家发展为导向,积极关注社会实践,对中国体育事业中的核心问题、热点问题、疑难问题给予了充分的回应,在我国体育治理方面发挥了决策咨询的作用。

以促进依法治体为导向,2021年体育法学学术会议以较多的精力关注《体育法》修订。2021年体育法年会、第十届环渤海体育法学论坛、"我为《体育法》建言献策"网络研讨会等会议均设有专题讨论。此外,依托《体育法》修订,建立我国体育仲裁制度成为2021年体育法学术会议的另一个关键词,除上述会议外,福州大学举办的"中国体育仲裁法治化的问题与解决路径"学术研讨会、中国政法大学举办的以"迈向体育强国的法治保障"为主题的中国体育仲裁制度的构建专题研讨会等对我国体育仲裁制度建设进行了探讨。

以落实国家政策为导向,南京体育学院为贯彻落实习近平总书记关于体育强国建设的重要指示精神,深化具有中国特色的体教融合发展,举办了"新时代体教融合的法治保障"学术研讨会,围绕学生体育权利的法治保障、学校体育法治体系的完善、青少年体育赛事活动的法治保障、体教融合的法治实践等专题展开了探讨。

以服务北京冬奥会为导向,2021年体育法年会,中国法学会体育法学研究会主办、北京市中闻律师事务所承办的"奥运会法律事务回顾与展望"会议,北京市法学会体育法学与奥林匹克法律事务研究会承办的"北京冬奥法治保障"研讨会等学术会议对北京冬奥会可能面临的法律问题进行了预判和分析。

以解决社会现实问题为导向,体育法学界针对社会中热点问题和现实问题召开了多次学术会议,例如,中国体育法学网、北京市文化娱乐法学会体育产业法律专业委员会、北京市法学会体育法学与奥林匹克法律事务研究会共同举办的"2020体育法律热点事件"网络研讨会,总结了2020年体育法热点事件,回顾了体育法年度贡献;中国体育法学网、北京市文化娱乐法学会体育产业法律专业委员联合举办的"高风险赛事安全保障义务"网络研讨会,及时对体育赛事中的公共安全事件进行反馈,解析了高风险体育赛事中的法律问题,提出了一系列保障措施;天津市法学会体育法学分会、北京市法学会体育法学与奥林匹克法律事务研究会联合举办的"兴奋剂违法行为入刑的理论与实践思考"线上研讨会,深化了兴奋剂相关犯罪的理论认识和实践运用。

(二)主要学术会议概述

1. 2021年体育法年会

(1)会议概况

2021年4月29日至4月30日,中国法学会主办,上海政法学院承办,上海市法学会体育法学研究会、上海政法学院体育法治研究院协办的2021年体育法年会在沪召开。本次会议以"学习贯彻习近平法治思想,加快推进体育法治建设"为主题。体育总局党组成员、副局长,中国法学会体育法学研究会会长李建明;中国法学会研究部二级巡视员李仕春;全国人大社建委社会事务室副主任刘新华;上海市法学会党组副书记、专职副会长施伟东;中国法学会体育法学研究会常务副会长田思源;体育总局政策法规司副司长李志全;上海政法学院校长刘晓红等来自各单位、高校、科研机构及法律实务部门的170余人参会。会议收集论文132篇,收录论文100篇,设大会主旨报告3个,设专题论坛4个:习近平法治思想与体育法治建设、《民法典》与体育法治、体育权利与体育纠纷解决、反兴奋剂与北京冬奥会法治保障。

(2)会议成果

第一,认真学习贯彻习近平法治思想。上海政法学院关保英教授作了《学习贯彻习近平法治思想对体育法治建设的重大指导意义和作用》的大会主旨报告,全面解读了习近平法治思想的源流、内涵与实践理性,明确指出习近平法治思想对于体育法治建设的重大指导意义与作用:体育法治体现宪法至上与治理现代化契合的理念;体育法治体现以人民为中心与突显专业性相一致的理念;体育法治体现法治传统与法治时代精神相结合的时代理念;体育法治体现本土法治为主与全球法治吸收的理念;体育法治体现法治体系与体育技术规范对接的理念;体育法治体现体育立法与体育执法自洽的理念。北京嘉观律师事务所裴娜律师从体育总局《关于进一步规范和加强地方体育行政执法工作的若干意见》的解读入手,探讨了如何在推进体育行政执法改革中贯彻习近平法治思想。天津体育学院于善旭教授论述了依法治体在新时代全面依法治国统筹推进中的奋进之路。济宁学院孔伟教授论述了我国体育行政执法失范问题及执法权运行模式,旨在促进《体育法》实施。南京师范大学王洪兵副教授提出《体育法》修订理念应当更新。晋中学院胡旭忠副教授立足新时代,对体育法的基本原则进行了法理剖析与重构。

第二,深入讨论《体育法》修订中的问题。苏州大学王家宏教授作了《中国体育深化改革重大问题的法律研究》的主旨报告,以法学视角从全民健身国家战略的法律研究、竞技体育深化改革的法律研究、体育产业深化改革的法律研究三个方面对中国体育改革中的重大问题进行了全方位的剖析,为我国依法治体、推进体育深化改革勾勒出框架。华南师范大学周爱光教授依托2018年国家社会科学基金重大项目"《中华人民共和国体育法》修改重大问题的法理学研究"为大会作了题为《〈体育法〉修改研究》的主旨报告,对《体育法》修订的指导思想、思路、研制过程和参与人员进行了详细介绍,对《体育法》修订的文本进行了全方位解读并作了新旧对照,增强了学界对《体育法》修订过程、意义以及所修订条文本身的理解。

第三,积极探究《民法典》与《体育法》的互动。岭南师范学院韦志明教授作了《论学校体育伤害事故中的国家责任》的报告,认为国家责任缺位导致学校体育伤害事故陷入校方被无限归责赔偿和受害学生合法权益得不到及时赔偿的两难境地,并提出应在《体育法》"学校体育"中增加"学校体育伤害基金"条款来实现国家责任。中国政法大学姜涛副教授以竞技体育为例,详细论述并提出了竞技体育法治化的意义和路径。清华大学博士生韩富鹏、中国政法大学硕士生乞雨宁不约而同地结合《民法典》第1176条自甘风险条款,论述了该条款在体育运动中的理解与适用。中国政法大学硕士生姜璐璐则在《民法典》的视角下探讨了校园伤害事故的法律责任归属。

第四,持续关注体育权利与体育纠纷解决。在体育权利方面,南京体育学院闫成栋教授从运动员权利的视角出发,探讨了运动员权利保障的法哲学问题,提出只有将工具理性行为融贯于交往理性行为,才能使专业运动员回归平等对话的生活世界。吉首大学硕士生闫纪红从学术发展史的角度,对中华人民共和国成立 70 余年以来的我国体育权利研究进行了可视化分析。在体育纠纷方面,本次会议聚焦于体育仲裁制度,福州大学李智教授提出要建立与国际体育仲裁平行且竞争的国内体育仲裁机制,倡导国际制度与国内制度并举。上海政法学院熊瑛子副教授以体育仲裁的特殊性为视角论述了瑞士联邦最高法院审查 CAS 裁决的特点和意义。清华大学博士生徐伟康则基于瑞士联邦最高法院的司法实践,分析了 CAS 裁决被重审的原因。

第五,热烈商讨反兴奋剂与北京冬奥会法律保障。在反兴奋剂方面,中国政法大学罗小霜副教授通过文献资料法结合《世界反兴奋剂条例》框架下的未成年人保护机制,就我国未成年运动员保护出现的问题及对策进行阐述。西南政法大学张武举副教授对妨害兴奋剂管理罪中的"兴奋剂""使用兴奋剂""运动员"等罪状进行了刑法意义上的解读。北京天达共和律师事务所宫晓燕律师结合 CAS 案例,介绍"最罕见情况""最狭窄通道"的适用,分析可能在同类兴奋剂违规案件中出现的不同裁决结果以解析适用"最罕见情况""最狭窄通道"存在的争议。在北京冬奥会法律保障方面,中央财经大学绿色金融国际研究院研究员任国征根据北京冬奥会的特点,从合同相关风险、国内外法律冲突风险以及知识产权保护相关风险等具体法律风险分析了北京冬奥会法律风险的应对措施。北京市安理律师事务所赵建军律师则针对 2022 年北京冬奥会的知识产权法律问题展开讨论,并提出解决路径。

通过本次会议,参会人员深刻认识到习近平法治思想是全面依法治国的根本遵循和行动指南,促进了习近平法治思想的传播和在体育法治建设中的践行落实。通过对体育法基本理论问题和《体育法》修订这一重大现实问题的聚焦和讨论,丰富了中国体育法理论,推动了依法治体的进程,为体育治理能力现代化贡献了力量。

2. "中国体育仲裁法治化的问题与解决路径"学术研讨会

(1) 会议概况

2021 年 5 月 29 日,中国法学会体育法学研究会和福州大学联合主办,福州大学法学院、福州大学国际法研究所共同承办的"中国体育仲裁法治化的问题与解决路径"学术研讨会在福州大学召开。来自全国人大社建委、体育总局、福建省体育局、吉林省体育局、杭州亚运会组委会、《中国青年报》体育部、福州仲裁委员会、中国法学会体育法学研究会、福州大学、南京体育学院、中国政法大学、清华大学、北京体育大学等单位的学者、科研人员以及实务专家 100 余人参加研讨。在大会开幕式上,福州大学副校长黄志刚教授,福建省体育局党组成员董劲松副局长,中国法学会体育法学研究会常务副会长、中国政法大学王小平教授,体育总局政策法规司来民副司长先后进行开幕式致辞。研讨会在"中国体育仲裁法治化的问题与解决路径"主题之下,设大会主旨报告 4 个,设分论坛 6 个:我国体育仲裁机构的设置、国际体育仲裁中的法律问题、体育仲裁机制的新发展与实践、体育仲裁理论体系构建与发展、多元化解体育争端、体育仲裁与司法衔接问题。

(2)会议成果

第一,为我国体育仲裁制度描绘蓝图。中国政法大学马宏俊教授作了《中国体育仲裁制度的建立构想》的主旨报告,简要介绍了中国体育仲裁制度建立的背景,分析了体育仲裁制度建立的主要路径,并指出我国体育仲裁制度应与《仲裁法》和国际体育仲裁制度衔接,坚持仲裁制度的统一并轨,也要兼顾体育仲裁的专业性、快捷性与国际性;同时,建议体育仲裁庭组成人员增加体育专业人士,体育仲裁组织与国际体育组织衔接也应留下必要的改革空间。福州大学李智教授作了《我国体育仲裁的"生存空间"和"生存之道"》的报告,提出当前的体育争端解决由体育组织内部仲裁、CAS 裁决以及司法审查三个部分组成,在国内设置体育争端解决机构具有必要性,并进一步分析了难点和解决办法;同时,认为当前无须制定专门的"体育仲裁法"。北京工业大学韩新君教授作了《中国体育仲裁制度建立的思考》的报告,介绍了中国体育仲裁制度建立的背景,支持制定"体育仲裁法",并认为中华全国体育总会应承担组织建立中国体育仲裁委员会的主体责任,阐述了我国体育仲裁制度具有的特殊性以及建立过程中可能存在的难点。华东政法大学博士生钱菊平作了《〈体育法〉修改与我国体育仲裁制度的构建》的报告,通过比较体育仲裁与商事仲裁的异同,提出了体育仲裁的构建路径与待决问题。北京市隆安律师事务所上海分所陈蔚律师在《我国建立和完善体育仲裁制度的几个基础性问题》一文中论述了体育仲裁的受案范围、体育仲裁的自愿性、体育仲裁的依据,并指出体育仲裁裁决承认与执行中可能存在的问题。杭州市律师协会体育产业专业委员会主任楼宇广作了《律师如何推动体育仲裁机构的设立》的报告,从律师的角度提出推进体育仲裁机构设立的手段。国浩律师事务所天津分所白显月律师在《对中国未来体育仲裁机构的几个建议》一文中提出中国体育仲裁制度的建设要从制度的性质、程序规则、实体规则入手。西安市律师协会副会长王丽萍在仲裁法视角下对我国体育仲裁制度构建作了分析。也有学者从法学理论的角度为我国的体育仲裁制度提供依据,例如广西师范大学教师杨磊在《CAS 裁判法理的提炼模式与适用困境》一文中提出了 CAS 裁判法理的提炼模式,指出以 CAS 裁决书为基础的提炼模式存在的问题,并提出解决路径。

第二,为体育仲裁内部运行机制建言献策。于善旭教授作了《为我国建立体育仲裁架通内部衔接的探讨》的主旨报告,认为体育仲裁需要体育协会的支持与衔接,介绍了单项协会纠纷解决制度概况,指出当前制度尚不能适应"依法治体"需要,应尽快补齐短板弱项。对此,首先要对《体育法》的相应内容进行修改;其次由中华全国体育总会、中国奥委会确立体育仲裁的地位;最后由单项协会为建立体育仲裁做好内部完善和衔接准备。运城学院陈华荣教授作了《论体育仲裁机构专家委员会的设置》的报告,探讨了仲裁机构设置专家委员会的目的,指出基于体育仲裁机构专业性、交叉性、时间性的特点,建立体育仲裁专家委员会势在必行;在此基础之上,介绍了专家委员会的作用与职责、组成与来源、程序设置和专家咨询意见的使用。潍坊学院朱文英教授在《体育仲裁的受案范围再议——以体育法修改为视角》一文中提出了体育仲裁应满足的条件和体育仲裁范围,指出目前修法的条款争议主要在于条款形式争议并建议对体育仲裁范围的条款采取"概括式+排除式"的形式。

第三,为我国体育仲裁制度提供域外镜鉴。大连海事大学初北平教授作了《国际仲裁程序中的法律职业道德冲突》的主旨报告,介绍了国际仲裁程序的统一化趋势,指出中西方法律职业道德的具体差异,对在仲裁程序中规制法律职业道德提出建议。中国政法大学罗小霜副教授在《从孙杨案谈体育仲裁的公开听证》一文中,介绍了公开听证权的法律依据,指出举行公开听证的目的,探讨了公开听证制度的"度"与"界",并通过孙杨兴奋剂违规案分析了公开听证的申请程序与应对措施。大连海事大学阎铁毅教授作了《体育仲裁歧视与国际政治》的报告,指出国际体育仲裁中存在的歧视及其表现,强调应当重视专家或专门机构的意见,并为这些意见提供发声平台,以对体育仲裁中的歧视进行制约。上海政法学院向会英副教授作了《外国体育仲裁制度的新发展及对我国的启示》的报告,分析比较域外体育仲裁制度的新发展,在我国体育仲裁的原则、机构性质和机构设置方面提出建议。湖北百思得律师事务所何应伟律师作了《国外体育仲裁机制的新发展及对我国的启示——论中国体育仲裁机制的构建》的报告,介绍了国际体育仲裁机制及其对构建中国体育仲裁机制的启示,详细分析了构建中国体育仲裁制度的若干实践问题。浙江天册律师事务所俞圣洁律师作了《国际体育仲裁院上诉类裁决在我国的承认与执行》的报告,围绕尚无 CAS 上诉类裁决在我国得到承认和执行的问题展开阐述。北京大成律师事务所福州分所李榕森律师作了《国外体育仲裁机制的新发展及对我国的启示——以"律师参与体育仲裁法律援助制度"为视角》的报告,指出律师参与体育仲裁法律援助制度存在的主要困境,并结合域外经验提出了相应的启示与建议。晋中学院副院长胡旭忠作了《北京冬奥会与体育仲裁的构建问题研究》的报告,提出中国体育仲裁的程序设计,既要遵守《仲裁法》的基本原则,又要适应解决体育纠纷的特殊要求,体现公正和效益的基本价值。

第四,为体育仲裁制度建立供给实践经验。天津商业大学葛亚军教授在《国际化体育仲裁的天津实践:现状、问题及对策》一文中介绍了天津市的体育仲裁实践活动,指出对于体育仲裁制度,应当进行体系化思考和系统性设计,必须要坚持"请进来"和"走出去"相结合。上海体育学院李键副教授在《体育仲裁受案范围及仲诉衔接》一文中指出我国体育纠纷存在的实际问题,建议《体育法》的修订应当注重"仲诉衔接的问题",拓宽体育纠纷化解渠道。江苏大学张健副教授在《〈体育法〉司法适用实证研究:样式、功能与法理逻辑》一文中,通过分析近 20 年各级法院对《体育法》的援引现状,指出司法实践中的问题,建议《体育法》修订对"体育权利的性质以及保障手段"予以明确。黄冈师范学院教师许皓在《论国际体育仲裁中的司法后盾性》一文中以 CAS 的强制管辖为切入点,提出加强对 CAS 的司法审查。

第五,为体育纠纷多元化解决提供思路方案。福州大学何群副教授在《妨害兴奋剂管理罪的法教义学解读》一文中,从刑法教义学层面对妨害兴奋剂管理罪进行了理论与实践解读,对此罪与彼罪的关联和界限作了论述。天津社科院副研究员段威以《竞技体育伤害刑事裁判思维的渗入与运作——以主观事实建构为视角》为题,从"足球飞铲案"的处罚入手,探讨了裁判思维对竞技伤害事实建构的作用,对类型思维构建的可行性进行了分析。北京百瑞律师事务所律师田其申以《体育合规计划驱动体育产业链良性发展——构建和谐体育环境、打造体育多元化争端解决机制》为题,指出体育融合共生发展格局的构建需要对整个体育规则体系的融合等方面进行完善,体育合规计划是一种有效的方案。北京体育大学高鹏副教授从法学人才培养的角度作了《高等体育院校加强体育法学类人才培养的几点思考》的报告,阐明培养体育法学人才的必要性、可能性和现实性。

体育仲裁制度的建立需要深厚的理论基础与适宜的现实土壤,本次会议对我国体育仲裁制度建设的关键环节和疑难问题进行了回应。从宏观上勾勒了体育仲裁制度的建构框架,从中观上搭建了体育仲裁制度与其他仲裁制度的沟通桥梁,从微观上规划了体育仲裁机构内部机构设置问题,有助于我国体育仲裁制度的建设和完善,进而不断开创体育治理的新格局。

3. 其他体育法论坛

(1) 会议概况

2021年10月15日至10月16日,主题为"建党百年:体育政策与法治的发展"的第十届环渤海体育法学论坛在威海举行,本次论坛由山东大学法学院(威海)、山东大学体育学院、山东大学体育法治研究中心联合承办。北京市法学会体育法学与奥林匹克法律事务研究会、山东省法学会、山东大学法学院、山东大学体育学院、各地方体育法学组织的相关领导和来自各单位的专家学者、律师、体育管理机构工作人员等70余人参加了本次论坛。论坛共设大会主旨报告5个,分论坛4个:体育主体权利与法律救济分论坛、依法治体与司法视角分论坛、反兴奋剂法治与体育仲裁分论坛、体育产业法治分论坛。会议强调坚持政治引领,保持意识形态的安全,是推进法学中国化,构建中国特色的法学知识体系、理论体系和话语体系的一种需要,科学阐释习近平法治思想是各个学科研究领域负担的任务,将习近平法治思想融入体育法治的理论创新、实践创新的工作需要各位学者的共同努力。

(2) 会议成果

第一,对100年来党领导的体育法治进行了回顾。天津体育学院于善旭教授作了《中国共产党领导体育法治进程的立法展现与主要特点》的报告,对党领导中国体育法治发展在立法方面的展现和特点作梳理和探讨,旨在进一步促进新征程全面依法治体理论与实践的发展。党的领导是中国体育法治发展的根本保证,正是从党的根据地政权建设到中华人民共和国治国理政的实践中,构建了我国不同时期的体育法律规范体系。体育立法是党政策转化的重要展现,从革命根据地时期到社会主义建设时期再到改革开放新时期以至新时代以来,各项体育立法无不体现着党的政策。党领导的体育立法,表现出了一定的特点:党领导的战略定位准确使体育立法成效显著,党的政治决策正确使体育立法良性发展,体育立法充分显示了以人民为中心的根本宗旨。

第二,对体育法基本理论问题进行了反思。上海师范大学刘作翔教授作了《体育法治若干基础理论问题研究》的主旨报告。首先回答了体育法学的归属问题,认为体育法尚不能成为独立的法律部门,同时否认了"体育行业法"的概念,提出了"体育规范体系"概念以解决体育法归属问题。然后对《体育法》中的授权规范、体育组织能否成为行政诉讼被告、如何理解体育规则中的公平等问题进行了探讨。江苏大学张健副教授作了《地方体育行政权力清单规范化:现状、问题与前景》的报告,通过对31个省级体育局公布的权力清单中职权设定依据、内容、行使与监督的考察,结合实地调研中发现的问题提出在尊重区域差异等客观情况的基础上,促进权力清单编制标准化,并提出规范清单制定主体与程序,优化清单监督问责机制等各项措施。中国政法大学博士生孔维都作了《体育权利法定化困境与路径选择:基于〈体育法〉修改分析视角》的报告,认为体育权利受到质疑的本质是体育法和体育法学自身发展陷入困境,但体育权利应当法定化,并对体育权利概念进行了强化证成,提出了体育权利法定化的实现路径,同时认为确定体育权利保障原则、构建体育仲裁制度是体育权利法定化的辅助措施。

第三,对体育主体权利与法律救济给予了充分关注。西安体育学院体育经济与管理学院、体育法学研究中心张恩利教授从我国专业运动队教练员惩戒行为的法律规制着手讨论了运动员的权利。河北体育学院教师郭锐以体育公园的立法规制和促进为视角,探讨了大众体育权利。山东大学硕士生祝海洁以运动员为主体探讨了其权利保障机制的完善。北京京嘉润律师事务所陈凯珊律师以NBA莫雷事件余波下"A公司"的互联网赛事直播服务为例,讨论了如何完善互联网体育服务中的消费者权益保障。

第四,对依法治体与司法实践进行了学术商讨。北京华城律师事务所董双全律师立足新时代讨论了全民健身的法治完善路径。山西师范大学体育学院教师郑志强以民法典时代全国性单项体育协会法人治理为切入,分析了其学理内涵与实践路径。广西体育高等专科学校教师张冰钰从比较法的视角出发对我国海峡两岸体育法中的学校体育、法律责任等问题进行研究。运城学院政法系教师王涛基于多源流的理论视角对《体育法》修订的过程进行解析与展望。浙江杭天信律师事务所楼宇广律师以《体育法》第32条的适用为中心讨论了职业运动员与俱乐部劳动争议的司法管辖。西安体育学院硕士生康博华则结合实践分析了新冠疫情期间我国职业足球工作合同纠纷的解决路径。

第五,对反兴奋剂法治与体育仲裁进行了深入讨论。深圳大学副研究员王桢围绕美国《罗琴科夫反兴奋剂法案》,从规范入手,对其进行法理批判并提出了应对策略。中国政法大学博士生张于杰圣对治疗用药豁免规则过度保护运动员优胜权益进行了检视。中国政法大学硕士生康欣卓从数据保护的视角阐述了反兴奋剂检查中的运动员权利保障手段。山东大学(威海)法学院硕士生王彦婷探讨了我国体育仲裁立法的体系化路径并提出了设想。南昌大学教师姜川以阴阳合同类案件为研究对象,讨论了国际篮协仲裁院规则与我国法的冲突协调。

第六,对体育产业法治中的各类问题进行了回应。河北经贸大学师璇副教授探讨了如何助推运动项目协会筹资能力提升的体育政策法治化。中国政法大学博士生辛芳以体育电子竞技网络游戏赛事为研究对象论述了直播画面的作品属性和著作权归属。中国政法大学硕士生舒婷玥从宏观上阐述了我国体育产业的规制模式与进路。中国政法大学硕士生包博威以"周琦独家签约权"为例,对相关权利的归属与CBA规则的完善进行了阐释。中国政法大学硕士生陈嘉伟对中国运动员商业代言的相关问题进行了学术讨论。

总之,这些会议既深化了体育法治的基础理论研究,又回应了新时代体育法治发展的现实关切,为体育治理党政决策和立法提供了现实参考和智力支持,有效地促进了依法治体。